정당의 생명력

정당의 생명력

영국 보수당

초판 1쇄 발행 2017년 1월 5일
초판 5쇄 발행 2021년 4월 15일

지은이 박지향
펴낸이 오세정
펴낸곳 서울대학교출판문화원

출판등록 제15-3호

주소 08826 서울시 관악구 관악로 1
대표전화 02-880-5252 | **팩스** 02-889-0785
도서주문 02-889-4424, 02-880-7995
이메일 snubook@snu.ac.kr
홈페이지 www.snupress.com

ISBN 978-89-521-1855-4 93340

정당의 생명력

영국 보수당

박지향 지음

서울대학교출판문화원

머리말

보수당은 제도적으로 볼 때 토리(Tory) 당의 후신이다. 토리라는 명칭은 휘그(Whig)와 더불어 17세기 말 스튜어트 왕조 후기에 왕위 계승을 둘러싼 갈등을 겪으면서 나타났다. 휘그라는 용어는 더 이상 사용되지 않는 반면 토리라는 용어는 오늘날에도 사용되고 있다는 사실은 영국 보수주의의 뿌리 깊은 전통을 보여 준다. 보수당이라는 이름은 1830년대 들어 사용이 확산되었고, 자유당이라는 이름이 공식적으로 사용된 것은 1859년부터였다. 자유주의 사상가이자 정치인인 존 스튜어트 밀은 보수당을 '멍청한 당(stupid party)'이라고 불렀는데 '멍청한 당'으로 조롱받았던 보수당은 놀랍게도 무척 성공적이어서 20세기의 100년간 독자적으로든 혹은 연립정부로든 68년 동안 집권했다. 그런 까닭에 20세기는 '보수주의의 세기(Conservative century)'라고 불리기도 한다. 어느 보수당 정치인은 "영국은 가끔 노동당에 투표하는 보수주의 국가다"라고까지 호언했다.[1] 이런 호언

1 John Charmley, "The Conservative Defeat: An Historical Perspective," *The*

이 보여 주듯이 현재 서양 민주국가들 가운데 어떤 정당도 선거 기록에서 보수당을 능가하는 정당이 없다. 전 세계 많은 정당이 영국 보수당을 배우려 하는 이유다.

사실, 1970년대까지 보수당의 역사나 이데올로기는 역사학자나 정치학자의 흥밋거리가 아니었다. 그들은 자유당의 쇠락과 노동당의 부상을 해명하는 데 몰두했다. 그러다가 마거릿 대처와 대처리즘의 등장으로 보수당과 그 이데올로기의 역사가 조명되기 시작했는데, 그것은 거의 전적으로 대처리즘을 어떻게 해석할 것인지 그리고 보수당에 대한 대처리즘의 영향력을 어떻게 가늠할 것인지를 해결하기 위한 노력의 일환이었다. 즉 대처리즘의 위치를 정확히 알기 위해 보수주의 사상의 역사를 심각하게 고려했던 것이다.

보수당이 경이로운 점은 특권층만이 정치적 권력을 누리던 시대에 만들어진 정당이 21세기까지 존속하고 있다는 사실이다. 구체적으로 영국 유권자의 수를 놓고 살펴보면 1830년경에 영국에서 참정권을 가진 사람은 25만 명이 채 되지 않았다. 제1차 선거법 개정(1832)이 있은 후 유권자는 성인 남성 5명 가운데 1명의 비율이었다. 제2차 선거법 개정(1867) 후에는 성인 남성 3명 중 1명으로 늘었다.

Political Quarterly, 69/2(1998), p. 125.

그러다가 제3차 선거법 개정(1884) 후 성인 남성 10명 가운데 6명이 정치적 권리를 향유할 수 있게 되었다. 그러나 그때는 아직 모든 여성이 배제된 상태였다. 20세기 들어 1918년에 모든 성인 남성과 일부 여성이 참정권을 부여받았고, 1928년이 되어서야 영국에서 민주적인 남녀 평등 선거제가 실시되기 시작했다. 이 과정에서 보수당은 적극적인 역할을 수행했다. 원칙적으로 보수주의 정당은 기존 질서를 유지하는 것을 목표로 한다. 그러나 1867년과 1928년 개혁법은 모두 보수당의 발의로 진척되었다. 보수당은 시대정신을 잘 파악하고 변화를 수용해야 할 때 수용함으로써 멍청한 당에서 벗어나 성공적인 당으로, 나아가 20세기를 보수주의의 세기로 만들었던 것이다. 특히 모든 정당이 보수당에서 배울 점은 보수당이 '국민의 당(national party)'을 표방하면서 특정 계급이나 정파가 아닌 국민 전체에 호소했다는 사실이다. 그리고 그것에 성공했기 때문에 그토록 오랫동안 집권에 성공할 수 있었던 것이다. 그러나 가장 중요한 성공 요인은 보수당이 국가경영 능력에서 상대 당보다 탁월하다는 이미지를 국민들에게 심을 수 있었다는 것이다.

이 책의 제1부는 이론적 측면을 다루고 있다. 즉 보수주의 이념이 무엇인지, 보수당이 현실 정치를 하는 데 있어 채택한 이데올로기가 무엇인지를 살펴본 후 보수주의의 특징이자 불가사의라고도

할 수 있는 불평등의 문제를 검토한다. 놀라운 점은 보수당이 대놓고 불평등을 옹호하는 정당이라는 사실, 그럼에도 불구하고 대중민주주의 시대에 다른 어느 정당보다 오래 집권에 성공했다는 사실이다. 또 하나 흥미로운 것은 계급과 정치의 문제다. 특히 20세기 정치에서 노동당이라는 엄연한 노동계급의 정당이 존재함에도 보수당이 노동당보다 더 오래 집권할 수 있었던 이유는 무엇인지, 이론과 다른 현실 사회의 정치를 분석해 본다. 제2부는 토리당 등장 이후의 보수당 역사를 개괄한다. 그러나 시대 순으로 나열하는 게 아니라 보수당의 역사에서 가장 중요했던 몇몇 시기를 골라 보수당이 위기를 어떻게 극복했는지 혹은 실패했는지를 중점적으로 살펴본다. 이 책을 읽고 나면, 보수주의는 개인의 자유와 자율성을 중히 여기면서 동시에 개인의 책임과 의무, 공동체적 연대, 애국심을 강조한다는 사실을 알 수 있을 것이다. 이처럼 보수주의자는 두 개의 다른 언어, 즉 한편으로는 개인, 동기, 기업, 자유를 이야기하면서 다른 한편으로는 공동체, 관습, 권위를 이야기하는 것처럼 보인다. 그러나 두 개 모두 보수주의의 기원부터 발견되며 그런 양면성이 국민들에게 호소력을 지니고 있다는 설명이 가능하다.

이 책이 특히 현시점에서 우리 사회에 필요한 이유는 두 가지다. 첫 번째는 현재 우리나라에서 활동하는 정당들의 짧은 역사, 아니

자신들의 역사를 의식하고나 있는지 의문이 들게 하는 정당들의 단견과 헤쳐 모여 식 존재 방식이다. 영국 보수당이 적어도 1830년부터 같은 이름으로 존속해 왔다는 사실에서 깨닫는 바가 있기를 바란다. 두 번째는 우리 국민들 역시 보수주의가 무엇인지 보수주의 정당이 어떤 원칙을 갖는지를 잘 알지 못하는 것 같다는 것이다. 보수하면 그저 고루한 것으로 치부하는 분위기도 강하다. 요즘 들어 시장경제를 중시하는 경제적 자유주의에 대한 관심은 증가했지만, 여전히 보수주의나 정치적 자유주의의 내용에 대해서는 잘 모르는 것 같다. 우리는 영국 정치사에서 이데올로기의 중요성을 배울 수 있을 것이다. 정당의 성패는 궁극적으로 선거에서 결정되고 이념은 별로 중요하지 않다는 오해가 일반적으로 팽배해 있지만, 정당은 동일한 신념을 공유한 사람들의 조직이고 그 신념에는 논리적 일관성이 있어야 한다. 이 책에서 설명하듯이 영국 보수당은 실천에서는 유연성을 보여 주었지만 그럼에도 불구하고 일관된 원칙을 견지해 왔다. 보수당 의원들은 비록 선거에서 지는 한이 있어도 원칙을 고수할 것인가라는 질문에, 그렇다고 답한다. 이제 우리 정치도 지역주의나 연고주의에서 벗어나 이념과 정책을 중심으로 진행되기를 바란다.

공산주의가 사라지고 사회주의는 약해지고 있는 오늘날, 보수주의와 자유주의가 승자인 것처럼 보인다. 그렇다고 평등에 대한 욕구가 사라진 것은 아니다. 보수당은 앞으로도 평등의 문제와 씨름을 해야 할 것이다. 보수당이 여전히 집권당이라는 사실은 영국이 다른 어느 나라보다 불평등을 수용하는 사회라는 사실에 힘입은 바가 크다. 따라서 우리처럼 평등에 대한 욕구가 강한 곳에서는 이해하기 어려운 현상으로 비칠 수 있다. 평등에 대한 영국인들의 반응에서 보듯 영국은 여러 모로 우리와 다른 역사와 제도, 가치관을 가진 나라다. 따라서 모든 면에서 영국의 정치적 경험이 우리에게 교훈이 될 수는 없겠지만, 무엇보다 우리가 채택하고 있는 자유민주주의 체제가 시작된 곳이라는 사실은 우리가 영국에 주목해야 할 가장 중요한 이유가 된다.

마지막으로 보수당이 살아남았을 뿐만 아니라 성공적이었다는 사실이 중요한 것은 그럼으로써 사회 전체에 미치는 영향 때문이다. 다시 말해 보수당이 그렇게 오랜 동안 집권했다는 사실은 보수당의 원칙과 지향하는 바를 대중이 수용했다는 뜻으로 해석될 수 있다. 그것이 실상 정당이 선거에서 이겨야 하는 가장 중요한 동기이며 역사에 남는 가장 중요한 효과일 것이다. 영국 보수당이 모든 점에서 모범을 보인 것은 아니지만 적어도 지난 200년간 존재를 인정받은 정당에 배울 것이 많다는 사실은 분명하다. 이 연구가 그 사실을 확인해 주는 계기가 되기를 바란다.

원고가 완성되었을 즈음 영국이 유럽연합(EU)에서 탈퇴한다는 중대 결단을 내렸다. 집권정당인 보수당은 수년 안에 탈퇴를 위한 대단히 복잡한 절차를 수행해야 한다. 그 와중에 수상도 바뀌었다. 이 어려운 시기에 보수당이 능력을 보여 줄 수 있을지 기대해 본다.

2016년 가을 관악에서

박지향

차례

제2부 역사

제1부 이론

제1장

보수주의란 무엇인가?

학자들은 보통 정치철학과 이데올로기를 구분한다. 정치철학 혹은 정치이론은 인간과 사회와 정치적인 것이 무엇인지를 논리적이고 일관성 있게 설명한다는 특징을 갖는다. 그러나 널리 호소력을 갖지는 못하는데, 그것은 인간의 삶이 대단히 복잡한 데 비해 정치철학은 인간 경험의 너무 많은 부분을 제외할 뿐만 아니라 제시된 세계관이 너무 논리정연하기 때문이다.[1] 그와 대조적으로 이데올로기는 사상이기보다 행동지침적인 신념체계를 말한다. 이데올로기는 객관적이지 못하고 기존 질서를 옹호하기 위해 엘리트층이 만들어 낸 거짓이라는 오명을 받아왔다. 어떤 특정 시간에 어떤 집단이나

1 Gerald F. Gaus, "Ideological Dominance through Philosophical Confusion: Liberalism in the Twentieth Century" in *Reassessing Political Ideologies: The Durability of Dissent,* ed. Michael Freeden(London: Routledge, 2001), p. 27. 이하 특기하지 않는 한 해외 저작물의 출판지는 London과 New York임.

• 지식사회학이라는 새로운 분야를 개척한 독일의 사회학자로, 이데올로기에 대한 마르크스의 이론을 수용하면서도 계급적 요소뿐 아니라 문화적·사회적 요인도 고려해야 한다고 주장했다.

계급의 필요와 이익을 반영하는 일종의 허위의식일 뿐이라는 것이다. 카를 마르크스(Karl Marx)가 그런 비판을 제기한 이래 카를 만하임(Karl Mannheim)• 등에 의해 그 전통이 이어져 내려왔다. 그러나 오늘날에는 이데올로기에 대한 중립적이고 객관적인 정의가 자리 잡았다. 즉 이데올로기 자체는 선한 것도 악한 것도 아니며, 진실한 것도 거짓된 것도 아니고, 해방을 지향하는 것도 억압적인 것도 아니라는 것이다. 어떤 이데올로기는 기존 사회질서를 보존하려 하거나 개선하려 하지만 다른 이데올로기는 기존 질서를 무너뜨리려 하기도 한다. 따라서 이데올로기는 사회가 어떻게 작동하며 어떻게 되어야 하는지에 대한 일련의 가정과 전제를 제공해 줄 뿐이라는 것이다.[2]

보수주의는 사실 정치철학이라고 할 만큼 엄정한 사상체계를 갖추고 있지 않다. 보수주의자들 스스로도 보수주의는 이데올로기가 아니라고 말한다. 즉 보수주의란 알려지지 않은 것보다는 친숙한 것, 가능한 것보다는 실제적인 것, 무한한 것보다는 한정적인 것, 멀리 있는 것보다는 가까운 것, 완벽한 것보다는 편리한 것을 선호하는

---

2 이데올로기의 정의에 대해서는 Barbara Bush, *Imperialism and Postcolonialism* (Pearson Longman, 2006); James Alexander, "The Major Ideologies of Liberalism, Socialism and Conservatism," *Political Studies*, 63/5(June 2014); 앤드류 헤이우드, 양길현 · 변종헌 역, 《사회사상과 정치 이데올로기》(오름, 2014) 1장 등 참조.

일종의 성향이나 기질일 뿐이라는 것이다. 그러나 보수주의의 핵심 가치를 구성하는 개념들은 분명히 존재하고 보수주의가 제시하는 역사적 해석과 미래에 대한 전망도 존재한다. 그런 의미에서 보수주의는 이데올로기임이 분명하다. 보수주의 원칙은 1) 인간의 본성과 이성에 대한 부정적 시각, 2) 사회의 유기적 성격과 위계질서, 3) 역사적 전통에 대한 존경심, 4) 자유와 법과 질서에 대한 일정한 시각을 포함한다. 일부 학자들은 근대 초부터 이미 보수주의 사고가 보이기 시작한다고 말하지만 일반적으로는 에드먼드 버크(Edmund Burke)와 프랑스혁명을 계기로 영국 보수주의 이론이 정립되었다고 본다.

에드먼드 버크

이 장에서는 보수주의 원칙들을 자세히 살펴보고 보수주의와 함께 많이 거론되면서 자주 혼동을 불러일으키는 자유주의와의 비교를 통해 보수주의의 특성을 점검해 보기로 한다.

1. 보수주의 원칙

1) 인간 본성과 이성에 대한 불신

보수주의 이데올로기는 근본적으로 인간 본성을 낙관적으로 보지 않는 입장에서 출발한다. 자유주의자와 사회주의자가 인간의 본성을 낙관적으로 보는 것과는 대조적이다. 보수주의 인간관은 기독교적 세계관으로부터 많은 영향을 받았는데, 성경에서 인간은 불완전하고 원죄와 악한 본성을 타고난 창조물로 나타난다. 보수주의자들은 인간이 본질적으로 사악하며 장점보다 결점이 훨씬 더 많다는 사실은 역사적으로도 입증된다고 말한다.

인간 본성에 대한 이러한 시각과 연결된 것은 이성에 대한 불신이자 합리적 접근에 대한 거부다. 보수주의자들은 인간 본성이나 인간이 성취할 수 있는 것에 대하여 결코 낙관하지 않으며, 정치에서도 현실주의적인 태도를 취한다. 인간의 이성은 그 주인인 인간만큼이나 불완전하다는 것이다. 따라서 보수주의자들은 일개 개인의 이성이나 주장보다는 세대를 거쳐 축적되고 증명된 경험과 관습과 상식을 더 중히 여기고, 과거와의 단절보다는 과거로부터 배우는 것을 선호한다. 보수주의자들이 사회주의자들과 달리 인간 사회 전체에 적용될 수 있는 보편적 원리를 인정하지 않는 것도 바로 이 때문이다. 각 사회는 오랜 시간을 거쳐 발전한 복잡한 구성물이므로 이를 고려하지 않은 채 선험적 추론의 결과로 도출된 원칙들을 적용하는 것은 옳지 않다는 것이다. 즉 보수주의는 이성 대신에 전통과 신중함, 경험주의와 융통성을 무기로 삼으며, 실질적이고 경험적이며 실용적인 태도로 현실 문제에 접근한다.

따라서 보수주의자들은 인간 행위나 인간 사회에 대하여 보편적 원리를 정립하려는 모든 시도를 배격한다. '과학적' 기반 위에 사회를 재구성한다는 개념은 대부분의 보수주의자들을 공포에 몰아

넣었는데 프랑스혁명에 대한 버크의 반응이 대표적이다. 보수주의 이론의 기초를 닦은 버크는 유토피아적 정치적 전망은 항상 실현 불가능할 것이라고 주장했다. 인간은 근본적으로 이성적 존재가 아니므로 그런 추상적 범주를 정하고 접근하는 것은 어리석을 뿐만 아니라 위험하며, 본시 불완전한 인간이 사용하는 도구 자체도 결함이 있게 마련이라는 것이다.

마르쿠스 툴리우스 키케로

18세기 합리주의자들은 자신들의 인식 능력을 과신하여 인간 본성에 알맞은 도덕률을 쉽게 찾아낼 수 있다고 믿었다. 그러나 보수주의자들은 가장 잘 고안된 계획에도 변덕과 예측 불가능성이 침투한다는 것을 인식하고 그에 따른 결과를 불가피한 것으로 받아들인다. 사회와 정치는 너무나 복잡하여 합리적 접근으로는 아우를 수 없는 가변적인 유동 상태에 있다는 것이다. 다양하고 예측 불가능하고 우연적인 요소들이 끊임없이 상호작용하기 때문이다. 따라서 보수주의자들은 추상적 이론보다는 경험이 축적해 놓은 상식이 오히려 삶과 정치의 길잡이가 되어야 한다고 믿는다. 경험은 인간이 가진 가장 현명한 수단이며, 어떤 현자도 단번에 예견할 수도 없고 고칠 수도 없는 것을 제공하고 그 결함을 찾아낸다. 키케로(Marcus Tullius Cicero)는 "로마법은 한 사람이 아닌 다수의 재능에 기초하고 있으며 한 세대가 아니라 수세기, 여러 세대에 걸친 오랜 기간 끝

보수당이 2006년까지 사용한 로고

에 건설되었기 때문에 다른 나라의 법질서보다 우월하다"고 말했는데, 경험에 관한 보수주의자들의 판단은 키케로의 뒤를 잇는 것이다.[3] 보수주의자들에게 전통은 시간의 테스트를 이겨 낸 정치제도 그 이상의 것을 의미한다. 군주제는 역사적 지혜와 경험을 담고 있으므로 보존되어야 하며, 법복과 가발을 고집하는 것이나 공중전화 부스와 버스의 전통적 빨간색을 보존하는 것에 이르기까지 전통은 친숙함과 안전, 소속감을 제공하는 모든 관습과 사회적 관행을 포괄한다는 것이다.

정치 역시 인간의 '이성'이 아니라 인간의 '본성'에 적응해야 한다. 인간 본성은 정치로 변화시킬 수 있는 사항이 아니기 때문에 타고난 본성에 반하는 방향이 아니라 그것에 따르는 쪽으로 정책을 수립해 나아가야 한다는 것이다. 19세기 말에 보수당 정부를 이끈 솔즈베리(Salisbury, Robert Cecil, 5대 솔즈베리 후작) 수상은 추상적인 원칙을 경멸하면서 "정치에는 절대적 진리도, 절대적 원칙도 없다"고 주장했다. 최근의 보수당 정치가들도 비슷한 말을 남겼는데, 이언 길모어(Ian Gilmour)는 "사회는 사회적 실험을 위한 실험실이 아니다"라고 주장했다.[4] 여기서 또다시 사회주의에 대한 보수주의의

---

3 프리드리히 하이에크, 김균 역, 《자유헌정론》 I(자유기업센터, 1997), 104쪽.

4 A. J. Davies, *We, The Nation: The Conservative Party and the Pursuit of*

윌리엄 맬럭

비판이 나온다. 빠르고 결정적인 혁명을 통해 새로운 질서를 확립할 수 있다고 믿었던 사회주의는 '상상의 세계'에 기반을 두고 있는데 그것은 '사실들에 의해 폭발해 버린다'는 것이다. 19세기 말/20세기 초에 활동한 가장 탁월한 보수주의자로 간주되는 윌리엄 맬럭(William H. Mallock)은 자본주의는 실제로 작동하는 시스템인데 반해 사회주의는 대안이 아니고 "그런 대안이 가능하다는 신념이나 이론일 뿐"이라고 주장했다. 사회주의자들은 "꿈을 꿀 수는 있지만 그 꿈을 이루기 위해 어떤 일도 할 수 없다"는 희롱 섞인 비판이었다.[5] 20세기의 역사는 맬럭의 혜안이 탁월했음을 보여 준다.

2) 사회의 유기체적 성격과 위계질서

19세기 고전적 자유주의자들은 사회를 '독립적이고 자립적인 개인들'의 집합으로 바라보았다. 그러나 보수주의자들은 독립적으로 존재하는 개인이란 존재하지 않으며 오직 사회에 뿌리를 내린

Power(Little, Brown and Co., 1995), p. 48; Peter Dorey, *British Conservatism: The Politics and Philosophy of Inequalities*(I. B. Tauris, 2011), p. 34.

5 Stuart Ball, "The Principles of British Conservatism from Balfour to Heath, c. 1910-75" in *The Foundations of the British Conservative Party*, eds. Richard Carr & Bradley W. Hart(Bloomsbury Academic, 2013), p. 19; Alexander, "The Major Ideologies of Liberalism, Socialism and Conservatism," p. 986.

인간만이 존재할 뿐이라고 생각한다. 사회 속에 있지 않은 인간은 처음부터 존재할 수도 없고 상상도 불가능하다는 것이다. 이것이 곧 보수주의자들의 인간관이다. 즉 인간은 각자가 태어난 공동체와 시간 및 장소, 그리고 문화 속에 뿌리박고 있으며 그로부터 쉽게 도망갈 수 없다. 따라서 자유주의자들이 탈피해야 할 속박이라고 여겼던 삶의 모든 부분이 보수주의 인간관에서는 긍정과 존중의 대상이 된다. 개인은 사회로부터 분리될 수 없는 존재이며 그를 키워 주고 보살펴 주는 사회집단들, 예컨대 가족, 또래집단, 동료, 지역사회, 국가의 일부다. 이러한 관점에서 보수주의는 사회를 오랜 시간을 거쳐 자연적으로 발전해 온 유기체로 파악한다. 즉 부품을 교체하거나 분해해서 다시 조립할 수 있는 기계가 아니라 각 부분들이 서로 복잡하게 얽혀 있고 상호 연관되어 있는 유기체라는 것이다. 유기체는 마음대로 이리저리 배열할 수 있는 개별적 부분들을 단순히 합한 것이 아니다. 전체는 개별적 부분들의 합 이상이며 부분들 사이의 깨지기 쉬운 일련의 관계에 의해 유지되는데 그것이 한 번 손상되면 유기체는 죽을 수도 있다.

유기체의 특성 가운데 하나는 각 부분이 각기 다른 기능을 행한다는 것이다. 즉 뇌, 심장, 다리 등이 인체 내에서 서로 다른 기능을 하는 것처럼 사회를 구성하는 다양한 계층과 집단들 또한 그들 자신의 특수한 역할이 있다. 모든 사회는 지도자와 따르는 사람들로 구분되어 있다. 그런 구분은 인생의 피할 수 없는 단면의 하나다. 지도자가 있으면 추종자가 있어야 하고, 노동자가 있으면 관리자가 있게 마련이다. 그런 사고는 사회의 위계질서를 자연스런 것으로 파악한다. 보수주의를 비판하는 사람들은 보수주의가 사회적 위계질서에 정당성을 부여함으로써 사회적 · 정치적 불평등을 미화한다고 주장한다. 보수주의가 사회적 · 정치적 위계질서를 옹호하는 것은 사실이지만 그것에는 분명한 논리가 있다. 위계질서는 자연스런 것이고 그런 의미에서 정당하다는 것이다. 버크는 사물의 자연스런 질서를 전복시키려는 시도가 무의미하다는 점을 누누이 강조했는데 그는 계몽된 귀족이 지도력을 발휘하는 사회를 자연에 가장 부합하는 사회로 보았다.

따라서 보수주의는 엘리트주의를 포함한다. 능력과 재능을 가진 사람들이 더 많은 자본을 축적하고 권위 있는 자리로 올라서는 것은 삶의 불가피한 단면이라는 것이다. 사회가 어떻게 조직되건 간에 반드시 소수의 창조적인 사람과 대중의 구분이 있게 마련인데, 지도하고 영감을 주는 능력은 흔하지 않지만 따르는 능력은 훨씬 흔한 법이다. 노동계급은 고용주와 동일한 생활수준이나 삶의 기회를 향유하지 못하겠지만 수많은 사람의 생계와 안전을 책임지지도 않는다. 특권에는 의무가 따르기 마련이다. 보수주의자들은 문명을 지키고 전달하는 사람으로서 엘리트의 중요성을 분명히 지적했다. 맬럭은 "셰익스피어의 펜이 〈햄릿〉을 쓴 원천이 아니었듯이 노동은 부의 원천이 아니다"라고 주장하면서 마르크스의 노동가치설•을 반박했다.[6] 맬럭 이후 보수주의자들은 그렇게 대놓고 엘리트주의를

•노동을 가치의 원천으로 보는 이론. 마르크스에 따르면 어떤 상품의 교환가치는 그 상품을 생산하는 데 투입된 사회적 필요 노동시간에 의해 형성된 것이며, 생산 과정에서 산출된 잉여가치는 노동을 통해 형성된 것이다. 따라서 노동이야말로 모든 생산물의 가치를 창출하는 원천이며 나아가 모든 사회적 부의 원천이라고 본다.

주장하지는 않았지만 그의 주장의 핵심을 유지해 왔다.

3) 역사적 전통과 변화

보수주의는 역사와 전통에 대한 특별한 시각으로 인해 다른 이데올로기들과 구분된다. 자유주의가 인식하는 인간은 독자적인 개체로서 사회나 역사와의 관련 속에서 인식되지 않는다. 한편 사회주의가 상정하는 인간은 사회적 존재이며 사회를 떠난 개인은 존재할 수도 상정할 수도 없다. 그러나 보수주의가 상정하는 인간은 사회적 존재일 뿐만 아니라 역사적 존재이기도 하다. 보수주의적 시각에서 보면 인간은 현재를 이루고 있는 사회만큼이나 과거의 역사 및 전통에 의해 구성된 것이다. 보수주의자들에게 역사란 인간 경험의 보고(寶庫)이며, 관습과 전통이야말로 안정적인 사회의 토대가 된다. 보수주의의 가장 일차적인 기능은 기존의 것을 보존하고 새로운 것에 저항하는 것이다. 현재 존재하는 제도들을 집단적 지혜와 인류의 경험이 축적된 보고라는 근거로 존중하는 것이 버크 이래 오늘날까지 보수주의가 견지하는 핵심적 원칙이다. 오랜 시간 조정을 거쳐 그 유효성이 증명된 것이기 때문에 가치가 있으며 존경받아야 한다는 것이다.

따라서 보수주의자들은 오랜 역사적 기간 동안 영국인들과 함

---

6 Robert Eccleshall, "English Conservatism as Ideology," *Political Studies*, 25/1(1977), p. 72; John Barnes, "Ideology and Factions" in *Conservative Century: The Conservative Party since 1900*, eds. Anthony Seldon & Stuart Ball(Oxford: Oxford University Press, 이하 UP, 1994), p. 333.

께한 국교회•, 보통법, 의회와 같은 법과 제도를 신뢰하며, 그들의 공경심은 기존 제도를 심각하게 뒤흔드는 시도를 거부하게 만든다. 보수주의자들은 특히 상식을 영국 국민의 독특한 국민적 특성으로 파악하는데, 상식이란 수 세대에 걸쳐 쌓인 경험과 관행의 저장고를 의미한다. '관습에 바탕을 두고 선례에 의해 확립된' 영국 보통법이 바로 상식에 기반을 둔 전통에 해당하는데, 그것은 영국 발전의 성공과 안전을 설명해 주고, 마르크스주의와 같은 좌파나 파시스트와 같은 극우파와 같은 이국적인 요소들로부터 영국의 정치 제도를 지켜주고 그것의 우월함을 입증해 주었다는 것이다.[7]

• 16세기에 헨리 8세가 단행한 종교개혁의 결과로 국교회가 성립했고, 영국 교회는 로마교황청으로부터 독립하여 왕이 교회의 수장이 되었다.

그렇다고 보수주의자들이 변화 자체를 거부하는 것은 아니다. 사회가 유기체라면 살기 위해서라도 사회는 변화를 필요로 한다. 어떤 생물체도 정체되어 있으면서 살아 있을 수 없기 때문이다. 살아 있는 사회는 자연스럽게 변화할 때에만 건강하게 변화할 수 있다. 버크가 지적했듯이 "조국을 사랑하기 위해서도 조국은 사랑스러워야" 하기 때문이다. 따라서 보수주의자들은 변화를 거부하지 않는다. 버크는 "변화할 수단을 갖지 않은 국가는 보존을 위한 수단도 없는 법"이라고 못 박았다.[8] 다만 변화의 방법과 속도를 문제 삼을 뿐이

7 Ball, "The Principles of British Conservatism," p. 21.

8 Kieron O'Hara, "The Conservative Dialectic of Margaret Thatcher's First Term" in *The Foundations of the British Conservative Party*, eds. Richard Carr & Bradley W. Hart(Bloomsbury Academic, 2013), p. 48.

다. 중요한 것은 그것이 추상적 관념이 아니라 과거 세대로부터 축적되어 온 지혜로부터 추진되어야 한다는 것이다. 추상적 관념에서 잉태한 변화는 무정부 상태와 파멸의 길을 불러올 뿐이다.

사회는 유기체이기 때문에 기존 제도들을 일시에 제거한다는 것은 아마도 인간 신체 일부를 잘라 내는 것과 같은 고통스러운 결과로 이어질 것이 분명하다. 수술은 고통스러운 것이기 때문에 수술의 칼날보다는 자가 치료적인 자연적 해결책이 낫고, 만약 수술이 필수적이라면 그것은 최소한도로 이루어져야 한다.[9] 변경할 때에도 그것은 "보존하기 위한 것"이어야 한다. 버크는 심대한 불만거리가 있을 때 비로소 치료책을 강구하되 "수선을 할 때 가능한 한 그 건물과 같은 방식으로" 할 것이라고 못 박았다.[10] 보수주의자들은 변화의 내용만큼이나 방식 역시 중요시했다. 혼란을 줄이고 안정을 유지하기 위해 과거와의 연속은 최대한 지켜져야 한다. 변화는 연속성에 기반을 두어야 하는데, 이 연속성은 급격한 변화만큼 고통을 주거나 위험한 것은 없다는 깨달음에서 비롯한 것이다. 어떤 변화가 더 나은 것이리라는 것을 우리는 알 수 없기 때문에 무언가를 바꾸려면 과거의 숙고된 판단이라는 맥락에서 결정해야 한다는 것이다.

버크를 이어받아 벤저민 디즈레일리(Benjamin Disraeli)도 1867년에 행한 연설에서 다음과 같이 보수주의의 입장에서 본 변화의 성

9 Barnes, "Ideology and Factions," pp. 321-322; Philip Norton, "Philosophy: The Principles of Conservatism" in *The Conservative Party*, ed. Philip Norton(Hertfordshire: Prentice Hall/Harvester Wheatsheaf, 1996), p. 70.

10 에드먼드 버크, 이태숙 역, 《프랑스혁명에 관한 성찰》(한길사, 2008), 377쪽.

격을 정리했다.

> 변화는 진보하는 나라에서 불가피합니다. 변화는 꾸준한 것입니다. 중요한 점은 불가피한 변화를 거부할 것인지가 아니라 그 변화가 관습과 법과 전통과 양식에 걸맞게 진행될 것인지, 아니면 추상적이고 자의적이고 일반적인 원칙에 따라 수행될 것인지입니다.[11]

이처럼 보수주의는 변화에 반대하거나 저항하지 않는다. 변화를 무조건 거부하는 것은 정체되고 화석화된 사회를 낳을 뿐이고, 오히려 혁명이라는 과격한 변화를 사전에 예방하기 위해서는 사회제도의 개혁이 때때로 필요하다는 사실을 알고 있기 때문이다. 보수주의는 조심스럽고 숙고된 개혁을 건강한 사회의 필수적 요소로 받아들이며, 영국 보수당은 변화가 자신들의 손에서 안전하게 이루어지는 것이 훨씬 낫다는 입장을 취해 왔다. 실제로 1830년대 무렵부터 보수당은 '보존하기 위해 변화할 필요성'을 인지하고 있었다. 1830년대에 로버트 필(Robert Peel)이 보수당을 당명으로 채택했을 때 필 역시 개혁이야말로 보수를 위한 유일하게 신뢰할 수 있는 방식이라고 주장했다. 물론 보수주의를 비판하는 사람들은 연속성과 변화는 양립 불가능하다고 애써 주장하지만, 보수주의자들이 변화를 배제하지 않는다는 사실은 반드시 기억되어야 한다.

---

11 Antony Jay ed., *Oxford Dictionary of Political Quotations*(Oxford: Oxford UP, 2007), p. 120.

문제는 사회에 현존하는 모든 제도와 관습에 대하여, 단지 현존한다는 이유만으로 권위와 당위성을 부여할 수 없다는 것이다. 따라서 현존하는 다양한 전통 중 무엇을 살리고 지킬 것이며 무엇을 버릴 것인가는 보수주의자라면 마땅히 고민할 문제이며, 건강한 사회라면 반드시 직면해야 하는 질문이기도 하다. 이에 대하여, 현재 가장 탁월한 보수주의 이론가의 한 명으로 평가되는 데이비드 윌렛(David Willetts)은 지킬 가치가 있는 전통을 판단할 세 가지 척도를 제시한다. 우선 특정 제도나 관습이 사회의 더 깊은 전통과 가치를 구현하고 있을 때, 다음으로 어떤 관습이 오랜 기간 유지되고 있을 때, 마지막으로 특정 제도나 관습이 국가권력에 의한 강제 없이 생존해 왔을 때 그 제도와 관습은 지킬 가치가 있다는 것이다.[12]

4) 자유, 질서, 자유시장

보수주의자들에게 자유는 매우 중요한 가치다. 자유는 인간이 진정한 덕성을 발전시키기 위해 반드시 필요한 가치이고, 보수주의자들은 개인의 자유를 침해하지 않는 작은 정부, 분권화된 정부를 선호한다. 따라서 보수주의자가 생각하는 자유는 '소극적 자유'다. 즉 자유란 타인의 간섭과 강제로부터 독립하여 자신의 결정과 계획에 따라 행동할 수 있는 것을 의미한다. 정부는 오직 생명, 자유, 재산을 보호하는 일반 규칙을 시행하기 위해서만 시민사회에 정당하게 개입할 수 있다. 만일 사람들이 스스로 자신의 목표를 결정할 수

12 David Willets, *Modern Conservatism*(Penguin, 1992), pp. 76-77.

있는 능력에 대해 정부가 간섭한다면 그 정부는 강압적인 것이 되며 궁극적으로 자유의 기초를 위협하는 거대한 리바이어던이 된다는 것이다. 이처럼 보수주의자들은, '적극적 자유'는 궁극적으로 국가의 간섭과 강제를 초래하게 되고 결국 전체주의로 이르게 될 것이라는 자유주의자들의 우려에 동의한다.

보수주의자들이 중히 여기는 자유는 개인의 자유이고 따라서 개인은 모든 것의 기초가 된다. 보수주의는 개인이 집단보다 낫다는 확신을 가지고 있으며, 집단의 지혜가 우월하다는 믿음은 거의 없다. 따라서 개인주의와 경쟁은 보수주의 철학과 밀접하게 연결되어 있다. 이것은 평등에 기반을 둔 사회에서 이타적이고 협동적인 개인들이 조화롭게 산다는 사회주의의 이상과는 전적으로 반대되는 개념이다. 그러나 보수주의는 개인주의와 동일한 것이 아니다. 자유주의가 철저하게 개인을 옹호하는 반면 보수주의는 절대로 그렇지 않다. 보수주의자가 주장하는 자유는 자유주의가 주장하는 자유와 약간 다른 개념이다. 보수주의에서 자유는 처음부터 질서와 의무라는 중요한 가치들과 밀접히 연관되어 있다. 보수주의 시각에서 자유와 책임은 분리될 수 없다. 즉 자유는 개인이 기회와 선택의 부담을 동시에 갖는다는 것, 개인은 그의 행위 결과를 책임지며 그에 따라 칭찬 또는 비난을 받는다는 것을 의미한다. '보수주의는 개인의 자유를 열성적으로 옹호하지만 방종은 혐오한다'라는 말이 나타내듯이, 개인의 자유가 사회적 유대나 도덕률을 손상시켜서는 안 된다는 조건을 내세웠던 것이다.

질서는 자유의 조건이다. 보수주의자들은, 사회에는 질서와 원칙이 있어야 하며 그것은 국가와 사회의 제도에 대한 깊은 존경심으로부터 나와야 한다고 믿는다. 인간 사회가 제대로 작동하고 인간이 그 속에서 관계를 갖고 살아가기 위해서는 인간의 존재보다 영속적이고 초월적인 도덕률이 반드시 필요하며 강력한 국가와 법이 필요하다는 것이다. 여기서 자유주의와 보수주의의 차이가 확실히 드러나는데 보수주의의 입장은, 사회는 각 구성원에게 의무를 부과하며 의무와 봉사가 권리와 특혜보다 선행한다는 것이다. 의무를 저버린 극단적인 자유의 추구는 사회적 유대를 침식시키고 불화를 유발하며 사회를 혼란에 빠뜨린다는 것이다. 법과 권위만이 무정부 상태에서 우리를 지켜 준다. 보수주의자들은 자유와 권위가 서로 대치된다고 생각하지 않는다. 권위는 아래로부터 생기지 않으며 생길 수도 없다. 아이들이 지배받는 것에 동의했다고 말하는 것은 사리에 맞지 않는다. 권위는 사회의 본성과 사회제도에 뿌리를 두고 있다. 결국 인간의 저열한 본능을 억제하기 위해서는 명확히 규정된 권위, 강력한 법률, 안정적인 정부가 필요하다는 결론이 도출된다. "인간은 의회가 공포하는 법에 의해 선해질 수 없다"거나 "보수주의는 원죄의 원리이자 불완전함의 정치"라는 발언 등이 이러한 입장을 대변한다.[13]

이처럼 자유의 제한을 인정하고 공동체에 대한 개인의 의무를 강조한다면 보수주의는 자연히 강력한 국가를 선호할 것이라는 결

13 Ball, "The Principles of British Conservatism," p. 33; Davies, *We, The Nation*, p. 52.

론에 도달할 수 있다. 실제로 보수주의자들은 나라의 법치와 평화를 보장하기 위해, 외부의 침략으로부터 나라를 지키기 위해 중앙정부에 권한을 부여할 필요가 있다고 믿는다. 따라서 보수주의자들은 분명 원칙적으로는 작은 정부와 최소한의 정부 개입을 선호하지만, 국방이나 사회적 안정 또는 국민적 통합이라는 목표를 작은 정부라는 원칙보다 우위에 둔다. 보수주의 시각에서 볼 때 모든 계급을 통합하는 것은 궁극적으로 국가에 대한 충성심이다. 계급적 충성심은 자연적이고 정상적인 것이지만 최고의 충성심은 아니라는 것이다. 가장 최상위의 공동체가 바로 국가이므로 보수주의는 일찍부터 애국심을 '최고의 시민적 미덕'으로 간주했다.[14]

다음으로 보수주의가 견지하는 원칙은, 인간은 서로 다른 재주와 재능을 가지고 있을 뿐 아니라 인간에게 가장 우선적인 동기부여는 소유욕과 자기이익이라는 명제다. 그 명제는 인간이 개인주의적이며 경쟁적이라는 개념과 연관되며 이 점에서 보수주의는 자유주의와 맥을 같이한다. 보수주의는 개인의 재산권을 가장 중요한 원칙의 하나로 받아들인다. 재산은 인격의 연장일 뿐만 아니라 자유의 요새로서 지나치게 강한 국가에 대항하는 데 필수적인 방어벽을 제공해 준다는 것이다. 그뿐만 아니라 재산은 근검과 노력을 장려하고 책임감을 양성하며 다른 사람들의 재산을 존중하게 만들어 사회적 안정을 지켜 준다. 이 모든 것은 개인에게는 물론이고 사회에도 가치 있는 일이다.

---

14 Frank O'Gorman, *British Conservatism*(Longman, 1986).

아담 스미스

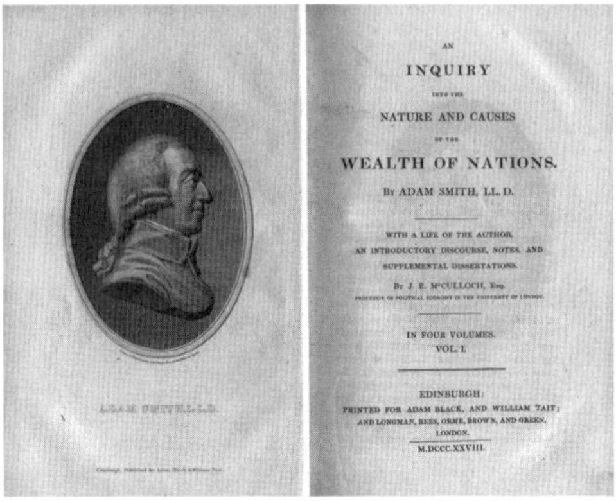

《국부론》 초판

자유와 소유욕이 인간의 본성이라면 사유재산권과 사기업, 그리고 경제적 자기이익의 합리적 추구에 기반을 둔 경제체제인 자본주의는 자연스러운 것이다. 보수주의자들은 자본주의의 기본 토대는 잉여노동에 대한 착취가 아니라 타인의 요구를 충족시키려는 기업가들의 혁신에 있다고 본다. 아담 스미스는 인간에게는 '자기향상의 본능'과 '교환의 본능'이라는 두 가지 근본적인 본능이 있는데 이것이 자유시장에서 작동할 때 부의 증대를 가져다준다고 설파했다. 즉 이 두 가지 본능이 결합할 때 분업과 전문화가 이루어져 보다 효율적인 생산이 가능해지며 국부가 창출된다는 것이다. 따라서 스미스의 이론 속에서 자유시장이란 인간의 '본능'이 작용한 자연스러운 결과물이며, 시장이 계약과 법에 대한 존중이라는 견고한 기반 위에 놓이기만 한다면 사회에 항상 이롭게 작용하게 된다.[15] 보수주의자

15 O'Hara, "The Conservative Dialectic of Margaret Thatcher's First Term," p. 41.

들은 그런 확신에서 전적으로 스미스를 따른다. 보수주의자들은 또한 부의 창출의 중심은 정부 간섭이 아니라 우월한 시장의 힘이라고 믿는다. 보수주의자들이 시장경제 체제를 옹호하는 데에는 도덕적 측면도 있다. 즉 열심히 노력하고 진취적이며 성공적인 사람들은 자신들뿐만 아니라 다른 사람들에게도 선한 영향을 미침으로써 사회를 더욱 건강하게 만든다는 것이다. 부의 창출이 정부가 아니라 개인의 몫이라면 작은 정부는 필수적이다. 따라서 작은 정부에 대한 보수주의의 요구가 여기서도 적용되는 것이다.

재산과 그것이 포함하는 모든 것을 보존하는 최선의 방법은 사회 내에 더 많은 사람이 소유권을 갖게 만드는 것이다. 영국 보수당이 일찍이 1924년부터 '유산자(有產者) 민주주의'를 정당의 목표로 제시하고 하층계급의 저축과 주택 소유를 장려하는 방침을 채택한 것은 재산 소유에 대한 이러한 긍정에서 비롯되었다. 마거릿 대처(Margaret Thatcher)도 '대중자본주의'라는 개념을 만들어 내고 극빈층을 제외한 사회 모든 구성원을 유산자로 만든다는 포부를 실천하려 했다.

2. 보수주의와 자유주의

앞에서 설명했듯이 이데올로기는 단 하나의 기준에 따라 세상을 바라보고 정치적 목표를 세우는 신념체계를 말한다. 그 하나의 기준이 무엇인지에 따라 주요 이데올로기가 구분되는데, 각각의 이데올로기에는 그것을 특징짓는 가장 근본적인 개념이나 기준이 존재한다. 즉 각 이데올로기는 무엇에 가장 빚지고 있는지에 따라 구분할 수 있다. 예를 들어 민족주의는 민족에 빚을 지고 있고 페미니즘은 여성에 빚지고 있다. 자유주의, 보수주의, 사회주의는 그 중심에 모두 자기 자신(the self)이 있고, 그 점에서 민족을 중심에 두는 민족주의나 여성을 중심에 두는 페미니즘과 차이가 있다. 정치학자 제임스 알렉산더(James Alexander)는 자기 자신을 중심에 둔다는 점에서 자유주의, 보수주의, 사회주의를 주요 이데올로기로 분류할 수 있다고 주장한다. 물론 그 내용은 다르다. 자유주의는 독립된 개인 그 자체를 기준으로 하는 이데올로기이고 보수주의는 사회적이고 역사적인 존재로서의 개인을 근본으로 하는 이데올로기다.[16]

이처럼 중심 개념이 다르지만 이데올로기들은 복합적이고 혼합되어 있고 서로 겹치는 것도 사실이다. 보수주의를 이해하는 데 가장 흔하게 부딪히는 문제는 보수주의가 특히 자유주의와 많은 부분에서 겹친다는 사실이다. 따라서 보수주의를 이해하기 위해 자유주의와의 유사점과 차이점을 정확하게 이해하는 것이 매우 중요하다.

보수주의가 내세울 수 있는 사상가가 에드먼드 버크 정도라면 자유주의자로 분류되는 사상가들의 목록은 대단히 인상적이다. 존 로크(John Locke)를 위시하여 아담 스미스, 알렉시 드 토크빌(Alexis de Tocqueville), 존 스튜어트 밀(John Stuart Mill)을 거쳐 최근에는 칼 포퍼(Karl Popper)와 프리드리히 하이에크(Friedrich Hayek)에 이른다.

---

16 Alexander, "The Major Ideologies of Liberalism, Socialism and Conservatism."

존 로크

알렉시 드 토크빌

정치적 이데올로기로서 자유주의는 위대한 영국 경험주의 철학자인 로크로부터 시작했다. 로크는 이성, 관용, 동의에 의한 정부라는 원칙을 세웠고 사유재산권의 확립이라는 대단히 중요한 자유주의 원칙을 마련했다. 즉 권위와 전통을 거부하고 개인, 자유, 이성과 관용을 강조하며, 입헌주의에 입각한 제한된 정부, 법치주의, 사유재산을 신성시하는 등 자유주의 원칙이 대부분 로크로부터 유래했다. 특히 국가는 개인들의 필요와 이해관계에 봉사하기 위해 존재하며 개인들에 의해 그리고 개인들을 위해 창조되었다는 로크의 주장은 근대 정치의 발전에서 대단히 중요한 근간이 되었다. 로크의 또 다른 공헌은 자의적이고 전제적인 정부를 갈아치울 수 있는 원칙을

존 스튜어트 밀

제러미 벤담

마련해 주었다는 것이다. 즉 정부가 통치받는 사람들의 합의 또는 동의에서 생겨난다면, 정부가 잘못을 저질렀을 때 그 정통성은 사라지고 국민은 정부에 저항할 권리가 있다는 것이다. 이러한 혁명적 사고가 근대 자유민주주의 발전에 기초가 되었다.

로크로부터 시작하여 아담 스미스를 거쳐 19세기에 존 스튜어트 밀에 의해 정리된 고전적 자유주의의 핵심 주제는 우선 개인의 절대적 중요성이다. 따라서 자유주의는 개인주의의 형태를 취한다. 중세가 끝나고 근대에 들어서면서 새로운 지적 풍토가 조성되어 인간이 자신을 위해 자신의 관점에서 생각하도록 장려하는 개인주의가 발달했다. 개인만이 실체이며 사회는 단순히 자신의 필요와 이해관계를 충족시키고자 하는 개인들의 집합에 불과하다는 개념이 이때 등장했다. 개인의 절대적 중요성에 대한 신념은 자연스럽게 개인의 자유에 대한 강조로 이어졌다. 밀은 개인적인 행위는 오직 그 당사자에게만 영향을 주는 행위이며 그런 개인적인 행위는 어느 누구도 어떠한 명분으로도 제한을 받아서는 안 된다고 주장하면서 개인적 자유에 대한 가장 최소한의 제약만 인정했다. 제러미 벤담(Jeremy Bentham)과 같은 극단적 자유주의자들은 공적 이익이 따로 존재하고 사적 이익에 앞서야 한다는 말은 공허한 것이며, 오로지 개인적 이익이야말로 진정한 이익이고 개인적 이익들을 모아 놓은 것이 공적 이익일 뿐이라고 주장했다.

자유주의는 해방의 이데올로기였다. 자유주의 내에는 다양한 부류의 사고가 존재하지만 모든 자유주의자는 개인의 잠재력을 최대한 계발하고 발휘할 수 있는 사회를 만들기 위한 열정에는 한목소리를 내었다. 고전적 자유주의는 '재능 있는 자에게 기회를'이라는 구호로 압축될 수 있다. 즉 모든 특권은 철폐되어야 하고 개인의 성공에 대한 모든 인위적인 장애는 제거되어야 하며 사람들은 그들 자신의 주관적 가치나 선호에 따라 행동할 수 있어야 한다는 것이 자유주의의 핵심 주장이었다. 이러한 개인의 자유라는 절대적 원칙 위에서 자유주의자들은 군주의 절대 권력에 도전하여 입헌정부와 대의정부를 주장했다. 그들은 토지귀족의 정치적 · 경제적 특권에 반대하고 사회적 지위가 태생에 의해 결정되는 구체제의 부당함을 비판했을 뿐만 아니라 종교적 양심의 자유를 추구하고 교회의 권위에 의문을 제기했다. 자유주의는 또한 경제활동의 절대적 자유를 주장하고 지난 수백 년간 놀랄 만한 부를 가져다준 시장경제의 원리를 제공해 주었다.

그러나 자유주의자들은 사회를 고유한 하나의 실체가 아닌, 이기적인 인간들 사이의 자발적인 계약과 합의로부터 형성된 것으로 이해한다. 로크의 사회계약론•이 보여 주듯이 고전적 자유주의는 개인들의 정치적 결합을 도구적 가치만을 가진 것으로 과소평가한다. 따라서 자유주의는 자유로운 개인의 계약이나 선택의 결과가 아닌 가족에 대한 의무, 공동체와 국가를 유지하려는 헌신 등의 덕목에

• 사회와 국가 성립의 역사적 · 논리적 근거를 평등하고 이성적인 개인들 간의 계약에서 찾는 이론으로 홉스, 로크, 루소 등에 의해 주창되었다.

대한 적절한 설명을 제공할 수 없다. 개인주의적 자유주의자들은, 좋은 삶은 개개인이 알아서 결정할 일이며, 인간이라면 추구해야 할 공통의 좋은 삶이 따로 존재하는 것은 아니라고 주장한다. 그 어떤 인간 집단도 공동체라는 미명 아래 어떤 목적을 실현하기 위해서 특정한 형태의 삶을 살 것을 요구해서는 안 된다는 것이다.

자유주의의 또 다른 중요한 가치는 관용이다. 관용은 사람들이 다른 사람들에게 어떻게 행동해야 하는가에 관한 규칙이다. 즉 도덕적 · 문화적 · 정치적 다양성을 인정하고 이를 장려하는 것이 자유주의의 가장 큰 특징 가운데 하나였다. 관용에 대한 관점은 17세기에 로크와 밀턴(John Milton)과 같은 사상가들이 종교의 자유를 옹호하면서 처음으로 나타났다. 존 스튜어트 밀은 오직 생각들이 자유롭게 소통될 수 있는 곳에서만, 좋은 생각이 나쁜 생각을 대체하는 가운데 무지가 사라지고 진리가 출현할 수 있다고 믿었다. 밀은 특히 민주주의와 '다수가 항상 옳다'는 아둔한 획일주의가 확산되면서 관용이 위협을 받아왔다고 우려했는데, 그런 우려 속에서 "마치 단 한 사람의 독재자가 인류 전체의 입을 막을 수 없듯이 인류 전체가 단 한 사람의 이견을 막을 수 없다"는 원칙을 주장했다.[17]

이처럼 자유주의 이데올로기에서 자유가 중요한 가치라면 평등에 대해서는 어떤 논리를 가지고 있는지 살펴보자. 자유주의자들은 개인들이 동등한 도덕적 가치를 지닌다는 의미에서 인간은 평등하게 태어났다고 간주한다. 그러나 자유주의가 주장하는 평등은 기회

17 헤이우드, 《사회사상과 정치 이데올로기》, 61-62쪽.

의 평등이다. 결과나 보상이 평등해야 한다거나 삶의 조건이나 사회적 환경이 모든 사람에게 동일해야 함을 말하는 것은 아니다. 자유주의자들은 사회의 여러 규칙이 공정하게 적용되기를 희망한다는 의미에서 법 앞에서의 평등을 지지한다. 모든 사람이 똑같이 태어난 것이 아니라 재능과 기술, 일에 대한 의지 등에서 차이가 있기 때문에 사회적 평등은 바람직하지 않다는 것이다. 여기서 자유주의는 실력주의로 나아간다.

한편 경제적 자유주의는 아담 스미스에 의해 시작되었다. 스미스는 아직 정부가 경제활동에 광범위한 제한을 가하던 시기에《국부론》을 써서 시장을 경제의 중심으로 확립했다. 스미스가 상정한 시장은 자유로운 개인들의 소망과 결정에 따라 작동하며, 시장에서의 자유는 선택의 자유를 의미한다. 즉 어떤 물건을 만들 것인지를 결정하는 기업가, 고용주를 선택하는 노동자, 그리고 어떤 재화와 서비스를 살 것인지를 선택하는 소비자가 서로 만나는 곳이 시장이고 그곳에서의 관계는 개인들의 자발적이고 계약적인 관계다. 스미스의 가장 큰 업적은 소위 '보이지 않는 손'에 의한 조화를 밝힌 것이다. 시장은 보이지 않는 손에 의해 움직이는 자기 규제적 메커니즘이다. 비록 각 개인은 이기적인 존재라 할지라도 개인들이 이기적인 목표를 추구하는 경제활동 자체는 시장의 힘에 의해 번영과 복지를 자연스럽게 낳게 된다는 것이다. 따라서 시장경제가 제대로 작동하기 위해서 정부는 불간섭주의를 실천해야 하며 최소의 국가는 필수다.

그러나 이러한 고전적인 개인주의적 자유주의는 19세기 말에

•경제적 개인주의에 대한 반대 개념으로 개인의 자유방임을 부정하고 사회 전체의 복지를 실현하기 위해 개인의 자유에 제한을 가할 필요를 인정하는 사상 및 운동.

도전받게 되었다. 고전적 자유주의의 한계를 깨달은 그린(T. H. Green)과 홉하우스(Leonard Hobhouse) 등은 자유주의에 일정 정도의 집산주의(collectivism)•를 접목하고자 했다. 그린은 고전적 자유주의가 옹호했던 아무런 제약 없는 이윤 추구가 새로운 형태의 빈곤과 불의를 낳았다고 비판했고, 고전적 자유주의가 상정한 이기주의적 인간에 이의를 제기하면서 인간 본성에는 이타주의가 있다고 주장했다. 그는 소위 '적극적 자유'를 주창했는데, 즉 자유는 사회적 불리함이나 불평등에 의해 위협받을 수 있기 때문에 국가가 나서서 개인들의 삶을 위협하는 사회악을 제거함으로써 자유를 확장시켜야 한다고 주장했던 것이다. 한편 홉하우스는 자유주의가 살아남으려면 사회주의로부터 배워야 한다고 주장했는데, 자유주의자들은 실제로 그렇게 했고 살아남았다.[18] 이들의 사상은 20세기 후반기에 들어 공동체주의 자유주의자들에 의해 다시 확산되었다. 그러나 그렇다고 해서 사회적 자유주의[19]자들이 사회를 개인보다 중시한 것은 결코 아니다. 그들 역시 모든 인식의 중심에는 개인이 있다는 점에서 출발했고, 그런 의미에서 자유주의를 결코 벗어나지 않았다.

20세기 전반기에 한동안 사회적 자유주의가 고전적 자유주의

18 Gaus, "Ideological Dominance through Philosophical Confusion," p. 29.

19 사회적 자유주의는 19세기 말/20세기 초에는 신자유주의(New Liberalism)로 불렸는데, 20세기 후반에 나타난 Neo-Liberalism과는 다르다.

를 대체한 듯 보였다. 그러나 또다시 그것에 도전하는 자유주의 사조가 나타났다. 보다 극단적인 형태의 자유주의는 자유지상주의(Libertarianism)인데, 대표적 사상가인 로버트 노직(Robert Nozick)은 19세기 고전적 자유주의보다 더욱 극단적인 개인의 자유를 주장한다. 개인은 극히 다양하다. 따라서 모든 사람의 이상이 될 수 있는 하나의 공동체란 존재하지 않으며 어느 누구도 유토피아에 대한 자신의 비전을 타인에게 강요할 수 없다는 것이다. 자유지상주의자들은 또한 개인의 재산권과 자율적 선택의 중요성을 강조하며 국가는 어떠한 경우에도 개인의 재산권과 자유를 침해할 수 없다는 강한 신념을 표명한다. 개인이 소유권을 부여받았다는 것은 타인의 자유를 침해하지 않는 한 자신의 소유물을 자신의 의사에 따라 처분할 절대적 권리를 소유하고 있다는 것을 의미한다는 것이다. 따라서 최소 국가는 당연한 것이며 그들은 어떤 식의 부의 재분배에도 반대한다.[20]

그러나 대부분의 자유주의자들은 국가를 개인의 삶에 대한 모든 책임으로부터 해방시키는 것을 반기지 않는다. 그들은 벤담이나 노직 같은 자유지상주의가 아니라 오히려 스미스의 지침이 오늘날 더욱 적합한 자유주의의 형태라고 생각한다. 경제에서는 자유방임주의를 주창했지만 스미스는 국가의 의무를 몇 가지 제시했는데, 그중 하나는 개인이나 개인들의 사적인 이익을 위해 설립하거나 유지할 수 없는 공공사업과 기관을 설립하고 유지할 의무였다. 즉 공정하고

---

20 데이비드 헬드, 박찬표 역,《민주주의의 모델들》(후마니스타, 2014), 383-384쪽.

●롤스는 사회의 모든 가치는 기본적으로 평등하게 분배되어야 하며, 가치의 불평등한 배분은 그것이 사회의 최소 수혜자에게 유리한 경우에만 정당하다고 주장한다.

정확한 행정, 부패의 제거, 합법적이고 공정한 세금체계, 합리적인 국가예산 집행 등을 국가의 책무로 지정한 것이다.[21] 오늘날에는 이런 의미의 자유주의가 자유지상주의보다 더욱 적합한 자유주의일 것이다.

20세기 초에 자유주의는 곧 사라질 것이라는 진단을 받았다. 이미 고전적 자유주의와 사뭇 다른 자유주의가 등장했을 뿐만 아니라 1920~1930년대에 이르면 한편으로는 파시즘과 같은 극우파, 다른 한편으로는 사회주의/공산주의라는 극좌파의 양극단에 끼어서 자유주의 살아남기 힘든 상태로 보였다. 그러나 자유주의 역시 보수주의 못지않은 끈질긴 생명력을 보여 주었다. 자유주의 이데올로기는 20세기 들어 고전적 자유주의와 일관되지 않은 교리를 결합시킴으로써 개인주의와 공동체주의를 다 수용할 수 있었고, 그 결과 정치적 이데올로기로서 크게 성공했다. 오늘날 사회주의라 불리는 것은 사실 마르크스보다는 그린과 홉하우스의 사회적 자유주의와 더 닮은, 일종의 좌익(left-wing) 자유주의다. 특히 존 롤스(John Rawls)●와 같은 평등주의적 자유주의자와 사회주의자의 정의론 사이에는 차이가 거의 없다.[22] 그러나 이데올로기 내부에서 첨예하게 나타나는

21 레이몽 부동, 임왕준 역, 《지식인은 왜 자유주의를 싫어하는가》(기파랑, 2007), 170-171쪽.

22 Gaus, "Ideological Dominance through Philosophical Confusion," pp. 13-14.

이율배반이 자유주의의 가장 큰 문제점으로 남아 있으며, 그런 상황은 19세기 말이나 지금이나 마찬가지다. 자유주의자들은 자신들이 20세기에 실천해 온 개인주의와 공동체주의, 사유재산의 옹호와 계획경제 등에서 나타나는 모순과 갈등을 해결해야 하는 과제를 떠맡고 있는 것이다.

3. 보수주의와 자유주의의 유사점과 차이점

사회주의가 등장하기 전까지 보수주의의 대항마는 자유주의였다. 그러다가 사회주의가 세력을 얻게 되면서 보수주의와 자유주의가 가까워지게 되는데, 두 이데올로기가 공유한 것은 바로 사회주의에 대한 적대감이다. 보수주의와 자유주의가 모두 국가를 이용하여 평등이나 노동계급의 이해관계를 추구하는 것에 반대하며 자유시장 원칙을 견지한다. 그 외에도 자유주의와 보수주의는 불평등을 인정하고 실력주의를 장려한다는 점에서 비슷하다. 그러나 차이점도 못지않게 발견된다.

두 이데올로기의 차이를 규명해 보면, 우선 보수주의자들은 인간의 이성을 도통 믿지 않는 데 반해 자유주의자들은 이성과 합리성을 믿는다. 물론 사회주의만큼 믿는 것은 아니다. 전통과 역사에 대해서도 보수주의자와 자유주의자들은 커다란 인식의 차이를 보인다. 자유주의 이데올로기의 중심은 모든 형태의 권위에 대한 반감이다. 즉 전제정치에 대한 적대감, 전통에 대한 거부감, 정치적 합리주의, 그리고 관용이 자유주의의 핵심을 이룬다. 이런 맥락에서 보면 자유주의의 첫 번째 안티테제는 사회주의가 아니라 전제정치와 보수주의라 할 수 있다.[23] 한편, 보수주의는 자유주의와 사회주의가 경원시하는 역사와 전통을 중시한다. 보수주의는 과거와 전통을 신비롭게 바라보는데 이 점에서 자유주의와 뚜렷하게 구분된다. 19세기 자유주의의 한 분파인 공리주의의 기초를 닦은 벤담은 영국의 기존 법적 · 정치적 구조를 과학적이고 객관적인 기준에 따라 새로 만들자는 기획을 제시했다. 그러나 보수주의적 시각에서 볼 때 그런 시도는 혐오의 대상일 뿐이다. 다른 한편으로, 자유주의자와 사회주의자들은 미래에 큰 기대를 걸지만 보수주의자들은 미래를 낙관하지 않는다. 대신 보수주의는 이성이 현재의 구조에 녹아 있다고 믿는다. 앞에서 살펴보았듯이 보수주의자들은 변화가 불가피해질 때까지 변화에 저항하며, 변화가 이루어진다 하더라도 전통에 대하여 존경심을 잃지 않고 변화를 가져오는 것을 최고의 덕목으로 여겼다. 즉 보수주의가 원하는 변화란 일종의 연속인 셈이다.

다음으로 개인과 사회의 관계에 대해서도 보수주의와 자유주의는 입장 차를 보인다. 앞서 살펴보았듯이 자유주의는 끊임없이 개인과 사회의 관계에 관한 내부 갈등에 휩쓸려 왔다. 최근에도 1970년대 이래 신자유주의(Neo-Liberalism)가 세력을 확대하자 자유주의 내 공동체주의자들의 비판이 제기되었다. 마이클 샌델(Michael Sandel)

---

23 John Dunn, *Western Political Theory in the Face of the Future*(Cambridge: Cambridge UP, 1993), p. 30.

을 위시한 공동체주의자들은 자유주의의 가장 핵심적 잘못은 '순수하게 자립적인 선택자'로서의 개인을 모든 것의 핵심에 놓는 것인데 이것은 대단히 추상적 이론일 뿐이라고 비판한다. 우리는 사회적 존재이고 문화의 구성원이며 다양한 전통 속에서 자라는 존재인데 그에 대한 인식이 결여되어 있다는 것이다. 보수주의자들은 이 문제에 있어서 오히려 공동체주의자들과 비슷한 입장이다.

사회에 대한 시각에서도 보수주의와 자유주의는 현격한 차이를 보인다. 자유주의자들은 기본적으로 정치적 공동체에 대한 적극적인 참여가 인간의 삶이 갖는 가치의 중요성을 무시하고 간과한다. 반대로 보수주의자들이 바라보는 공동체는 로크식의 자유주의적 사회계약에 의한 공동체가 아니라 자연스럽게 발생한 유기적인 사회다. 보수주의자들에게 사회는 개인들의 밖에 존재하며 어떤 의미에서는 개인보다 앞선다. 따라서 의무는 계약에서 나오는 것이 아니라 공동체 구성원으로서 역사적으로 부과된다고 본다. 같은 맥락에서 보수주의는 애국주의, 국가의 영광에 대한 열망, 국가의 위대함을 유지하려는 욕구를 중요시한다. 국가는 강하고 국제적으로 존중받을 때에만, 그리고 세계정세에 영향력을 행사할 수 있을 때에만 자긍심을 가질 수 있는데 이것 역시 국가의 과거 성취나 그 성취와 관련된 주요 인물들 같은 역사에 기반을 두고 있는 것이었다. 따라서 보수주의자들이 역사와 전통을 중요시하는 명분이 여기서도 발견된다.

불평등에 대해서도 두 이데올로기는 차이를 보인다. 자유주의의 원칙은, 개인은 동등한 법적 · 정치적 권리를 부여받았으며, 각자의 재능과 일하고자 하는 의지에 따라 보상받아야 한다는 것이다. 자유주의도 보수주의 못지않게 존재하는 불평등을 정당화하고 미혹시킨다는 인상을 주며 자유주의에도 엘리트주의적 요소가 강하다. 그러나 이 책의 제3장에서 살펴보겠지만 보수주의자들은 불평등을 이보다 더 깊숙한 것으로 이해한다. 보수주의의 입장은 어떤 사회든 전수된 기준, 가치 및 지위가 보호되어야만 할 탁월한 사람들이 있으며, 그들은 공적인 일에 다른 사람보다 많은 영향력을 행사해야 한다고 믿는다. 물론 자유주의자들도 우월한 사람이 있다는 것을 부인하지 않는다는 의미에서 평등주의자는 아니다. 그러나 자유주의자들은 어떤 특정인이 누가 우월한 사람인지를 결정할 권한을 갖는다는 것을 부정한다.[24]

시장경제에 대한 태도에서도 미묘한 차이가 발견되는데, 하이에크는 사실 보수주의가 특히 경제 메커니즘에 대한 이론을 결여하고 있어서 거의 전적으로 자유주의자들에게 의존하고 있다고 비판했다.[25] 실제로 보수주의자들 가운데, 특히 1970년대에 세를 확장한 신자유주의자들은 자유주의 경제이론에 전적으로 동조했다. 그러나 대부분 보수주의자들은 그와 약간 다른 입장을 보인다. 그들은 순수한 자유방임주의, 억제되지 않는 자본주의와 규제되지 않는 자유시장을 마냥 반기지는 않는다는 점에서 자유주의자들과 약간 다르다. 만약 시장이 탐욕이나 이기심, 심지어 전체적으로 부패나 지대 추구

---

24 하이에크, 《자유헌정론》 II, 321-323쪽.

25 같은 책, 320쪽.

를 증진시키는 것으로 나타난다면 보수주의자들은 시장메커니즘을 통제하거나 보조하는 것을 택할 것이다. 시장에 대한 이런 보수적인 주장은 시장이 가장 효율적으로 자원을 분배하고 자본을 할당한다는 하이에크의 주장과는 다른 것이다.[26]

재산에 대한 보수주의자들의 생각도 자유주의와 차이가 드러난다. 자유주의자들에게 개인의 재산은 신성불가침인 데 반해 보수주의자들은 재산을 매우 중요하게 간주하지만 재산이 이기적이거나 부주의한 방식으로 향유되어서는 안 된다는 점을 강조한다. 자유주의자들은 재산이 개인의 뛰어남을 반영하며 재능을 가진 사람이 재산을 획득하는 것은 당연하다고 주장한다. 여기까지는 보수주의자들도 동의하지만, 더 나아가 보수주의자가 재산을 옹호하는 이유는 재산권 자체를 자연권으로 간주해서라기보다 재산이 일련의 심리적 · 사회적 이점을 가지고 있기 때문이다. 그것은 재산이 법적 의무라기보다는 전체 사회에 이득이 되는 안정과 가치를 진작시키는 방식으로 사용되어야 한다는 도덕적인 어조로 나타난다. 즉 재산을 소유한 사람들은 사회에 이해관계를 가지고 있으며, 특히 법과 질서를 유지하는 데 관심이 많다는 것이다. 그러나 재산에 대한 절대적 권리를 주장한 자유방임적 자유주의자들과 달리 보수주의자들은 재산권을 포함한 모든 권리는 의무를 수반한다고 믿는다. 이런 점에서 보수주의자들은, 재산에는 '권리만이 아니라 의무'도 있다는 것에 동의한다.[27]

---

26 O'Hara, "The Conservative Dialectic of Margaret Thatcher's First Term," p. 42.

하이에크의 에세이 〈나는 왜 보수주의자가 아닌가(Why I am not a Conservative)〉는 자유주의자가 바라보는 보수주의를 잘 보여 주고 있다. 하이에크가 보수주의를 비판하는 가장 큰 이유는 보수주의가 그 본성상 발전 방향에 대한 대안을 마련해 줄 수 없다는 것이다. 자유주의자의 입장은, 설사 그것이 어떤 결과를 가져올지 예측할 수 없는 때조차 용기와 확신을 가지고 변화가 일어날 수 있게 준비하는 것이다. 그에 반해 보수주의자들은 변화에 대한 두려움 때문에 새로운 미지의 것을 불신한다는 것이다. 하이에크는 보수주의가 표명하는 신중함과 느린 변화를 옹호하는 태도는 타당하다고 인정하지만 변화를 막거나 속도를 제한하기 위해 정부의 권력을 이용하는 보수주의자들의 경향을 비난한다. 하이에크가 비판하는 또 다른 점은 보수주의자들은 스스로 채택한 가치를 타인에게 강제할 수 있는 특권을 가지고 있다고 생각하며, 이 점에서 사회주의자들과 마찬가지라는 것이다. 그런데 그것은 자유주의자들에게는 절대로 받아들일 수 없는 입장이다. 자유주의자들은 "잠재력을 제한하려 하는 어떠한 권위에도 개의치 않고 개인이 그 자신의 운명을 형성할 수 있는 권리를 선언"하기 때문이다.[28]

21세기 초라는 오늘날의 시점에서 판단할 때 사양길을 걷고 있는 사회주의와 달리 보수주의와 자유주의는 나름 선전했다고 할 수 있다. 자유주의의 문제점은 앞에서 살펴본 대로 너무 다양한 사조

27 Ball, "The Principles of British Conservatism," p. 25.

28 하이에크, 《자유헌정론》 II, 부록; Alexander, "The Major Ideologies," p. 984.

들을 끌어안으려 함으로써 내적인 모순이 심화되었다는 것이다. 보수주의는 자유주의보다 일관적인 이데올로기이기 때문에 자유주의보다 덜한 위험에 처해 있다고 할 수 있다. 그러나 보수주의가 표방하는 여러 원칙이 현시대와 어울리지 않는 면이 많은 것도 사실이다. 보수주의는 비록 지난 2세기 동안 성공적인 길을 걸어왔지만, 21세기의 보수주의가 지난 200년간의 영광을 계속 유지할지는 장담하기 어려운 문제다.

제2장

‘하나의 국민’ vs 뉴 라이트

보수주의자들은 이데올로기를 언급하는 것 자체를 꺼리는 경향이 있다. 1980년대에 마거릿 대처(Margaret Thatcher)에 반대한 당내 인사들은, 보수당은 이데올로기를 가지고 있지 않다고 주장하면서 대처가 보수당에 낯선 것, 즉 이데올로기를 도입했다고 비난했다. 보수주의 원칙은 이론이나 이데올로기를 지향하는 게 아니라 실용주의일 뿐이기에 명백하게 이데올로기를 표명한 대처주의는 진정한 보수주의 전통에 어긋난다는 주장이었다. 대처 이전까지의 보수당이 적어도 교조적이고 비타협적인 의미에서의 ‘이념’으로부터 거리를 두려고 한 것은 확실하다. 보수당은 따라서 원칙보다는 권력을 더욱 중요시한다는 평을 들어 왔다. 보수주의자들 스스로도 원칙이 결코 권력에의 길을 가로막아서는 안 된다는 점을 강조했다. 그렇다고 보수당이 특정한 사고체계를 갖지 않은 것은 아니었다. 보수당은 기본적으로 보수주의 이데올로기를 받아들인 정당이다. 그러나 현실 정치가 반드시 이론에만 의존할 수는 없기 때문에 보수당의 이데올로기는 보수주의에서 때로는 약간, 때로는 많이 변형된 모습을 보여 준다. 이 책의 제1장에서 살펴보았듯이 보수주의자들은 변화를 꺼린다. 그러나 현실 정치에서 보수주의자들은 언제나 변화를 받아들여야 했다. 1830년대에 보수당을 이끈 로버트 필(Robert Peel)은 "정치에서 최선의 덕목은 변화가 불가피해질 때까지 그것에 저항하고, 그러고는 가능한 한 가장 조용하게 최대의 경의를 갖추고 전통을 존중하면서 변화를 받아들이는 것"이라고 말했다.[1] 보수당 이데올로기의 정수를 보여 주는 발언이다.

물론 보수당 이데올로기가 항상 합의를 도출하는 것은 아니다. 보수당은 종종 원칙을 둘러싸고 내부 갈등에 노출되었는데 내적 갈등은 1970~1990년대에 가장 첨예하게 나타났다. 한쪽에는 토리당의 가부장적 온정주의를 계승한 '하나의 국민(One Nation)'[2]파가 있었고, 다른 한쪽에는 1945년 이후 심해진 집산주의(collectivism)적 경향을 중단시키고 개인의 자유와 자유시장에 입각하여 보수당 이데올로기를 재정립하려는 뉴 라이트(New Right)가 있었다. 전자는 노동당만큼이나 복지에 적극적이었고 후자는 복지정책에 대하여 회의적이었다. '하나의 국민'파는 실상 뚜렷한 이데올로기적 입장을

---

1 James Alexander, "The Major Ideologies of Liberalism, Socialism and Conservatism," *Political Studies,* 63/5(June 2014), p. 989.

2 국내에서는 One Nation을 '일국'으로 번역하고 있지만, 여기서 nation의 개념은 국가라기보다는 국민을 뜻한다고 판단하여 길지만 '하나의 국민'이라는 명칭을 쓰기로 한다.

가진 것이 아니라 단지 전통적인 가부장적 온정주의에 기반을 두고 국민의 화합을 주장했을 뿐이었다. 이에 대하여 새로 등장한 뉴 라이트는 치밀한 이데올로기로 무장한 채 '하나의 국민' 보수주의에 도전했다.

이 장에서는 보수당의 두 분파인 '하나의 국민'파와 뉴 라이트를 중심으로 보수당의 이데올로기를 살펴본다.

1. '하나의 국민' 보수주의

19세기에 자유주의는 '마치 종교와 같다'는 말을 들을 정도로 세상을 장악했다. 이 책의 제5장에서 살펴보겠지만 보수당도 곡물법 폐지(1846)•를 둘러싼 갈등을 겪고 난 후 자유무역과 불간섭주의 국가를 원칙으로 받아들이게 되었다. 그렇지만 자유당에 대한 대항마로서의 성격을 잃지는 않았는데, 여기서 '하나의 국민' 보수주의가 등장했다. '하나의 국민' 전통은 벤저민 디즈레일리(Benjamin Disraeli)로부터 유래했다. 디즈레일리는 당시 영국 사회에 존재하는 하층민들의 가난과 사회경제적 박탈을 목격하고 큰 충격을 받았다. 문필가이기도 했던 그는 1845년에 발표한 소설 《시빌, 혹은 두 개의 국민들(*Sybil,*

• 나폴레옹전쟁의 종결로 곡물 가격이 폭락하자 지주계급의 이익을 보호하기 위해 소맥 1쿼터당 가격이 80실링이 될 때까지 외국산 소맥의 수입을 금지하는 법이 제정되었다(1815). 이 법의 시비를 둘러싸고 국론이 양분되었으며, 1839년에 R. 코브던, J. 브라이트를 지도자로 맨체스터에서 결성된 반곡물법동맹을 중심으로 반대 운동이 일어났다.

벤저민 디즈레일리

or The Two Nations)》에서 서로 아무런 소통이 없고 동정심도 없고 서로의 삶에 대해 무지한 두 집단을 '두 개의 국민들'로 표현했다. 디즈레일리는 영국이 두 개의 국민들로 분열된 원인을 지배 엘리트가 마땅히 짊어져야 할 책무를 거부했거나 그것을 수행하는 데 실패했기 때문이라고 진단했다. 그는 본래 사회가 위계적이라고 믿는 보수주의자였지만 부와 사회적 특권은 그에 상응하는 책임감, 즉 노블레스 오블리제를 수반한다고 믿었다.

'두 개의 국민들'을 '하나의 국민'으로 단합하기 위해 사회적 약자에 대한 배려가 필요하다고 믿은 디즈레일리는 보수당을 대중 복지의 당으로 변모시키려 했다. '두 개의 국민들'의 빈부 격차를 줄여야 할 뿐만 아니라 격차가 다시 벌어지지 않도록 하기 위해서는 일회성 정책이 아니라 지속적인 정책이 필요하다는 생각이었다. 그래야만 두 개의 국민들을 하나로 만들고 '하나의 국민'으로 계속 유지할 수 있기 때문이다. 그리고 그 일을 하기 위해서는 정부의 역할을 인정할 수밖에 없었다. 여기서 보수당이 일정 정도의 집산주의를 띠게 되는 경향이 시작되었다. 디즈레일리는 개인에게 모든 것을 맡기는 자유주의적 자조(自助) 이데올로기의 한계를 인식하고 있었고 그에 대항하여 집산주의적이고 개입주의적인 대안을 제시했던 것이다. 즉 인간은 자유주의가 가르치는 대로 원자적이고 이기적인 개인이 아니라 상호 의무와 책임감에 의한 사회적 존재라는 것이다. 20세기 후반에 활동한 '하나의 국민'파는 디즈레일리가 정부 개입과 '큰 정부'를 선호했다고 선전했고, 그들의 집산주의를 공격한 신자유주의자들도 그렇게 디즈레일리를 비판했다. 그러나 사실 그는 후대의 오해와 달리, 자유무역을 지지하고 건전한 국가 재정을 강조했으며 정부 개입에 회의적이었고 복지의 주된 제공자로 중앙정부가 아닌 지방정부와 자발적 단체들을 선호했다.[3]

어찌되었든 디즈레일리로부터 사회적 조화를 강조하는 '하나의 국민'파가 시작되었다. '하나의 국민' 전통은 20세기 초에 조지프 체임벌린(Joseph Chamberlain)에 의해 이어졌다. 이 책의 제6장에서 살펴보겠지만 그가 주도한 관세개혁운동도 궁극적으로는 사회개혁을 위한 재정을 어떻게 조달할 것인가라는 문제의 해결책으로 제시되었기 때문이다. 그러나 20세기 전반기에 '하나의 국민' 보수주의는 위축 상태로 빠져들었다. 보수당 지도부는 사회개혁에 그리 적극적이지 않았으며 제1, 2차 세계대전과 1945년 총선의 패배를 경험한 후에야 '하나의 국민' 보수주의를 전면적이고 체계적으로 받아들이기 시작했다.

1920~1930년대에 '하나의 국민'파 보수주의를 이끈 정치인은 해럴드 맥밀런(Harold Macmillan)이었다. 맥밀런은 국가가 주도하는

---

3 Mark Garnett & Kevin Hickson, *Conservative Thinkers: The Key Contributors to the Political Thought of the Modern Conservative Party*(Manchester: Manchester UP, 2009), p. 157.

해럴드 맥밀런

계획경제를 일정 부분 받아들인 최초의 사람들 가운데 한 명이다. 그는 1938년에 펴낸 저서 《중도 노선(*The Middle Way*)》에서 '자유시장 자본주의'와 '국가 계획 사회주의'라는 양극단 사이에서 '중도의 길'을 택할 것을 주장했다. 맥밀런의 통찰력은 늙고 가난하고 병에 시달리는 사람들의 문제에 관심을 기울이지 않으면 보수당은 선거에서 결코 승리할 수 없다는 사실을 깨달은 데 있었다. 맥밀런은 사회적 여건을 개선하는 데 노동당만큼이나 열성적이어서 한때 노동당으로 옮길 생각까지 할 정도였다. 맥밀런의 주장은 당시 세계를 강타한 대공황, 공산주의와 파시즘의 대두라는 정치적 상황으로 인해 특히 주목을 받았다. 이때 보수주의자들은 약간의 집산주의를 접목하는 것이 사회주의라는 질병을 막는 데 효과적일 것이라는 생각을 하게 되었다. 그러나 1970년대에 뉴 라이트 사상가들은 이 '약간의 접목'이 대대적인 집산주의를 가져온 계기가 되었다고 비판하게 된다.[4] 그러나 1930년대의 보수당은 아직 맥밀런이 제시한 것과 같은 관리자본주의라는 개념을 당 차원에서 수용하지는 않았다.

4 Norman Barry, "New Right" in *The Political Thought of the Conservative Party since 1945*, ed. Kevin Hickson(Palgrave Macmillan, 2005), pp. 34-35.

경제성장 없이 사회개혁을 위한 돈은 없다. 사회주의자들은 국가의 지갑에 손을 넣기만 하면 언제든 돈이 나오는 줄 알지만 그 지갑은 산업에 의해서만 채워진다. 국가는 소비할 뿐이지 돈을 벌지는 않는다.[5]

이 말은 마치 1980년대에 마거릿 대처가 한 말 같지만 사실은 1930년대 말에 보수당 정부의 아서 네빌 체임벌린(Arthur Neville Chamberlain) 수상이 한 말이다. 이처럼 보수당의 기본 입장은 정통 노선에서 벗어나지 않았다. 그러다가 1945년 총선에서 노동당에 참패하면서 보수당도 변화하게 되어 당시의 시대정신이던 혼합경제와 복지국가를 수용한다는 결단을 내렸던 것이다.

'하나의 국민' 전통은 1945년 이후 케인스주의와 복지국가를 지지한 보수주의자들로 이어졌다. 그들은 특히 복지국가에 집착했는데 그들에게 복지국가는 사회적 결속을 유지하는 가장 효과적인 방법으로 보였다. 그러나 1945년에만 해도 '하나의 국민'파가 당을 장악하지는 못했다. 보수당은 사회민주주의적 '합의' 체제에 응답하기는 했지만 아직은 적극적으로 집산주의의 길을 간 것이 아니었다. 오히려 보수당은 스스로를 '자유 수호의 당'으로 부각시키려고 했다. 그것은 1945년 이후 보수당의 주된 경쟁 상대가 자유당에서 노동당으로 바뀌면서 보수당의 정치적 위치가 변했기 때문이다. 이전에 보수당은 자유를 옹호하는 당들 가운데 하나였지만 이제는 '자

5 A. J. Davies, *We, The Nation: The Conservative Party and the Pursuit of Power* (Little, Brown and Co., 1995), p. 292.

유를 옹호하는 당' 그 자체가 되었던 것이다. 따라서 클레먼트 애틀리(Clement Attlee)가 이끈 노동당 정부가 케인스 경제학을 받아들여 혼합경제를 추구하고 기간산업을 국유화할 때 보수당은 자유가 번영을 이끄는 가장 좋은 방법이라는 기본 입장을 고수했다. 1951년 총선의 캐치프레이즈가 '국민을 해방하라'였다는 사실은 보수당의 입장을 잘 보여 준다.

그러나 보수당 내 온정주의와 자유주의 사이의 갈등은 1950년대 중반쯤 되면 전자의 승리로 결론이 났다. 맥밀런이 수상이 되면서(1957) 적극적으로 '하나의 국민' 정책을 추진하기 시작했던 것이다. 사실상 맥밀런 정부는 노동당 정부의 정책을 그대로 수용한 것처럼 보였는데, 그들은 완전고용과 복지국가의 확대가 빈곤을 감소하고 영국이 하나의 국가 공동체의 결속력을 유지하는 데 반드시 필요한 정책이라고 주장했다. 맥밀런은 "절대로 1930년대의 고통을 우리 국민에게 다시 겪게 할 수 없다"며 자신의 입장을 정당화하기 위해 "토리주의는 항상 가부장적 사회주의의 형태를 취해 왔다"고 주장했다.[6] 그는 후에 마거릿 대처에 대하여 가장 강한 비난을 퍼붓게 된다.

물론 그들이 노동당과 동일한 입장을 취한 것은 아니었다. 보수주의에서 개인의 자유는 대단히 중요한 가치였다. '하나의 국민'파도 시장과 개인의 자유를 강조하고, 사적 소유가 자유의 기본 전제라고 믿었다. 그러나 '하나의 국민' 보수주의자들은 시장경제를 지지

6 Ibid., p. 276.

하면서도 그 결과로 사람들 사이의 인간관계가 다른 모든 의미를 상실하고 경제적 계약 관계로만 남게 될 것을 두려워했다. 따라서 '하나의 국민' 보수주의자들은 시장의 자율성을 전적으로 지지하면서 시장이야말로 가장 효율적으로 자원을 배분하고 자본을 할당하는 기제라고 주장한 하이에크(Friedrich Hayek)에 동의하지 않았다. 제2차 세계대전이 끝난 후 거의 모든 유럽 국가들이 집산주의를 받아들일 때 그에 대하여 가장 준엄한 경고를 보낸 사람이 하이에크였다. 그는《노예로의 길(*The Road to Serfdom*)》을 '모든 당의 사회주의자들'에게 바쳤는데, 이는 보수당 내 중도 노선을 따르는 사람들을 염두에 둔 발언이었다.[7] 이처럼 '하나의 국민'파는 개인주의와 집산주의 사이 어딘가에 위치했고, 과세를 통한 부의 재분배 정책을 옹호했다. 그들은 '균형과 중도'의 덕목을 천명했는데, 그것은 지나친 불평등과 지나친 평등주의라는 양 극단을 피하기 위해 지속적으로 노력한다는 의미였다.

한 가지 점에서 '하나의 국민'파는 노동당과 확실히 달랐다. 그것은 평등주의를 지향하지 않았다는 것이다. 그들 역시 경제성장을 촉진하고 생활수준을 향상하는 데 불평등이 최선이라고 믿었다. 사회의 자연스러운 형태로서 불평등을 인정하지만 불평등이 도를 넘지 않아야 한다는 것이었다. 불평등이 심해지면 사회적 불안이 야기

---

7 프리드리히 하이에크, 김균 역,《자유헌정론》II(자유기업센터, 1997), 316쪽. 하이에크는 영국 사회가 집산주의로 빠져들고 영국 경제가 비효율적이 되고 쇠락한 것에는 노동당만이 아니라 보수당도 책임이 있다고 비판했다.

되고 기존 질서와 제도마저 무너질 수 있기 때문이다. 디즈레일리는 "오두막이 행복하지 않으면 궁전도 안전하지 않다"는 유명한 발언을 남겼는데, 그를 이어받아 20세기의 보수당 정치인인 퀸틴 호그(Quintin Hogg)도 "우리가 국민에게 사회개혁을 주지 않으면 그들이 우리에게 사회혁명을 줄 것"이라고 우려했다.[8] 그러나 불평등이 관용할 만한 한계에 이르렀는지 여부를 판단할 공식이나 정확한 시점이 없기 때문에 '하나의 국민'파는 자주 내부 논쟁에 휩쓸렸다. 그런 의미에서 이들은 평등을 추구하는 노동당과도, 경제적 자유와 개인주의를 옹호하는 당 내 신자유주의자들과도 거리를 두고 중도 노선을 걸어갔다.

'하나의 국민'파의 입장을 정리하면 영국은 경제적으로 더욱 활력 있고 풍요로운 사회만이 아니라 더욱 결집되고 따뜻한 사회가 되어야 하며, 빈곤과 그에 수반하는 사회적 악을 해결하기 위해 적극적인 정책을 취하는 게 정부의 의무라는 것이다. 그들은 구속을 받지 않는 시장이 이 역할을 수행할 것이라고 상정하지 않았다. 그러나 이러한 입장은 1970년대에 들어서 와해되어 버렸다. 복지국가와 완전고용이라는 두 마리 토끼를 좇는 1945년 이후의 소위 '합의의 정치'는 고용 창출을 위한 정부의 적극적 역할과 방만한 재정 지출을 요구하고 필연적으로 인플레이션을 초래할 수밖에 없었는데, 그런 정책은 1973년에 전 세계를 강타한 석유파동 이후 더 이상 불

---

8 Antony Jay ed., *Oxford Dictionary of Political Quotations*(Oxford: Oxford UP, 2007), p. 124; Davies, *We, The Nation*, p. 304.

가능해졌던 것이다. 극도의 불경기와 노조의 파업으로 영국은 '통치 불가능한 나라'라는 오명을 쓰게 되었고, 보수당 내에는 1945년 이후 당이 걸어온 길을 부정하고 새로운 길을 모색하려는 사람들이 등장했다.

2. 뉴 라이트

1970년대에 보수주의를 재정립하려는 시도가 나타났다. 1945년 이후 영국에서 진행된 집산주의적인 경향에 반대한 사람들은 이때 이르러 '뉴 라이트'로 결집했다. 이들의 결집에는 1974년에 마거릿 대처와 키스 조지프(Keith Joseph)•가 만든 정책연구센터(Centre for Policy Studies)가 중요한 역할을 담당했는데, 이들이 채택한 뉴 라이트 이데올로기는 1979년 이후 대처 정부에 의해 본격적으로 실천에 옮겨졌다. 그들은 종전 후 유럽을 장악한 사회민주주의 체제의 많은 부분을 거부하고 해체하려 했을 뿐만 아니라 소위 '관용의 시대'인 1960년대에 나타난 사회적 · 도덕적 자유 분위기에도 반대했다. 즉 케인스(John Maynard Keynes)식의 경제 운영에 반대하고 시장경제를 주창하고 나섰으며, '관용'이 '방종'이 된 사회에서 도덕적 · 국가적 기율을 다시 세우고 강한 국방력을 갖춘 강한 국가를 역설했던 것이다.

보수당 내 최초의 뉴 라이트 사상가는 이녹 파월(Enoch Powell)이었다. 1951년에 초선

•변호사 출신의 보수당 정치인으로 '대처리즘'의 형성에 중요한 영향을 미쳤다.

이녹 파월

의원으로 의회에 진입한 파월은 여러 모로 돌출적 사고와 행동을 한 인물이었다. 그는 '하나의 국민' 패러다임에 도전장을 내민 최초의 무게 있는 정치인이었다. 경제적 자유주의를 옹호함에 있어 파월의 언어는 하이에크와 흡사했다. 즉 그는 경제 영역에서 국가의 역할과 개입이 커지는 것을 반대하고 자유시장을 옹호했다. 케인스주의에 반대하고 통화주의 관점을 채택한 파월은 통화를 조절하여 인플레이션을 완화시키는 것이 정부의 역할이어야 하며, 정부 개입을 줄이고 자유시장을 형성할 것을 주장했다. 그는 정부가 세우는 '계획(planning)'이 본질적으로 개인과 기업의 경제적 자유를 침해할 수밖에 없다고 보았으며 국영기업들을 민영화할 것을 요구했다.

또한 파월은 실업의 원인 가운데 하나로 노동조합을 지적했는데, 노조는 법치 질서를 위협할 뿐만 아니라 경제적 효율성을 저하시키며 실질적으로 노동자의 처우 개선에도 별 효과를 거두지 못한다고 보았다. 노조의 임금 상승 요구는 고용 억제로 이어지고 생산성을 높일 설비의 도입에도 방해가 되기 때문이다. 따라서 그는 노동자의 처우를 개선하기 위해서도 경제의 모든 부문이 자유시장을 통해 생산성을 향상시켜야 한다고 믿었다. 이러한 파월의 사상은 후에 대처 시대에 거의 채용되는데, 파월은 '마치 세례요한이 예수를 위해 한 역할을 대처를 위해 했다'는 평을 들었다. 그러나 파월의 외침은 아직 보수당에서 추종자를 찾기 어려웠고, 파월 자신은 1968년에 행한 인종 문제에 대한 '피의 강'•이라는 발언으로 입지를 잃게 된다. 1960년대에도 '하나의 국민'파가 보수당을 장악했던 것이다. 그러다가 1974년 전후에 '하나의 국민'파에 대한 본격적인 도전이 시작되었다. 그 계기는 히스 정부(1970~1974)가 개입 정책을 끝내고 시장경제로 돌아가려고 시도했지만 노조와 조합주의적 사회구조 때문에 좌절한 것이었다. 이때 경제적 신자유주의(Neo-liberalism)를 표방하고 나선 사람들이 뉴 라이트라는 집단으로 뭉쳤다.

• "티베르 강에 핏물이 거품 치며 흐를 것이라던 로마인들의 글귀처럼 우리에게도 불길한 징조들이 나타나고 있다"고 한 연설.

엄밀히 말해 뉴 라이트에는 두 개의 전혀 다른 조류가 있었다. 물론 1945년 이후 영국 사회를 장악했던 합의체제를 반대한다는 점에서는 같은 입장이었지만 그들은 자유주의적 뉴 라이트와 보수적 뉴 라이트로 나눌 수 있다. 전자는 경제적 자유주의를 강조하고 후자는 국가적 · 사회적 권위를 강조했다. 실질적으로 뉴 라이트의 핵심은 경제적 자유주의였고 그렇기 때문에 뉴 라이트는 종종 경제적 신자유주의로 불리기도 했다. 뉴 라이트는 경제가 '정치화'되어 버린 심각한 상황, 즉 가격과 임금이 시장에서 결정되는 것이 아니라 정치적으로 결정되는 상황, 그 위에 복지국가의 비용이 주는 부담과 비효율성, 그로 인한 과도한 세금이 일할 동기를 빼앗아 가는 심각한 상황을 타개해야 침몰하는 영국 경제를 살릴 수 있다고 확신했다. 뉴 라이트는 그 해결책을 시장의 기능을 회복시키고 복지국가를 개선하는 것에서 찾았는데, 그것은 1945년 이후 보수당과 노동당을 막론하고 모든 정부가 과도하게 관료제적 국가를 조장하고 개인의 창의력을 파괴함으로써 영국 경제를 침체시켰다는 비판의식에 근거했다. 정부는 민간 부문을 희생해서 경제적으로 비효율적인 국유화된 산업을 지원했고 비용이 많이 들고 비효율적인 복지국가의 성장을 묵인했으며, 복지국가를 유지하기 위해 높은 소득세를 부과함으로써 국민들이 일하고 저축하고 투자하려는 의지를 꺾어 버렸다는 것이다.[9] 이러한 비판은 이미 하이에크가 제기한 바 있다.

여기서 알 수 있듯이 뉴 라이트 내 자유주의자들은 하이에크와 프리드먼의 저술에서 자극을 받았다. 마거릿 대처의 부상과 더불어 보수당은 시장경제 옹호자들에 의해 장악되는데, 뉴 라이트가 주목하는 시장경제의 장점은 다음과 같다. 첫째, 시장경제는 소비자가 원하는 제품과 서비스를 제공하는 데 가장 효율적이고 성공적인 개인이나 기업에 상이 돌아가는 제도다. 모든 재화는 행정적 통제와 정치적 간섭에서 벗어나 자유로운 경쟁 하에서 더욱 효율적으로 공급된다는 것이 신자유주의자들의 믿음이었다. '시장을 통해 구입할 수 없는 재화는 거의 없다'는 것인데, 교육과 의료 같은 공공재화도 마찬가지라는 것이다. 둘째, 시장경제의 장점은 시장의 법칙과 메커니즘이 부를 창출하는 데 최선이라는 것이다. 대처는 자유시장이

---

9 Keith Joseph & Jonathan Sumption, *Equality*(John Murray Publishers Ltd, 1979), p. 76. Kevin Hickson, "Conservatism and the Poor: Conservative Party Attitudes to Poverty and Inequality since the 1970s," *British Politics*, 4/3(2009), p. 346에서 재인용.

'거대한 신경체계'와 같다고 말했다. 그 신경체계는 각각 "다른 나라, 다른 계급, 다른 종교를 가진 사람들이 끊임없이 제기하는 요구를 충족시키기 위해 전 세계에서 일어나는 사건과 시그널에 반응한다"는 것이다.[10] 아담 스미스가 《국부론》에서 잘 지적했듯이 개인이 자신의 이익을 위해 부를 창출하는 과정에서 발생하는 부는 사회 전체의 발전으로 이어진다. 셋째, 시장경제는 개인의 선택할 자유를 보장해 준다. 사적 소유가 불가능하면 모든 생산물은 사회로 귀속되고 개인은 당장 소비할 분량만 배급받게 된다. 그런 상황에서는 개인의 생계가 사회에 달려 있는 터라 개인의 자유는 사회의 통제를 벗어날 수 없다. 그런 사회에서는 "일하지 않는 사람이 굶어 죽는 게 아니라 복종하지 않는 사람이 굶어 죽는다". 반대로 사적 소유가 허용되면 각자 자신의 생존과 상황을 스스로 책임지는 능력을 키우게 되고 그런 만큼 개인의 자유도 증대한다는 것이다.

마지막으로 정부보다 더 공정하다는 것이 시장의 장점으로 간주된다. 시장 옹호론자들은 시장의 특성을 가치중립성에서 찾는다. 시장은 소비자들이 원하는 것은 무엇이든 생산한다. 즉 시장은 가치중립적이며 사람들의 필요와 욕구를 투영할 뿐이라는 것이다. 뉴 라이트에 의하면 시장과 비교할 때 정치는 항상 근본적으로 불완전하고 불공평한 선택 체제다. 즉 수입과 부가 궁극적으로 시장의 자연적이며 비인격적인 법칙에 의해 결정되면, 그 결과 야기되는 사회경제적 불평등은 정치적 산물이나 행정적 결정에 의해 결정될 때보다

---

10 Davies, *We, The Nation*, p. 279.

더욱 공정하고 오히려 더 많은 사람에게 쉽게 수용될 것이라는 생각이다. 밀턴 프리드먼(Milton Friedman)은 "지옥으로 가는 길은 좋은 의도들로 포장되어 있다"고 말했는데 그가 말한 '지옥'은 재분배가 시장의 법칙에 의해 이루어지지 않을 때 발생할 아귀다툼을 의미한다.[11] 그렇다고 뉴 라이트가 시장경제를 완벽하다고 생각한 것은 아니었다. 그들의 주장은 한 마디로, 시장이 물론 완벽하지 않지만 시장의 장점은 단점을 능가하며 시장의 실패보다 정부의 실패가 더 심각하다는 것이다.

뉴 라이트는 일반인들이 시장경제 체제에 대하여 가지는 오해를 불식시키기 위해 몇 가지를 특히 강조했다. 우선 모든 경제적 관계는 착취의 관계라는 생각이 있는데 그것은 사실이 아니라는 점이다. 아담 스미스가 잘 설명했듯이 교역은 남의 물건을 빼앗는 행동이 아니라 쌍방 모두가 만족하는 교환 행위다. 자유무역을 통해서 새로운 기회와 제품들이 탄생하고 누군가에게 해를 입히지 않고도 번영을 누릴 수 있게 된다는 것이다. 일반인들이 갖는 두 번째 오류는 소비자의 관점을 배제하고 오직 생산자의 관점에서만 경제를 바라보는 것이다. '우리 모두는 생산자인 동시에 소비자'라는 사실이 종종 망각된다는 것이다. 그것은 소비자로서의 이해관계는 분산되어 있는 반면 생산자로서의 이해관계는 밀집되어 있고 뚜렷한 초점을

---

11 데이비드 헬드, 박찬표 역, 《민주주의의 모델들》(후마니타스, 2014), 390-391쪽; 김행범, 〈자유만 달라, 천국은 개인이 만들겠다〉, 복거일 · 남정욱 편, 《내 마음 속 자유주의 한 구절》(살림, 2015), 130쪽.

갖기 때문이다.[12]

뉴 라이트는 무엇보다 복지국가를 비판했다. 첫 번째는 빈곤을 줄이는 데에는 시장이 복지국가보다 더 효과적이라는 주장에 근거를 두었다. 비록 좋은 의도이기는 하지만 정부가 주도하는 일자리 창출은 결과적으로 정부로 하여금 돈을 찍어 내도록 만들고, 그것은 결과적으로 엄청난 인플레이션을 가져온다. 그와 대조적으로 시장의 해결책은 공공지출을 줄임으로써 화폐 공급을 통제하는 것에 있다. 뉴 라이트는 오직 시장만이 문제를 해결할 수 있다고 확신했다. 복지국가는 늘어나는 비용을 감당하기 위해 세금을 더 많이 걷게 되고, 세금 부담으로 인해 생산성과 부의 창출이 둔화되며, 결국 세입이 줄어들어 복지에 쓸 예산도 부족하게 된다는 것이다. 게다가 빈곤층이 복지에 의존하게 되어 빈곤에서 벗어나지 못하고 빈곤이 대물림되는, 이른바 '박탈의 순환'이 이루어진다. 따라서 복지국가는 빈곤을 없앨 수 없는 반면 자유시장과 불평등이 오히려 빈곤을 구제하는 데 더욱 효과적이라는 것이다.

두 번째로 뉴 라이트는 1945년 이후의 복지국가 모델이 개인의 자유를 심각하게 훼손시키고 비대한 국가를 야기한다는 문제점을 제기했다. 마거릿 대처가 당 지도자가 된 후 뉴 라이트는 정책 강령 〈경제에 대한 올바른 접근(The Right Approach to the Economy)〉(1977)에서 다음과 같이 선언하며 정부의 축소를 주장했다.

12 David Willetts, *Modern Conservatism*(Penguin, 1992) 6장.

정부는 기업가들보다 기업을 잘 모르고, 투자 전문가들보다 투자에 대하여 잘 모르며, 노동조합 협상가들과 고용주보다 노동조합에 대하여 잘 모른다. 우리는 정부 혼자서 할 수 있는 일에는 한계가 있다는 것을 잘 알고 있다. 이것이야말로 지혜와 상식의 출발점이다.[13]

그들은 특히 복지국가가 설립되면서 등장한 공공 부문 전문직이라는 새로운 계급의 등장에 촉각을 세웠다. 사회주의자들은 이들을 어느 한 편에 치우치지 않고 부패하지 않는 행정 관리로 상정했고, 그들 스스로도 자기들이야말로 공공선이라고 주장하면서 세력을 확대했다. 그 결과 복지국가는 비대한 국가를 낳게 되었는데 복지국가 성립의 역사는 비대하고 비효율적인 관료제의 성립에 다름 아니라는 것이 뉴 라이트의 입장이다. 복지국가를 옹호하는 사람들은 또한 '사기업은 사악하고 이기적'이며 민영화나 지역 자치는 필연적으로 불평등을 낳을 것이라는 오해와 편견을 국민들에게 주입시켰는데, 이 또한 수정되어야 한다는 것이 뉴 라이트의 주장이다. 뉴 라이트의 주장은 공공선택학파•에 의해서도 제기되었다. 즉 관료들의 목표는 그들 자신의 예산과 위신, 소득의 극대화에 있기 때문에 정부는 계속 커지기 마련이며 여기 덧붙여 정치가들이 사회적 비용을 고려하지 않

• 1986년에 노벨 경제학상을 수상한 제임스 뷰캐넌을 중심으로 만들어진 학파. 공공 정책을 수립하는 정치가나 관료 역시 기업가 및 상인과 마찬가지로 자기 자신의 이익을 위해 노력할 뿐이라고 주장했다.

13 Davies, *We, The Nation*, p. 291.

고 선심성 공약을 남발하기 때문에 정부 기구는 지속적으로 커지기 마련이라는 것이다.[14]

뉴 라이트 사상은 마거릿 대처가 최초의 여성 수상이 되면서 본격적으로 정책에 옮겨졌다. 이 책의 제7장에서 살펴보듯이 대처는 시장 기능을 되돌리기 위해 국유화된 산업을 민영화하고 복지국가가 낳은 폐해를 줄이고 시민의 자존감을 높이고 복지에 의존하는 하층민이 늘어나는 것을 막고 노동조합의 세력을 감소시키는 정책을 감행했다. 뉴 라이트의 특징은 실상 사회적 · 도덕적 이슈에서 두드러졌다. 경제에서 거의 완벽한 자유를 주장한 것과 달리 뉴 라이트는 질서를 지키고 법을 준수하게 만드는 국가의 역할과 권위를 강조했다. 집산주의 풍조를 막기 위해서도 국가는 강해야 했다. 시민들은 자유롭고 기업가 정신을 갖도록 '강요'되어야 하는데 강요되지 않으면 그렇게 되리라는 보장이 없기 때문이다.[15]

3. 개인과 공동체의 수렴

뉴 라이트 사상은 1990년대 초반까지 보수당을 장악했다. 대처의 후계자인 존 메이저(John Major)도 개인적으로는 대처주의자가

---

14 Andrew Gamble, *The Free Economy and the Strong State: The Politics of Thatcherism*(Macmillan, 1994), p. 62; 유홍림, 《현대 정치사상 연구》(인간사랑, 2003), 89-90쪽.

15 Gamble, *The Free Economy and the Strong State*.

아니었지만 대처주의를 이어 나갔다. 그러다가 1990년대 중반부터 대처주의자와 '하나의 국민'파 사이의 갈등이 심각해지기 시작했다. '하나의 국민'파에 대한 불만이 뉴 라이트를 낳았다면 이번에는 뉴 라이트에 대한 불만이 제기되었던 것이다. 두 분파는 특히 개인과 공동체, 시장경제와 국가의 개입을 두고 논란을 벌였다. 대처주의가 과연 보수주의의 전통에 속하는지 아니면 일탈인지에 대한 논란도 뜨거웠다. 대처의 신자유주의 정책을 비난하던 '하나의 국민'파는 대처주의가 보수당의 전통에서 벗어난 것이라고 주장했다. 그러나 대처주의를 수용한 사람들은 대처주의가 보수주의 전통에서 일탈한 것이 아니라 오히려 맥밀런의 집산주의 정책이 일탈이었다고 진단했다.

역사적으로 볼 때 보수주의자들은 18세기부터 작은 정부를 선호했고 19세기부터는 자유시장 정책을 추진했는데 맥밀런 시대에 집산주의로 돌아섰다는 것이다. 따라서 대처가 1979년 수상이 되어 추진한 정책들은 진정한 보수주의 원칙으로 돌아간 것이며, 보수주의 전통과 멀어졌다고 보기는 어렵다는 것이다. 이처럼 두 분파의 갈등이 한동안 계속되다가 21세기로 넘어가는 즈음 그들을 결합시키려는 노력이 본격적으로 시작되었다. 특히 노동당이 토니 블레어(Tony Blair)의 지도하에 신노동당(New Labour)•으로 변화하면서 보수당의 이데올로기를 많이 흡수하자 보수당도 이에 대응해야 하는 상황이 전개되었다. 특히 데이비드 캐머런(David

•신노동당은 1990년대 초 토니 블레어가 주창한 정치적 구호로, 1994년부터 2010년까지 제3의 길을 외치며 자유주의화, 우경화된 새로운 영국 노동당을 가리킨다.

Cameron)이 당 지도자가 되고 난 후(2005) 그 노력은 더욱 가시화했다. 앞에서 살펴보았듯이 두 분파 사이에는 뚜렷한 시각차가 있었지만 동시에 둘을 이어 주는 면도 보수당 내에 지속적으로 존재해 왔기 때문에 결합의 기반이 될 수 있었다.

두 전통을 통합하려고 시도하는 보수주의자들은 '하나의 국민'파가 주창하는 공동체와 신자유주의자들이 주창하는 시장은 사실 보수당 정책의 골격을 이루는 두 개의 거대한 기둥이라고 말한다. 우선 보수당 내 우익, 중도, 좌익 어느 쪽에 있든지 대부분 보수주의자들은 공동체에 대한 신념을 가지고 있다는 것이다. '우리 모두가 상호 의존적인 공동체의 일부임을 명심해야 한다'는 생각은 지난 100년 동안 보수당의 핵심 가치로 군림했고, 보수당이 선거 때마다 '하나의 국민'을 내세운 것은 사실이다.[16] 1980년대에 대처 정부 하에서 온정주의가 배척된 것처럼 보이지만 그때도 보수당에 사회적 의무라는 개념은 여전히 핵심 개념으로 남아 있었고, 보수주의자들은 모두 강자가 약자를 부자가 가난한 사람들을 도와주어야 한다는 것을 당연한 원칙으로 받아들인다. 따라서 '하나의 국민'파와 대처주의 사이에 큰 차이는 없다는 것이 이들의 지적이다.

두 번째로 '하나의 국민'파와 뉴 라이트의 갈등의 한 중간에는 절대 빈곤과 상대적 빈곤이라는 개념이 있었다. 뉴 라이트는 빈곤을

16 Stuart Ball, "The Principles of British Conservatism from Balfour to Heath, c. 1910-75" in *The Foundations of the British Conservative Party*, eds. Richard Carr & Bradley W. Hart(Bloomsbury Academic, 2013), p. 29.

정의할 때 절대 빈곤 개념을 사용하여, 영국 사회에는 이제 의식주와 같이 살아가는 데 있어 필수적 요건들이 갖추어지지 못한 절대 빈곤은 거의 사라졌으며, 따라서 부의 분배를 위한 정부의 역할은 멈추어야 한다고 생각하는 것이다. 그러나 '하나의 국민'파는 상대적 빈곤을 상정하여 평균적인 부 혹은 소득의 격차, 계층 간의 임금 상승 비율의 차이에서 오는 상대적 박탈감을 중요시했다. 따라서 정부의 역할이 계속 필요하게 되는 것이다. 그럼에도 '하나의 국민'파는 사회민주주의자들처럼 불평등을 줄여야 한다고 요구하지 않는다. 대표적인 '하나의 국민'파인 이언 길모어도 '보수당은 결코 평등을 추구하지 않는다'고 공언했다.[17] 이 책의 제1장에서 살펴보았듯이 보수주의자들은 모두 자연스러운 사회적 · 정치적 불평등을 부인하지 않는다. 전 수상인 캐머런도 평등주의를 배격하고 실력주의를 주장하면서 자신의 생각을 다음과 같이 표현했다.

> 우리가 당면한 중요한 문제는 데이비드 베컴의 수입과 복지수당을 받는 사람의 소득 차의 문제가 아니다. 최상위 1%를 가난하게 만듦으로써 최하위 10%를 더 부유하게 만들 수는 없다고 생각한다.[18]

---

17 Kevin Hickson, "Conservatism and the Poor: Conservative Party Attitudes to Poverty and Inequality since the 1970s," *British Politics*, 4/3(2009), p. 352.
18 Ibid., p. 358.

캐머런이 주장하는 것은 재능과 노력과 모험정신이 보상받는 체제다. 캐머런이 당 지도자가 되면서 두 분파를 결합하려는 노력이 본격화했다. 두 분파를 이어 주는 공통의 생각들을 분석해 본다면 우선 도덕적 · 사회적 보수주의에 대한 지지를 들 수 있다. 비록 경제원칙에서는 두 분파의 생각이 나뉘지만 사회적, 도덕적으로는 공통점이 많기 때문이다. 이 책의 제1장에서 살펴보았듯이 보수주의는 사회주의와 달리 개인의 자유를 존중하지만 그것이 전통적인 도덕으로부터의 일탈과 전통적 권위에 대한 도전으로 나아간다면 용인하지 않는 입장이다. 뉴 라이트 보수주의가 특별히 비판한 것은 '관대한 1960년대'가 낳은 사회적 기강의 해이, 데모, 문화파괴(vandalism)와 '자기 하고 싶은 대로 하는' 문화다. 뉴 라이트는 권위가 땅에 떨어지고 전통적 도덕률이 와해된 것을 바로잡기 위해 가족의 가치와 가부장적 질서를 회복하고, 학교의 기율과 권위를 회복하고, 정부는 그 어떤 것도 정부의 권위에 도전할 수 없다는 사실을 보여 주어야 한다고 주장했다. 즉 "죄를 지을 자유, 아무 때나 파업할 자유, 마약을 복용할 자유" 등이 문제라는 것이다.[19] 대처가 주창한 '빅토리아 시대의 가치관'도 이 맥락에서 이해할 수 있다. 보수당 내 두 분파가 일치하여 강조하는 것에는 애국심도 있다. 보수주의자들은 시민적 덕목의 꼭대기에 애국심을 위치시킨다. 국가의 가치는

19 Martin Francis, "'Set the People Free'? Conservatives and the State, 1920-1960" in *The Conservatives and British Society, 1880-1990*, eds. Martin Francis & Ina Zweiniger-Bargielowska(Cardiff: University of Wales Press, 1996), pp. 70-73.

그것이 공통의 문화와 국민 정체성을 제공함으로써 사회를 함께 묶어 주는 데 있다. 모든 보수주의자는 애국심이 추상적 이론에 근거하지 않는다는 사실을 꿰뚫고 있다. 보수주의자들은 마르크스주의적 좌파나 파시스트적 우파 같은 이방인들의 고안물보다 자국의 제도와 전통을 선호하는 태도가 기본적으로 영국인들의 국민성에 내재해 있다고 믿는다. 사회주의자이면서 소설가인 조지 오웰(George Orwell)은 "사회주의를 위해 목숨 바칠 사람들의 수는 왕과 조국을 위해 죽을 사람들의 수를 절대 따라가지 못할 것"이라고 단언했다.[20]

복지국가에 대한 의견에서도 '하나의 국민'파와 뉴 라이트의 공통점을 어느 정도 발견할 수 있다. '하나의 국민'파는 노동당 정부가 수립한 복지국가를 수용했지만 그들도 노동당의 복지정책은 재검토가 필요하다고 생각했다. 그렇지만 과도하게 복지정책을 축소함으로써 불평등과 사회적 불안을 야기할 것을 우려하여 복지를 대폭 축소하자는 신자유주의자들의 의견에는 찬성하지 않았던 것이다. 한편 뉴 라이트는 기본적으로 제2차 세계대전 후 확립된 복지국가의 잘못된 운영에 혹독한 비판을 가하면서 결집되기 시작했다. 복지국가는 비효율적이고 국민의 세금 부담을 가중시킬 뿐이며 도덕적 근거에서도 찬성할 수 없다는 것이다.

이렇게 복지국가에 대한 태도에 차이가 있지만 그럼에도 보수당 내 모든 사람은 현실 정치인으로서 복지국가를 무너뜨릴 수 없다

---

20 Davies, *We, The Nation*, pp. 348-349.

는 사실을 잘 알고 있었다. 그들은 복지국가가 사회정의를 구현하는 수단이 아니며, 복지국가의 기반을 평등에 두는 것은 그 기반을 오히려 흔드는 것이라는 믿음에 동의한다. 따라서 보수당은 기본적으로 복지국가를 거대한 상호 보험, 즉 사람들이 살면서 겪는 사이클을 안전하게 지나게 하는 데 도움을 주는 것으로 간주한다.[21] 보수당에 비판적인 사람들은 복지국가가 평등주의적 원칙에 근거를 두기 때문에 보수당은 복지국가에도 반대하기 마련이라고 주장한다. 그러나 건강보험이나 교육, 사회보장제도에 국가예산을 사용하는 것은 보수주의자들도 적극 찬성한다. 그런 정책은 평등주의와 아무 상관이 없다는 것이 보수당의 공식 입장이다. 이처럼 두 분파를 묶어주는 공통점이 있기에 대처 실각 후 첨예화된 내부 갈등에도 보수당은 분열하지 않고 결속을 유지할 수 있었던 것이다.

1997년부터 집권한 노동당은 2010년에 이르면 피곤이 쌓이게 되고 결국 2010년 총선에서 집권 13년 만에 보수당에 권력을 내주게 된다.[22] 캐머런은 당 지도자가 되고 난 후 처음에는 '하나의 국민' 보수주의를 부활시킬 것처럼 보였다. 보수당 내 분위기도 그 방향으로 나아갔는데, 2006년 말에 영향력 있는 한 보수당 의원은 〈다시 한 번 하나의 국민으로〉라는 제목의 팸플릿을 출간하기도 했다.[23] 이러한 분위기 속에서 캐머런은 2010년 총선에서 '따뜻한 보

---

21 Willetts, *Modern Conservatism*, p. 142, pp. 145-146.

22 보수당은 과반석에서 20석 부족한 306석을 획득하여 자유민주당과 연립정부를 구성했다.

23 Richard Carr, "How to Put 'the People First': Conservative Conception of

수'를 외치며 대처주의로부터 벗어나겠다는 의지를 보였다. 한편 열렬한 대처주의자였던 사람들도 보수주의의 전통적 요소인 공동체 및 사회적 의무와 뉴 라이트가 주창한 시장의 힘의 조화를 주장하기 시작했다. 캐머런은 궁극적으로 '시민보수주의(civic conservatism)'라는 개념으로 보수당의 두 분파를 결합하고 보수당 이데올로기를 재정립하려 시도했다. 즉 관료주의를 타파하고 시민과 지역사회에 더 많은 권한을 돌려줌으로써 과대해진 국가를 축소하고 시민사회를 활성화하겠다는 것이다. "사회 같은 것은 있다. 하지만 그것은 국가와 동일하지 않다"라는 캐머런의 발언이 그가 생각하는 바를 잘 표현해 준다.[24] 이는 "사회 같은 건 없다"라고 주장한 대처를 의식한 발언이지만, 사회와 국가는 같은 것이 아니라는 사실을 분명히 한 점에서 노동당이나 '하나의 국민'파와도 선을 긋는 것이다.

이러한 캐머런의 주장은 한편으로는 전보다 시장경제에 비판적이고 공동체를 강조하는 것이지만 다른 한편으로는 강한 반(反)국가적인 성향을 보인다는 점에서 대처주의와 연속성을 보인다. 그는 노동당의 사회정책이 너무 국가 중심이라고 비판하면서, 사회문제를 해결하고 열악한 공동체를 회생시키는 데 있어 위에서 아래로의 국

Reform Before and After the Second World War" in *The Foundations of the British Conservative Party*, eds. Richard Carr & Bradley W. Hart(Bloomsbury Academic, 2013), p. 193.

24 Peter Dorey, *British Conservatism: The Politics and Philosophy of Inequalities*(I. B. Tauris, 2011), p. 183. 캐머런의 시민보수주의에 대해서는 홍석민, 〈D. 캐머런의 '큰 사회론(Big Society)'과 영국 보수주의 전통〉, 《영국연구》 31(2014)도 참조할 것.

가주의적 접근 방법보다는 아래서 위로의 공동체적인 접근을 선호한다. 2008년 연설에서 캐머런은 다음과 같이 주장했다.

> 노동당에는 단지 국가와 개인이 있을 뿐이다. 중간에는 아무것도 없다. 가족도, 지역사회도, 이웃도, 자선단체도 없다. 단지 정부가 있고 부서장관, 그들의 법, 그들의 통치, 그들의 오만함만이 있을 뿐이다. 그런 식으로는 나라를 통치할 수 없다.[25]

캐머런은 현재 정부의 크기와 영역, 역할이 가난과 불평등을 줄이고 전반적 삶의 질을 증진시키는 데 오히려 장애가 되고 있다고 믿는다. 그러나 작은 정부가 자동적으로 시민들의 결속력을 회복시켜 준다는 보장은 없다. 따라서 캐머런은 국가 대신 시민사회의 자발적 조직을 동원하고자 한다. 개인과 가족과 지역사회에 자신들의 삶을 통제할 수 있는 힘을 되돌려 주는 것, 그럼으로써 책임과 기회가 함께 발전할 수 있도록 만드는 것이 그의 목표다.[26] 아마도 현재 보수당의 이데올로기는 대처주의의 영향을 받은 '하나의 국민' 보수주의라고 하는 것이 가장 정확할 것이다. 대처를 따랐던 신자유주의자들은 여전히 시장의 기능과 능력을 믿지만 대처 시대의 완고함을 벗어나서 시장과 공동체의 결합 가능성을 긍정적으로 평가한다. 시

25 Hickson, "Conservatism and the Poor," p. 358.

26 David Cameron, "The Big Society," *Vital Speeches International*, 2/1(2010), pp. 23-30(Speech delivered in Hugo Young Lecture. November 10, 2009).

장과 정부의 관계, 개인과 사회의 긴장 등은 아직 해결되지 않았지만, 캐머런의 노력에서 보듯 내적 갈등이 보수당의 분열을 야기할 것 같지는 않다. 보수당의 오랜 전통은 조화와 결속이기 때문이다.

제3장

보수당과 불평등

보수주의는 사회경제적 불평등을 변호하며 지지하는 정치철학이다. 사회주의자들이 평등은 필연이고 불평등은 우연이라고 전제하는 것과 대조적으로, 보수주의자들은 불평등이 자연스러운 것이며 평등이란 도달할 수 없는 신기루이고 인간의 본성과 양립 불가능한 것이라는 입장을 취한다. 이 책의 제1장에서 살펴본 바와 같이 보수주의 이념에는 경험주의 철학•의 요소가 반영되어 있다. 보수주의자들은 추상적인 정치 강령과 원칙들을 되도록 멀리 하는데, 그들은 평등을 추상적 개념으로 배격하면서 불평등이야말로 인간 사회의 본질이고 경험적 · 역사적 사실이기에 불평등을 무시하거나 제거하려는 시도들은 쓸데없는 짓이라고 단정한다. 인간이 각기 상이한 체력과 지성을

•감각적인 경험을 통해 얻은 지식을 강조하는 이론으로 오직 이성만을 인식의 원천으로 추구하는 합리주의 철학(rationalism)과 대립되며, 대표적인 철학자로는 프랜시스 베이컨과 존 로크가 있다.

이언 길모어

가지고 태어나는 것은 그 자체로 자명한 것이며 사회의 계층적 구성 역시 마찬가지라는 것이다. 따라서 보수주의자들은 불평등을 기본적으로 인간 조건의 자연스럽고 불가피한 부분으로 간주하며 인간 사회의 불평등한 속성 역시 어쩔 수 없는 역사적 산물로 받아들여야 한다고 주장한다. 물론 법 앞의 평등, 선거권의 평등과 같은 형태의 평등은 받아들이지만 대부분 보수주의자들은 '재능과 부의 불평등'을 확실하게 옹호한다. 정치학자 케빈 힉슨(Kevin Hickson)은 불평등에 대한 신념이야말로 모든 보수주의자에게 발견될 뿐만 아니라 지속적으로 그들을 결속시키는 하나의 원칙이라고 지적한다.[1] 신자유주의자들은 말할 것도 없고 '하나의 국민' 보수주의자들도 마찬가지라는 것이다. 대표적인 '하나의 국민' 보수주의자인 이언 길모어(Ian Gilmour)도 다음과 같이 평등주의의 오류를 지적했다.

> 완벽한 평등은 아이들을 부모로부터 떼어 내서 아이들 농장에서 키울 때에야 이룰 수 있을 것이고, 그럴 때조차 아이들 사이의 내재한 차이를

1 Kevin Hickson, "Inequality" in *The Political Thought of the Conservative Party since 1945*, ed. Kevin Hickson(Palgrave Macmillan, 2005), p. 344.

없앨 수는 없을 것이다.[2]

불평등은 당연히 존재하는 것일 뿐만 아니라 존재해야만 하는 것이라는 보수당의 주장은 언뜻 듣기에는 귀에 거슬린다. 그러나 그런 견해에 대하여 보수주의자들은 일관적이고 확고부동한 태도를 취해 왔을 뿐만 아니라 그 신념을 대중에게 설명하고자 지속적으로 노력해 왔다. 이것은 그들이 불평등의 장점을 확신하고 있기 때문이다. 민주주의 시대에 불평등을 인정하고 나아가 옹호하는 정당이 살아남았을 뿐만 아니라 오랜 기간 집권당이었다는 사실은 매우 심각한 설명을 요구한다. 그것은 곧 불평등에 대한 보수당의 설명과 입장에 영국 국민이 동의함을 의미하는가?

이 장에서는 먼저 불평등에 대한 보수당의 입장을 설명하고 다음으로 영국인들이 불평등에 대해 어떻게 생각하는지를 살펴본다.

1. 평등주의에 대한 반대

보수주의자들이 불평등을 당연한 것으로 간주하는 이유는 생물학적 · 정치적 · 경제적, 그리고 도덕적인 근거에 의거한다. 첫 번째 근거는, 불평등에 대한 생물학적인 설명을 살펴보면 개인들 간에는

2 Peter Dorey, *British Conservatism: The Politics and Philosophy of Inequalities*(I. B. Tauris, 2011), p. 41.

능력, 재능, 지성, 동기 등의 자질에 있어서 선천적인 차이가 있으며, 이렇게 선천적으로 상이한 특성들은 자연스럽게 사회경제적 불평등으로 이어진다는 것이다. 우리 모두가 똑같이 노래를 잘하거나 운동을 잘하지 못하듯이 인간이 가지고 있는 특징과 재능은 불평등하게 배분되어 있다. 사람마다 각기 다른 선천적 자질과 성정은 종종 기술과 역량의 차이로 이어지는데, 희소하면서 유용성이 높은 기술과 능력을 가진 사람에게 경제적 보상과 사회적 지위, 존경이 주어지는 것은 당연하며, 그 결과 사회경제적 불평등이 발생한다는 것이다.

보수주의자들이 불평등을 설명하는 두 번째 근거는, 역사적으로 존재해 왔고 지금도 존재하는 불평등은 자연스러운 것이고 불가피하며 따라서 변할 수 없는 것이라는 주장이다. 모든 조직에는 위아래가 있고 그에 맞는 역할이 있게 마련이다. 즉 가족, 일터, 나라에도 권위를 행사하는 사람이 있고 복종하는 사람이 있다. 어떤 사람은 지도자가 되고 어떤 사람은 따르는 사람이 되며 그 과정에서 형성되는 '계급' 역시 자연스런 결과일 뿐이다. 따라서 위계질서는 자연의 질서이며, 사회의 위계질서와 계층화도 인간 사회의 자연적이고 불가피한 일부라는 생각이다. 보수주의자들은 자신들의 주장이 불평등을 정당화하려는 논변이 아니라 그저 모든 인간은 상이한 신체적 · 지적 조건을 지니고 태어난다는 자명한 사실을 지적하는 것에 불과하다고 말한다. 이 사실은 모든 성인이 인지할 수 있는 현실 인식에 근거한 것이기 때문에 대중의 눈으로부터 감출 필요가 없다는 것이 보수주의자들의 입장이다.[3] 따라서 추상적 개념인 '공정'이나 '사회정의'와 같은 명목 하에 인간 사회의 불평등을 인위적으로 바꾸려고 시도해서는 안 된다는 것이 보수주의자들의 주장이다. 자연적으로 주어진 불평등을 일소하고 인위적인 질서로 대체하려는 시도는 공산주의 국가들의 경우가 보여 주듯 위험한 결과를 낳을 수 있다는 것이다.

물론 사회적 결집과 정치적 안정을 위해 빈부의 차를 어느 정도에서 제한하는 게 좋다는 것은 모든 보수주의자가 잘 알고 있다. "오두막이 행복하지 않으면 궁전도 안전하지 않다"는 디즈레일리의 명언을 기억하고 있는 것이다. 특히 '하나의 국민'파가 그러하다. 1945년 이래 보수당은 노동당이 주도하여 건립한 복지국가에 반대하지 않았는데 이것도 같은 맥락이었다. 그러나 '어느 정도'의 제한이 적당한지에 대해서는 보수당 내에 의견이 분분했다. 1945년 총선에서의 참패는 보수당의 주요 전환점이 되었는데, 당내 온정주의자들은 디즈레일리와 볼드윈 정부를 본받아 '하나의 국민'을 촉진하고 사회개혁을 통해 빈곤을 줄여 더욱 통합적인 사회로 나아가야 한다고 주장했다. 그런 맥락에서 보수당은 복지국가와 혼합경제를 수용했다. 따라서 보수당이 경제적 · 사회적 평등을 옹호했을 것으로 오해되기 쉽다. 그러나 보수당의 입장은 사회보장제도를 통하여 일정 수준의 부를 가지지 못한 사람들에게 적절한 생활수준을 보장한다는 것이지 강제적이고 임의적인 재분배를 통해 평등을 이루려는 것은 절대로 아니었다. 복지국가를 받아들이는 것과 사회주의적

3 Hickson, "Inequality," p. 184.

부의 재분배를 수용하는 것은 같은 것이 아니기 때문이다. 따라서 보수주의자들은 평등주의를 적극적으로 반대한다. 20세기 말에 공산권이 무너지고 난 후 평등에 대한 염원이 많이 약해진 상황에서도 보수주의자들은 사회주의는 죽어 가고 있지만 평등이라는 생각은 그렇지 않다고 판단했다. 평등주의는 사회주의가 나타나기 훨씬 전에도 존재했고 앞으로도 존재할 것이 확실하다는 것이다.[4]

그렇다면 평등은 무엇을 의미하는가? 평등은 법적 · 형식적 평등과 경제적 평등으로 나눌 수 있다. 형식적 평등이란 오늘날 모든 선진사회에서 보는 바와 같이 소득이나 지위에 상관없이 누구나 투표권을 가지며 법 앞에서 평등하다는 원칙에 구현되어 있다. 이에 대해서는 보수주의자든 사회주의자든 이견이 없다. 반면에 소득과 부에서도 평등해야 한다고 보는 것이 경제적 평등이다. 그 논리적 근거는, 사람들이 도덕적으로 평등하다면 소득과 부에서도 그래야 한다는 주장이다. 여기서 보수주의자들과 사회주의자들의 차이가 드러나는데, 사회주의자들에게 경제적 불평등은 정치적 문제인 데 반해 보수주의자들에게 그것은 자연 질서의 문제다. 보수주의자들은 사회주의자들이 사회정의라는 애매한 용어를 내세워 형식적 평등과 경제적 평등을 뒤섞으려 한다고 주장한다. 그들은 인간이 권리면에서는 동등하지만 물질적으로 동등한 것은 아니라고 분명하게 구분한다. 보수주의자들은 법 앞의 평등 외에 모든 평등을 거부한다. 법 앞의 평등을 넘어 결과의 평등으로 나아가는 순간 그것은 인

4 David Willetts, *Modern Conservatism*(Penguin, 1992), pp. 109-110.

간의 가장 중요한 가치인 자유를 훼손하게 마련이기 때문이다. 그리고 이 점에서 보수주의자들과 자유주의자들은 의견을 같이한다. 하이에크(Friedrich Hayek)•는 법 앞의 평등과 물질적 평등은 상이할 뿐만 아니라 상충되기도 한다고 주장했다. "그 둘 가운데 어느 하나를 성취할 수는 있지만 둘을 동시에 성취할 수는 없다"는 것이다.[5] 따라서 보수주의자들은 자유와 평등을 제로섬의 관계로 파악하며, 강요된 평등이 오히려 결과적으로 불평등을 초래한다는 입장을 취하는 것이다.

•영국의 경제학자이자 정치철학자로 자유주의 입장에서 계획경제에 반대하고 자유시장경제 체제를 옹호했다. 1974년 노벨 경제학상을 수상했다.

보수주의자들이 평등주의를 반대하는 데에는 몇 가지 이유가 있다. 첫 번째는 평등은 정서적으로는 큰 호소력을 가질지 모르지만 매우 모호한 개념이라는 것이다. 평등주의는 공정성의 원칙을 극도로 단순하게 파악하는데, 실제 세계에서 평등은 그렇게 단순하지 않다는 것이다. 평등주의자들은 '공정하게' 소득과 부를 재분배해야 한다고 주장하는데, 보수주의자들은 무엇이 공정한 것인지를 정의하기가 쉽지 않으며 그런 정책은 오히려 사회적 불만을 야기하여 공동체 의식을 저해할 수 있음을 지적한다. 모든 평등주의적 정책은 임의적일 수밖에 없다는 것이다. 공정이란 어머니가 네 명의 아이들에게 케이크를 4등분해서 나누어 주는 것처럼 단순한 문제가 아니

5 프리드리히 하이에크, 김균 역, 《자유헌정론》 I(자유기업센터, 1997), 152쪽.

다. 다음의 예를 보자.[6] 똑같이 5만 파운드의 유산을 받은 자매가 있다고 치자. 한 사람은 해외여행을 하고 예쁜 옷을 사 입으면서 10년 만에 그 돈을 다 써 버렸다. 다른 사람은 절약하고 투자를 해서 두 배로 돈을 불려 10만 파운드를 갖게 되었다. 두 사람 다 자신의 결정을 후회하지 않는다면 누가 나서서 그들을 판단할 수 있나? 10만 파운드를 가지고 있는 자매에게서 5만 파운드를 빼앗아 그동안 잘 먹고 즐긴 자매에게 주라는 말인가? 결국 평등은 기회의 평등 이상이 될 수 없는 것이고, 평등주의란 실제적인 기회들을 가능한 한 널리 개방하는 것 이상이 될 수 없다고 보수주의자들은 결론 내린다.

보수주의자들이 평등주의를 반대하는 두 번째 이유는 소득과 부의 불평등이 개인의 자유를 지키고 경쟁적인 경제를 유지하기 위해 반드시 필요하다는 것이다. 보수주의자들은 아담 스미스(Adam Smith) 이래 고전적 자유주의자들과 마찬가지로 인간의 '이기심'을 사회를 움직이는 원동력으로 파악한다. 예컨대 안정과 행복을 위해 더 많은 부를 축적하고자 하는 인간의 욕심이 기업과 노동을 움직이게 하는 순기능을 한다는 것이다. 인간 본성은 유인이 없으면 노력을 다하거나 모험을 감수하지 않는다. 나아가 성실하고 진취적이며 성공적인 사람들은 그 자신뿐만 아니라 다른 사람에게도 물질적으로나 도덕적으로 유익한 영향을 미친다. 소득의 차이, 즉 경제적 불평등이 있기 때문에 사람들은 더욱 열심히 일하고, 그 결과 사회 전체의 부가 증가하며 가난한 사람들도 그 혜택을 보게 된다는 것이

6 이 예는 Willetts, *Modern Conservatism*, pp. 112-116에 소개된 것임.

다. 만약 봉급의 차이를 없앤다면 일할 동기가 사라지게 될 것이다.

●자유방임주의와 시장제도를 통한 자유로운 경제활동을 주장한 미국의 경제학자.

이처럼 부의 불평등은 자연스러운 현상이며 다른 사람들보다 더 역동적이고 성공적인 개인이나 기업이 응당 얻어야 할 결과라는 것이 보수주의자들의 입장이다. 여기서 중요한 점은 부의 창출에서 중심이 되는 것은 정부 간섭이 아니라 시장의 힘이라는 보수주의자들의 믿음이다. 일자리 창출은 국가가 제공하는 사회보장보다 더욱 중요한 경제적 이익을 가져다준다는 것이다. 보수주의자들은 시장경제 체제만이 개인의 자유를 침범하지 않으면서 효율적으로 경제성장을 촉진할 수 있는 제도라고 보았다. 사회주의자들은 인간 본성과 자본주의는 양립 불가능하거나 갈등 관계에 있다고 주장하는 데 반해 보수주의자들은 그 두 가지가 완벽하게 서로를 보완해 준다는 입장을 취한다. 개인의 능력과 기술은 시장원리에 따라 경제적 가치를 평가받는다. 시장은 더 많은 보수를 통해 더 많은 재능을 가진 사람과 더 많이 노력하는 사람을 보상한다. 그리고 그 과정은 궁극적으로 사회 전체의 이익을 도모하는 방향으로 움직인다는 것이다. 그런 맥락에서 밀턴 프리드먼(Milton Friedman)●은 자본주의가 다른 어떤 체제보다 불평등을 완화시켰다고 주장했다.[7]

보수주의자들이 평등주의를 반대하는 세 번째 이유는 불평등의 옹호가 오히려 도덕적 측면에서 바람직하다는 것이다. 보수주의

7 Dorey, *British Conservatism*, p. 24.

자들은 사람들의 의욕을 떨어뜨리는 획일적인 사회주의와 대조되는 '위로 향하는 사다리', 즉 노력과 능력에 기반을 둔 성취를 믿는다. 즉 누군가를 끌어내림으로써 인간 사이의 불평등을 해소하는 것이 아니라 개인의 성취와 그에 대한 보상을 약속함으로써 사회의 전반적인 향상을 꾀해야 한다는 것이다. 에이브러햄 링컨(Abraham Lincoln)이 남긴 유명한 경구를 적용하여 보수주의자들은 '부자를 가난하게 만들어서는 가난한 사람을 부자로 만들 수 없고 모든 사람을 부자로 만듦으로써만 가난한 사람을 더욱 부자로 만들 수 있다'고 말한다. 나아가 평등주의 정책은 더 많은 능력과 노력으로 더 많은 부를 얻고자 하는 개인의 자유를 침해하는 부당한 '역차별'일 뿐이라고 지적한다. 인간은 서로 다른 재능을 가지고 있으며, 그런 재능들을 발전시킬 수 있는 '가능성과 권리에 있어서 평등'해야 한다는 것이다. 열심히 노력하고 진취적이며 성공적인 사람들은 그들 자신들뿐만 아니라 다른 사람들에게도 선한 영향을 미치게 되는데, 평등주의는 그들에게서 그 기회를 빼앗는 것이 된다.[8]

보수주의자들이 평등주의를 비판하는 마지막 이유는 평등의 추구가 필연적으로 국가의 비대함을 야기하여 개인이 스스로 삶을 결정할 기회를 침해할 것이라는 우려 때문이다. 부의 불평등한 소유를 교정하기 위해 국가에 지나치게 많은 권력을 부과하게 되면 그것은

---

8 Stuart Ball, "The Principles of British Conservatism from Balfour to Heath, c. 1910-75" in *The Foundations of the British Conservative Party*, eds. Richard Carr & Bradley W. Hart(Bloomsbury Academic, 2013), p. 24.

민주적 시민사회에 중대한 위협이 되며 자신의 삶을 통제할 수 있는 기회를 빼앗아 간다. 그것이 보수주의자들이 자유와 평등은 양립할 수 없다고 주장하는 근거다. 평등을 지향하게 되면 자유와 평등 모두를 잃게 되고 자유를 추구하면 더 많은 자유와 평등을 얻게 된다는 것이 보수주의자들의 입장이다. 프리드먼은 그런 입장을 다음과 같이 정리했다. "평등을 자유보다 앞세우는 사회는 결국 평등도 자유도 달성하지 못하게 될 것이고, 자유를 첫째로 내세우는 사회는 보다 큰 자유와 평등을 달성할 것이다."[9] 보수주의자들은 시장에서 소득이 배분되는 것이 정치적 개입에 의한 결정보다 옳다고 확신한다. 시장은 중립적이고 합리적이며 효율적이고 국가나 관료층보다 더욱 공정하기 때문이다. 만일 국가가 분배 권력을 독점하고 정치적 개입을 하게 되면 자신들에게 이롭게 부의 재분배를 유도하려는 사회조직들의 경쟁으로 사회 갈등은 더욱 심화될 수밖에 없다는 것이다.

보수주의자들은 평등을 요구하는 사람들의 의도를 순수하게 보지 않는다. 사회주의자들이 평등을 요구하는 이유가 이타심이나 가난한 사람들에 대한 진정한 걱정이 아니라 부유하고 성공한 이들에 대한 시기심이라고 의심하는 것이다. 하이에크가 이 정서를 예리하게 포착했는데, 그는 "질투에 대한 열정을 채워 주고 그것을 사회정의라는 존경스러운 외피 속에 감추는 현대적 경향"이 자유에 대한 심각한 위협이라고 지적했다. 이미 19세기에 존 스튜어트 밀은 시기

9 박동운, 《대처리즘: 자유시장경제의 위대한 승리》(FKI미디어, 2005), 72쪽.

심을 '모든 열정 가운데 가장 반(反)사회적인 악덕'으로 취급한 바 있다.[10] 많은 보수주의자도 하이에크의 견해에 동조한다. 보수당 정부의 수상을 역임한 해럴드 맥밀런 역시 "용감하고 강하고 현명하고 똑똑한 사람이 자신의 자질을 발휘함으로써 낳은 결과에 대한 보상과 특권을 거부하는 것은 인간 본성의 가장 저급한 속성, 즉 시기, 질투, 심술을 최고 덕목으로 떠받드는 것"이라고 비판했다.[11] 보수주의자들은 평등주의자들의 '기만'도 비판하는데, 예컨대 현저하게 부유한 인물과 특권층 출신이 평등을 옹호하거나 좌파로 행세하는 사례를 말한다. 그들은 단순한 '죄책감'에 의해 동기부여를 받았을 뿐이라는 것인데, 마거릿 대처(Margaret Thatcher)는 이를 '부르주아 죄책감'이라고 표현하기도 했다. 보수주의자들의 이러한 지적은 우리 사회의 소위 '강남 좌파'를 두고 하는 말과 동일한 맥락이다.

2. 불평등해질 권리와 실력주의

인간이 불평등하다는 것은 달리 말하면 남보다 더 잘 될 수 있는 기회가 있다는 말이다. 소위 '불평등해질 권리'라는 말은 대처 시대에 유명해졌지만 그 전에 이미 보수당은 기회의 주창자로 자처했다. 1970년대에 새로운 보수주의를 정립하고자 했던 키스 조지프

10 하이에크, 《자유헌정론》 I, 161쪽.

11 Dorey, *British Conservatism*, p. 44.

(Keith Joseph)는 "기회의 평등이 '놀랄 만한 결과의 불평등'을 낳을 것"이라고 주장했다.[12] 불평등은 궁극적으로 '결과의 불평등'을 가져오는데 그것은 좋은 것이라는 논리다.

보수주의자들은 모든 사람이 동일한 선에서 출발하도록 하는 것은 가능하지도 않고 바람직하지도 않다고 믿는다. 그것은 다른 사람들보다 특출한 누군가의 가능성을 박탈함으로써만 성취될 수 있기 때문이다. 자신이 원하는 삶을 형성할 수 있는 기회를 모든 사람에게 동등하게 보장하는 것이 옳다는 믿음이다. 이것이 바로 '기회의 평등'이다. 만약 평등을 위해 자유를 제한하면 불평등보다 더 끔찍한 결과를 낳게 된다는 것이다. 물론 보수주의자들도 너무 과한 비용이 들거나 사회구조에 긴장을 유발하지 않고 할 수만 있다면 공정치 못한 불평등을 제거하는 것에 반대하지 않는다. 그러나 기본적으로 "정의롭지 못한 어떤 것을 수정하기 위해 또 다른 정의롭지 못한 짓을 저지르게 되는 것"에는 반대한다.[13] 문제는, 모든 사람이 똑같은 선에서 출발할 수는 없기 때문에 모든 사람이 동등한 기회를 갖게 된다는 것은 사실상 불가능하다는 점이다. 따라서 기회의 평등은 실질적으로는 자의적이고 공정하지 못한 장애물을 제거하는 것 이상이 될 수 없다. 그 이상으로 기회의 평등을 밀어붙인다면 최고의 업적을 낼 수 있는 예외적으로 탁월한 소수의 발전을 저해하게 된다는 것인데, 이 주장은 오늘날에도 보수주의의 핵심으로 남

---

12 Ibid., p. 43.

13 Ibid., p. 31.

아 있다.

따라서 '기회의 평등'은 '결과의 평등'과 매우 다른 개념이다. 기회의 평등이 의미하는 것은 인간은 서로 다른 재능을 가지고 있으며, 그 재능들을 발전시킬 수 있는 가능성과 권리에 있어서 평등해야 한다는 것이다. 이것은 특정한 개인의 성공에 대한 모든 인위적인 장애가 제거되어야 하고, 모든 개인적인 특권은 철폐되어야 하며, 각자의 조건을 개선하는 데 있어 국가가 부여해 주는 기회가 모든 이에게 동일해야 한다는 요구 이상이 아니다. 그런데 모든 사람에게 기회가 허용되어야 한다는 이 개념이 사회주의에서는 완전히 다른 개념, 즉 모든 사람이 동등한 출발과 동일한 전망을 보장받아야 한다는 개념으로 대체되었다는 것이다. 사회주의에서는 정부가 동일한 환경을 제공하고 모든 조건을 특정한 개인들의 전망에 적합하도록 통제하는 것이 목표가 되었는데, 그런 조치는 개인의 능력이 어떻게 사용될 수 있는지를 정부가 가장 잘 안다는 전제 하에서만 성립될 수 있다는 것이 보수주의자들의 주장이다. 사회주의자들이 주장하는 대로 개인이 들인 노력과 고통에 따라 보상받아야 한다는 것은 단순한 진리인 것처럼 보이지만 실은 엄청난 전제에 기초하고 있다. 즉 누군가가 그 모든 것을 판단할 수 있는 지위에 있어야 할 뿐만 아니라 그 누군가는 각 개인의 행위를 이끄는 모든 조건을 다 알고 있다는 전제 하에서만 그 일을 해낼 수 있기 때문이다. 그러나 그것은 인간의 삶에서 불가능하다. 게다가 왜 각 개인이 자신의 결정과 노력으로 얻은 부와 재산을 국가가 다시 분배해야 하는가? 이러한 질문에 대하여 평등주의자들은 제대로 답을 하지 못했다고 보수주의자들은 반박한다. 실제로 요즘의 평등주의자들은 그 점을 인정하고, 평등주의의 명분을 사회정의와 같은 개념이 아니라 인류애와 공동체 의식에서 찾으려 하고 있다.[14]

따라서 보수주의자들은 '탁월한 소수'의 기여를 높이 평가한다. 19세기 말/20세기 초에 활약한 윌리엄 맬럭(William H. Mallock)은 사회주의자들이 주장하는 노동가치설에 대하여 강력히 반발했는데, 실제로 물질적 진보와 번영을 가능하게 하는 것은 육체노동이 아닌 우월한 지성과 인지 능력이라고 보았기 때문이다. 보수당은 '실력주의'를 표방해 왔는데 그것은 1945년 이래로 보수당의 담론에서 점점 더 중요한 위치를 차지하게 되었다. 나아가 보수당은 스스로 열린 기회의 장이 되어 영국 사회가 실력주의 사회임을 증명하고자 했다. 특히 대처 시대에 보수당의 실력주의가 강조되었다. 1976년 보수당의 정책 문건인 〈올바른 접근(Right Approach)〉은 "우리는 하향 평준화가 아닌 기회의 증진을 통한 상향 평준화를 믿는다"고 선언했다. 즉 기회의 평등을 옹호하는 것을 넘어서 기회를 더욱 증강시키는 것에 헌신하겠다는 선언이었다.[15] 대처 시대에 기존의 특권층 일색이었던 보수당에 다양한 출신 배경을 가진 인물들이 속속 등용되었다. 그리고 그런 인물 가운데 보수당의 수장을 맡게 된 대처는 상징적인 인물이었다. 대처의 후임 수상이었던 존 메이저(John Major)는 보수당이 다른 어느 당보다 더 많은 선택권, 더 많은 개인

---

14 Ball, "The Principles of British Conservatism," p. 24.

15 Ibid., p. 24; Dorey, *British Conservatism*, p. 41.

적 자유, 더 많은 기회, 더 많은 희망을 제공하기 때문에 자신은 보수주의자가 되었다고 말했다.

존 메이저

> 나는 50년 전, 브릭스턴의 다세대 다인종 주택에 살던 10대 시절에 보수당 당원이 되었다. 어떤 사람들은 왜 땡전 한 푼 없고 아무 영향력도 없으며 정계에 아무런 배경이 없는 소년이 보수당원이 되었는지 궁금해 한다. 대답은 간단하다. 사회주의는 자비로운 국가가 나를 도울 것이라고 말했다. 보수주의는 보잘것없는 상황에서 벗어날 도약의 기회를 제공해 주었다. 보수주의는 나에게 아무런 제약도 없다고 말해 주었다.[16]

메이저의 믿음대로 보수당은 '기회의 평등을 넘어 더 많은 기회'를 보장해 준다고 주장한다.

---

16 John Major, "The Limits of Power: Conservative Experience and Opportunity" in *The Foundations of the British Conservative Party*, eds. Richard Carr & Bradley W. Hart(Bloomsbury Academic, 2013), p. 198.

3. 영국인들이 불평등을 받아들이는 이유

1979년에 집권한 대처 정부는 경제적 신자유주의(Neo-liberalism)• 와 더불어 실력주의 정책을 꾸준히 추진했다. 그 결과 출신 배경에 상관없이 부를 축적한 사람들이 나타났지만 부의 불평등은 심화되었다. 다수는 확실히 더 잘 살게 되었으나 최하위층의 수도 늘었다. 영국 가구의 평균 실질소득은 1979년에서 1992년 사이에 27% 증가했다. 그러나 1979년에 최상위 10%가 국부의 20.6%를 차지하고, 최하위 10%가 4.3%를 차지한 데 반해 1991년의 비율은 각각 26.1%와 2.9%였다.[17] 그만큼 빈부의 차가 심해졌던 것이다.

흥미로운 점은 이러한 경제적 불평등에 대한 영국인들의 반응이다. 영국 사회의 부의 분배 상황을 꾸준히 추적해 온 라운트리 재단은 사회적 결속이 걱정될 정도로 소득과 부의 불평등은 시간이 갈수록 증가해 왔음에도 불구하고 부의 재분배에 대한 대중의 태도는 "복잡하고 애매하며 모순적"임을 발견했다.[18] 또 다른 사회조사인 《영국인들의 사회적 태도(*British Social Attitudes*)》도 1983년

• 민영화, 긴축재정, 규제완화, 자유무역, 정부 지출 감소와 같은 광범위한 경제적 자유화 정책들을 통해 경제에서 사적인 분야의 역할을 증대시키려는 신조.

17 Eric J. Evans, *Thatcher and Thatcherism*(Routledge, 2013), p. 156.

18 Ray Pahl, David Rose & Liz Spencer, "Inequality and Quiescence: A Continuing Conundrum" *ISER Working Paper 2007-22*, Institute for Social and Economic Research, University of Essex(September 2007), p. 1. https://www.iser.essex.ac.uk/files/iser_working_papers/2007-22.pdf

에 조사를 시작한 이래 사회적 불평등의 존재를 인정하는 영국인들의 수가 소득 수준이나 정치적 신념에 상관없이 압도적으로 많다는 사실을 지속적으로 지적해 왔다.[19] 1970년대 후반에 빈부의 차에 관하여 유럽 전역에서 실시한 조사에 의하면 빈부의 차를 줄이는 게 중요하다고 답한 영국인들의 수는 다른 나라에 비해 현저하게 적었다(표 3-1 참조).

표 3-1. 빈부의 차를 줄이는 것이 매우 중요하다 (%)

프랑스	이탈리아	벨기에	서독	영국
62	62	46	33	21

자료: Dorey, *British Conservatism*, p. 206.

1983년에 실시된 조사에 의하면, 불평등을 줄이는 방법에 대해서도 영국인들은 정부가 주도하는 방법을 불신하고 경제성장을 통한 방법을 훨씬 더 선호했다(표 3-2 참조).

표 3-2. 불평등을 줄이는 방법 (%)

	영국	프랑스
노동자에게 더 우호적인 정부	13.5	36.5
경제성장을 통한 자연스런 방법	36.0	16.5
언제나 똑같을 것이다	40.0	29.0
헌정적 변화	9.5	13.5

자료: Dorey, *British Conservatism*, p. 206.

그렇다면 영국인들은 왜 상당한 정도의 불평등을 받아들이는가? 이에 대하여 몇 가지 설명이 가능한데, 첫 번째는 사람들이 자신과 다른 사람을 비교하는 준거 틀이 제한적이기 때문에 불평등이 어느 정도인지를 가늠할 수 없다는 설명이다. 즉 영국인들은 자신의 상황을 평가할 때 자기보다 너무 차이가 나는 사람들과는 비교조차 하지 않은 채 가까운 이웃이나 동료의 삶을 기준으로 삼는다는 것이다. 따라서 사람들은 사회 내 존재하는 큰 불평등보다 일상 속의 사소한 불평등을 더 예민하고 불쾌하게 느낀다는 것이다. 실제로 영국인들은 불평등을 말할 때 계급 간 불평등보다는 계급 내 불평등을 이야기하는 경향을 보였다. 계급 간 불평등을 가장 먼저 언급한 사람들의 비율을 보면 프랑스가 56%인 것과 비교해 영국은 38.5%에 불과했다.[20]

영국인들이 불평등을 받아들이는 것에 대한 두 번째 설명은 오늘날 영국 사회가 누리는 풍요에 주목한다. 즉 요즘의 영국인들은 특별한 불만을 느끼지 않는다는 것이다. 제2차 세계대전 이후 전반적으로 생활수준이 향상하고, 특히 소비문화가 발달해 왔다는 사실이 불평등에 대한 관심을 적게 만들었다는 것이다. 개인적으로 불행하면 불평등에 관심을 기울이고 불만과 시기심을 갖게 되는데, 현세대는 부모 세대보다 훨씬 더 잘살 뿐만 아니라 특히 전에는 불가능

---

19 박지향, 〈복지제도에 대한 영국인들의 태도 변화, 1983-2010: 실업을 중심으로〉, 《영국연구》 27(2012. 6) 참조.

20 Pahl, Rose & Spencer, "Inequality and Quiescence," pp. 10-12; Dorey, *British Conservatism*, p. 204, pp. 211-212.

했던 소비재를 소유하고 사용할 수 있기 때문에 만족해 한다는 것이다. 직업이나 노동시장에서의 지위만이 아니라 교육, 양육, 재산, 라이프 스타일 등에서도 비슷한 만족도가 관측된다. 오늘날 노동계급의 가용 소득은 1980년대 중간계급의 수준에 맞먹고 이러한 사실로 인해 현재 영국인들은 영국 사회가 과거보다 공평하다고 생각한다는 것이다.[21]

영국인들이 불평등을 받아들이는 세 번째 이유는 계급의 정의가 모호해졌다는 사실이다. 영국은 아직도 계급제도가 남아 있다는 점에서 특이한 곳이지만 실질적으로는 그 구분이 모호해졌는데 그것이 영국인들이 불만을 가지지 않는 하나의 원인으로 지목된다. 영국 사회 전반에서 2차 산업이 감소하고 서비스 산업이 증가하면서 직업 구성이 변화하고 많은 사람이 중간계급에 합류했다. 전통적 노동계급이라 할 수 있는 육체노동에 종사하는 사람들이 1960년대에 60% 정도였다면, 오늘날은 그것의 절반 이하로 급감했다. 최근 연구에 의하면, 아버지 세대에 육체노동자에 속했다가 신분 상승을 한 사람들은 자신을 최상위층과 최하위층 사이에 존재하는 '중간 대중(middle mass)'으로 인식한다. 영국인들 스스로도 자신들의 사회적 지위를 확신하지 못할 정도로 전통적인 노동-비노동의 구분이 사회적 위치를 정해 주지 않는다는 것이다. 게다가 예전의 계급은 생산에서의 위치에 의해 확실하게 정의되었지만 오늘날에는 생산보다 소비에 의거하여 자신의 지위를 생각하는 경향이 생겼다는 것도

21 Pahl, Rose & Spencer, "Inequality and Quiescence," p. 2, p. 17.

중요하다. 그들도 사실 기존의 계급 분류에 따르면 노동계급에 속하는 사람들인데 그들 스스로는 그렇게 생각하지 않는다는 것이다.[22]

영국인들이 불평등을 받아들이는 것에 대한 설명 중에서 가장 중요하게 고려해야 할 것은, 실은 많은 영국인이 부의 평등한 분배를 싫어하고 오히려 불평등을 더 낫게 생각한다는 사실이다. 이 점에서 보수당의 불평등 옹호는 영국인들의 정서에 부합한다. 영국 사회에는 상당한 수준의 사회적 · 경제적 불평등에도 불구하고 불평등을 배격하거나 뜯어고쳐야 할 대상으로 보기보다는 수용하고 긍정하는 분위기가 주류를 이루어 왔다. 그것은 마르크스주의가 유독 영국에서 호응을 얻지 못했다는 사실 그리고 사상적으로 '불평등의 정당'이라 할 수 있는 보수당이 영국 선거에서 가장 지속적인 성공을 거두어 왔다는 사실로도 확인된다. 대처 정부에서 각료를 지낸 노먼 테빗(Norman Tebbit)은 "오래전부터 나는 보수당의 가치와 정책, 에토스가 노동계급 유권자들의 강력한 지지를 받는다고 믿었다"고 확언했다. 특히 하층 중간계급과 숙련노동자들은 당연히 노동당에 투표하지만 사실은 "자연스러운 보수주의자들"이라는 판단이었다.[23]

또 하나 지적할 점은, 영국인들이 비록 부의 불평등을 인식하고 불만을 품고 있음에도 즉각적인 해결을 요구하고 나서지 않는

---

22 Ibid., p. 3, pp. 13-18; Elizabeth Clery, Lucy Lee & Sarah Kunz, *Public Attitudes to Poverty and Welfare, 1983-2011: Analysis using British Social Attitudes Data*(National Centre for Social Research, 2013), p. 64.

23 A. J. Davies, *We, The Nation: The Conservative Party and the Pursuit of Power*(Little, Brown and Co., 1995), p. 217.

다는 사실이다. 영국의 비영리 사회조사기관인 전국사회조사센터(National Centre for Social Research)는 1983년부터 정기적으로 소득 차에 대하여 어떻게 생각하는지, 공평한 부의 분배의 원칙은 무엇인지, 어떻게 하면 불평등을 최소화할 수 있는지 등을 물어본 여론조사를 실시해 왔는데, 그 결과를 보면 '소득 차이가 너무 크다'거나 '부의 분배가 평범한 사람들에게 공정하지 못하다'고 느끼는 사람들이 과반이었다. 그러나 '정부가 부를 재분배해야 한다'에 동의한 사람들은 30~50%에 불과했다.[24] 소득 차가 너무 크다고 답한 사람들조차 경제적 불평등을 암묵적으로 받아들인 것이다. 만약 동일한 기회가 주어지거나 동일한 기회로 접근할 수 있는 수단이 주어진다면 불평등은 받아들일 수 있다는 태도가 주류였다.[25] 이것은 결과의 평등을 바람직하지 않거나 현실적이지 않다고 여기는 태도와 맞닿아 있다. 여기서 영국인들은 대체로 보수당이 주장하는 기회의 평등 이상을 요구하지 않는다는 사실을 알 수 있다.

그렇다면 그 이유는 무엇일까? 가장 중요한 것은 영국인들의 가치관이다. 영국인들이 고수하는 대단히 중요한 가치 가운데 개인의 독립과 자조(self-help), 책임이 있는데, 그 뿌리는 다른 어떤 유럽 국가보다 일찍 발달한 개인주의에 근거를 두고 있다. 영국에서는 이미 13~14세기부터 토지가 가족의 소유라기보다 개인의 소유물이었으며, 생계형 농업보다 환금작물 재배가 주를 이루었고, 인구 변화

24 Clery, Lee & Kunz, *Public Attitudes to Poverty and Welfare*, p. 20.
25 Ibid., p. 72.

를 보더라도 가족 패턴이 아니라 개인 패턴으로 진행되었다.[26] 이러한 오랜 개인주의 전통과 부의 창출 형태로 인해 영국인들은 자신의 삶의 여로에 대해 다른 사람을 비난할 게 아니라 자신의 선택과 결정이 낳은 결과로 받아들여야 한다는 태도를 취한다. 그리고 그런 가치관 덕분에 영국은 오래전부터 사회적 유동성이 높은 사회가 되었다. 특히 19세기에 자조와 독립의 가치는 영국 사회를 지배했다. 1945년 이후 복지국가 하에서 자조의 가치가 많이 흔들렸지만 여전히 영국인들의 가치관의 기본으로 남아 있었는데 그것을 다시 일깨워 준 것이 대처 정부였다. 대처가 외친 '빅토리아 시대의 가치관•으로 돌아가자'가 그것이었다. 실제로 대처 정부 전과 후에 정부의 역할에 대한 국민들의 인식에 큰 변화가 발견되는데, 예를 들어 정부가 나서서 부유한 사람들로부터 가난한 사람에게로 부를 재분배해야 한다는 주장이 대처 시대 후에 세력을 잃기 시작했다.[27]

•빅토리아 시대의 가치관은 자조, 개인주의, 전통적 도덕관으로 대표된다.

대처 정부가 환기시킨 영국적 가치의 부활은 여러 면에서 발견된다. 1990년대 말이 되면 실업 관련 복지에 대한 부정적 태도가 크게 늘었는데, 그 원인은 우선 실업을 사회적 형평성의 문제라고 파악하는 인식보다 개인적 책임의 결과로 간주하는 분위기가 강해진

26 Alan Macfarlane, *The Culture of Capitalism*(Oxford: Blackwell, 1989).
27 박지향, 〈대처정부의 '대중 자본주의'와 반(反)기업 정서의 극복〉, 《영국연구》 21(2009. 6) 참조.

탓이었다.

〈표 3-3〉은 구체적으로 취업자와 실업자를 구분하여 각각 실업자에 대하여 가지는 태도를 분석한 것이다. 흥미로운 사실은 실업자들 가운데 1/3에 가까운 사람들이 '진정 원하면 일자리를 구할 수 있을 것'이라고 실토했으며, 복지국가가 사람들을 게으르게 만든다는 사실을 인정했다는 것이다. 또한 〈표 3-4〉는 복지국가가 야기하는 도덕적 해이에 대한 비판이 강해지고 있음을 보여 준다.

영국에서 사회적 · 경제적 불평등이 받아들여졌던 또 하나의 이유는 가난한 사람들에 대한 부정적 인식이 지배적이기 때문이다. 많은 여론조사와 연구들이 밝혀 왔듯이, 대부분 영국 사람들은 가난

표 3-3. 실업자에 대한 태도, 1997/1998 (%)

	취업인구	실업자
진정 원하면 일자리를 구할 수 있다	43	31
복지국가가 사람들을 의존적으로 만든다	43	29

자료: Caroline Bryson, "Benefit Claimants: Villains or Victims?" *British Social Attitudes The 14th Report*(1997/1998), p. 81.

표 3-4. 실업수당에 대한 태도 (%)

	1986	1990	1994	1998	2002	2006
실업수당이 너무 낮다	46	50	53	29	29	23
수당이 너무 많아 게으름을 유발	35	29	24	46	47	54

자료: Peter Taylor-Goody & Rose Martin, "Trends in Sympathy for the Poor," *British Social Attitudes The 24th Report*(2007/2008), p. 243.

의 원인을 개인의 책임으로 돌린다. 이는 사회 내 존재하는 가난과 빈부 격차를 사회문제로 인식하지 않는다는 뜻이다. 가난을 구조적 차원의 문제로 접근하지 않고, 개인의 책임 또는 실책으로 환원하는 것이다. 이것 역시 영국인들의 자조와 독립의 가치관에 뿌리를 두고 있다. 흥미로운 것은 중간계급만 그런 태도를 보이는 것이 아니라 노동계급 또한 가난한 사람들에 대해서 유사하게 부정적인 태도와 인식을 보인다는 사실이다. 그들은 자신들은 "존중할 만한(respectable)", 즉 점잖고 성실하고 선량한 사람들로서 방종한 삶을 사는 사람들과는 근본적으로 구별된다고 생각한다. 이처럼 노동계급에서조차 가난한 사람들에 대한 반감이 관찰되며, 특히 복지제도의 비용을 부담하는 노동자들은 중간계급만큼이나 '받을 자격이 없는 사람'에 대한 복지 지출을 싫어한다. 자신들이 힘겹게 번 소득에서 각출한 세금을 가지고 사회적, 도덕적으로 올바르지 않는 나태, 방종, 사치를 보상해 준다고 생각하기 때문이다. 한편 〈표 3-5〉에서처럼 가난이 개인의 탓이 아니라고 믿는 사람들조차 가난에 대해서

표 3-5. 왜 가난한가, 1986~2006 (%)

	1986	1989	1994	2000	2003	2004	2006
불운	11	11	15	15	13	16	10
게으름/의지결여	19	19	15	23	28	21	27
사회가 정의롭지 못하기 때문	25	29	29	21	19	16	21
근대적 삶의 불가피성	37	34	33	34	32	38	34

자료: Peter Taylor–Goody & Rose Martin, "Trends in Sympathy for the Poor," *British Social Attitudes The 24th Report*(2007/2008), p. 243.

'현대사회의 필연적 일부'라는 식의 체념적 태도를 보이기 때문에, 그들도 가난을 없애는 데 적극적이지 않다.

〈표 3-5〉에서 보듯이 1986~2006년에 게으름 때문에 가난하다는 의견이 19%에서 27%로 크게 증가한 반면 사회가 정의롭지 못하기 때문이라는 대답은 감소했다. 정치적 성향에 따른 세부적인 분석을 해 보면, 노동당 지지자들조차 게으름과 의지박약이 가난의 원인이라고 생각하는 사람이 5명 중 1명이며, 사회적 불공정 때문이라는 사람은 4명 중 1명이었다. 전체로는 사회적 불공정보다는 게으름을 가난의 원인으로 생각하는 사람이 더 많았다. 영국인들은 전반적으로 고소득을 행운이나 사회적 불공정 때문이라기보다 열심히 일한 덕분이라고 생각한다는 사실이 분명히 드러나는 것이다.[28]

영국인들의 경제적 · 사회적 불평등에 대한 특이한 인식은 다른 나라들과의 비교조사에서 더욱 명확히 드러난다. 영국 노동자들은 다른 나라 노동자들보다 일터의 권력 관계를 더 많이 수용한다. 1983년에 행한 한 조사에서 영국 노동자들의 38%가 경영진 혼자서 회사의 중요한 일을 결정해야 한다고 답한 데 반해 프랑스에서는 6.5%만 그렇다고 대답했다. 또한 〈표 3-6〉에서 알 수 있듯이 '기업가/전문직과 육체노동자 간의 임금 격차가 정당한가?'라는 질문에 대하여 '완벽하게 정당하다'라고 대답한 프랑스 노동자들이 9.5%에 불과했던 반면 영국 노동자들은 무려 45.5%에 달했다.[29]

---

28 박지향, 〈복지제도에 대한 영국인들의 태도 변화, 1983-2010〉, 92-293쪽.

29 Dorey, *British Conservatism*, pp. 202-203.

표 3-6. 기업가와 노동자 간의 금전적인 차이가 정당한가 (%)

	영국	프랑스
완벽하게 정당하다	45.5	9.5
차이가 없어야 한다	3.0	5.5

자료: Dorey, *British Conservatism*, p. 202.

사실 평등이라는 개념은 영국인들에게 낯선 개념이다. 영국에서 실시된 사회의식조사는 사람들이 '공평'과 '평등' 개념을 혼란스러워한다는 사실을 보여 준다. 영국인들은 평등-불평등보다는 공평-불공평이라는 개념을 더 많이 사용하는데, 공평은 개인적 차원에서 일어나는 개념으로, 평등은 대규모로 발생하는 것이거나 입법할 수 있는 개념으로 이해할 수 있다. 즉 영국인들은 보수주의자들이 주장하는 바와 매우 흡사하게 평등을 기회의 평등과 결과의 평등으로 구분하고, 기회의 평등은 바람직하지만 결과의 평등은 바람직하지도 않고 가능하지도 않다고 본다.[30] 그들은 또한 무조건적인 공평도 좋아하지 않는다. 예를 들어 영국인들은 그들의 사회가 어떤 면에서는 너무 공평하다고 불만을 가지기도 하는데, 특히 이민, 사회보장제도, 주택 같은 이슈에서 그러하다. 그들은 이 부문에서 받을 만한 사람과 받을 자격이 없는 사람을 구분하는 차별이 필요한데도 차별이 가해지지 않는다고 불만을 토로한다. 즉 현 복지제도는 무슬림이나 외국인들처럼 받을 자격이 없는 사람들까지 모두 포함시키고 있

30 Clery, Lee & Kunz, *Public Attitudes to Poverty and Welfare*, p. 46.

다는 불만을 품고 있는 것이다.[31]

따라서 영국인들은 정부의 재분배 정책 또는 복지정책의 확대를 무조건 반기지 않는다. 물론 그들은 복지 혜택을 유지하기를 바라지만 거기에는 두 가지 명확한 원칙이 존재한다. 첫째는 부를 직접적으로 재분배하는 정책보다는 거의 모든 사람이 삶의 생애주기에서 적어도 한 번쯤은 필요로 하는 복지 혜택을 선호한다. 예컨대 교육이나 의료보험이 그것이다. 둘째는 '자격 있는' 수혜자와 '자격 없는' 수혜자를 뚜렷이 구분하려 한다. 고령자나 장애인을 위한 복지 혜택은 자격 있는 경우에 해당하지만, '한 부모' 가정이나 실업자는 자격 없는 경우로 간주하여 후자의 항목에 대한 정부 지출 확대에 반대하는 것이다.

평등주의에 가장 큰 반감을 보이는 사람들은 자영업자나 소규모 기업주와 같은 하층 중간계급(lower middle-class)이다. 그것은 그들이 전통적으로 '위'에 대한 질시보다는 '아래'로부터 따라잡힐 가능성을 더 민감하게 의식해 왔기 때문이다. 이들 소부르주아지는 불평등한 소득을 개인의 근면함, 위험부담 혹은 부의 창출에 대한 정당한 보상으로 이해한다. 특히 1970년대의 정부가 행한 평등주의적 재분배 정책들이 그들의 적개심을 불러일으켰는데, 우선 노동계급의 임금 상승이 자신들의 상대적 우위를 침식하는 것에 대한 불만이 있었다. 또한 그들은 노동계급의 세력과 조직력 및 영향력에 대한 우려를 가지고 있었다. 하층 중간계급은 노동계급과 달리 조직화된

---

31 Ibid., pp. 64-65.

하층 중간계급

힘을 결여하고 있고, 그들 스스로가 소기업의 소유주 혹은 자영업자로서 노조의 요구에 의해 가장 쉽게 타격을 입는 위치에 있으므로 노동계급의 영향력이 확대되는 것을 두려워했던 것이다. 이들은 실제로 1960~1970년대 정부에 의해 추진된 노사정 3자 간 협력관계에서 소외되었다는 불만을 갖고 있었다. 정부와 직접적으로 협력관계를 맺고 목소리를 높일 수 있는 자본이나 노동과 달리 자신들은 발언권이 박탈된 채 위아래 양쪽으로부터 압박을 받고 있다고 느꼈던 것이다. 하층 중간계급은 복지국가에 대해서도 적대감을 갖고 있다. 우선 비용 측면에서 복지국가의 확대가 수반하는 증세에 대하여 거부감을 가질 뿐만 아니라 가치 측면에서도 복지국가가 '근면'이라는 중요한 가치를 약화시키고 사회보장 혜택에 의존하는 하층민들을 양산한다고 믿어 비판적이다. 이념적으로나 정치적으로 하층 중간계급은 평등이나 부의 재분배를 주장하는 사회주의에 포섭될 가능성이 별로 없는 뿌리 깊은 반(反)평등주의자라고 할 수 있다.[32]

이처럼 영국인들은 불평등에 대하여 우리 사회에서 발견되는 것과 같은 반감이나 적대감을 보이지 않는다. 그것은 영국의 역사가 우리 역사와 다르게 전개되어 왔기 때문이다. 즉 개인의 노력과 성취가 각 개인의 운명을 결정한다고 믿는 개인주의가 일찍부터 발달했던 것이다. 앞에서 분석했듯이 영국인들의 자조의 전통은 다른 유럽 국가들과도 구분되는 특성이다. 그것이 경제적 · 사회적 불평등에 대한 영국인들의 태도를 결정짓는 가장 중요한 요인이며 보수당 성공에 대한 하나의 설명이 될 수 있을 것이다.

32 Roger King, "Petit-Bourgeois Conservatism," *Parliamentary Affairs*, 34(1981).

제4장

계급 · 젠더 · 정치

영국의 민주적 선거제로의 행진은 남성의 경우 1918년에 마무리되었다. 21세 이상의 성인 남성은 그때 아무런 조건 없이 참정권을 부여받았다. 여성의 경우 1918년에는 30세 이상의 여성이, 그리고 1928년에 남성과 동일하게 21세 이상의 모든 여성이 보통선거권을 얻게 되었다. 진정한 민주적 선거제도는 1928년이 되어서야 시작되었던 것이다. 특기할 점은 민주주의 시대에 들어와서도 보수당은 꾸준히 성공의 역사를 기록해 왔다는 사실이다. 1918년 이후 보수당은 다른 어느 정당보다 오랫동안 집권했으며 투표에서도 그전보다 더 높은 득표율을 보였다. 20세기에 25차례 치러진 총선 가운데 보수당이 의석의 절대다수를 차지한 것은 총 13차례였고, 간발의 차이로 제1당을 위협했던 것만도 3차례에 달한다. 특히 1930년대, 1950년대, 1980년대는 압도적으로 보수당의 시대였다. 적어도 1960년대까지 영국 유권자들의 절대다수가 육체노동에 종사하

고 있었다는 사실을 생각할 때 이 놀라운 현상에는 설명이 필요하다.[1]

보수당은 엘리트층과 기존 제도를 수호하고 노동계급의 조직화된 움직임에 강경하게 반대하는 정당으로 인식되어 왔다. 그럼에도 불구하고 보수당은 노동계급으로부터 상당한 지지를 받았기에 그처럼 성공적으로 집권할 수 있었던 것이다. 노동자들은 왜 보수당을 지지했고 보수당은 어떻게 그들의 지지를 획득 또는 유지할 수 있었나? 대부분 정치학자나 선거 행태 연구자들은 보수당에 대한 영국 노동계급의 지지를 '일탈적' 현상으로 파악했다. 그들은 오랫동안 계급 투표, 즉 중간계급은 보수당을 지지하고 노동계급은 노동당을 지지하는 행태야말로 자연스러운 현상이라고 생각했다. 그 기저에는 '노동계급이라면 사회경제적 불평등을 옹호하는 정당을 지지하기보다는 마땅히 평등주의 혹은 사회주의를 표방하는 정당을 지지할 것이다'라는 전제가 깔려 있었다. 그러나 그런 해석으로는 노동계급의 수가 압도적으로 다른 계급들을 능가할 때도 보수당이 승리했다는 사실을 설명해 주지 못한다. 노동계급의 정당임을 표방한 노동당이 독자적으로 총선에서 과반 의석을 얻어 정부를 구성한 것은 1945년에 이르러서였다.

따라서 계급과 투표 행태를 연결시키는 설명은 하나의 사회적 범

---

1 계급은 대단히 정의하기 어려운 개념이다. 마르크스주의자들은 계급을 생산관계에서의 위치로 파악하는데, 오늘날에는 소득, 직업 혹은 자본 소유라는 관점에서 더 많이 정의된다. 그 외에 의식이나 집합적 정체성 여부로 계급의 존재 유무를 판단하기도 한다.

여성 참정권 운동

주로 엄연히 존재하는 '노동계급 보수주의자'의 실체를 규명하는 데 실패했다고 결론 내릴 수 있다. 정치인들은 오히려 그 실체를 잘 인식하고 있었다. 일찍이 벤저민 디즈레일리(Benjamin Disraeli)는 '마치 조각가가 대리석 안에 갇혀 있던 천사를 발견한 것'처럼 토리 노동자들을 발견했다. 마거릿 대처(Margaret Thatcher)도 노동계급 보수주의자들의 가치를 잘 알고 있던 정치인이었다. 그는 "수백만의 근로자들이 선거 때마다 우리에게 투표합니다"라며 적극적으로 그들에게 접근할 것을 제안했다.[2] 그러나 대중과 보수당의 관계, 특히

2 Andrew Taylor, "The Party and the Trade Unions" in *Conservative Century: The Conservative Party since 1900*, eds. Anthony Seldon & Stuart Ball(Oxford: Oxford UP, 1994), p. 529.

노동계급과 보수당의 관계는 그동안 학문적 관심을 받지 못했다. 정치 지도자들에게 집중되어 있는 연구 풍토 그리고 계급과 지지 정당의 연관관계를 당연시하는 통념 때문이었다.

한편 여성과 보수당의 관계에 대한 연구도 미흡한 실정이다. 보수당과 여성의 관계도 쉽게 설명되지 않는 측면이 있는데, 19세기 중엽 여성 참정권 운동이 시작되었을 때 보수당은 특별히 우호적이지 않았다. 오히려 존 스튜어트 밀과 같은 자유당의 진보적 정치인들이 더욱 적극적이었다. 1918년과 1928년에 있었던 여성 참정권의 확대 논의에도 보수당은 많은 우려를 보였다. 그러나 우려와 달리 여성들이 투표를 하게 된 후 적어도 1980년까지 그들은 보수당의 굳건한 지지 세력이었다. 기득권을 옹호한다고 간주되는 보수당이 어떻게 여성들의 표를 더 많이 모을 수 있었을까?

이 장에서는 보수당과 노동계급, 그리고 보수당과 여성을 둘러싸고 제기된 문제점들을 다루기로 한다.

1. 민주적 선거제로의 길

우선 노동계급의 참정권 획득의 역사를 개괄해 보자. 영국 역사상 최초로 일부지만 노동계급에 참정권을 부여한 것은 1867년에 이르러서였다. 그해 보수당의 디즈레일리 정부가 추진한 선거법 개정으로 상층 노동계급, 즉 숙련노동자들이 참정권을 획득했던 것이다. 그 후 1884년에는 자유당의 글래드스턴 정부가 농업 부문까지 포함

1906년 노동당 전당대회

한 성인 남성 노동자들을 대부분 포함하는 제3차 선거법 개정을 성공시켰다. 이 두 차례의 개정으로 성인 남성 노동자들 가운데 독립 가구를 구성하고 있는 세대주는 투표권을 행사할 수 있게 되었다.

노동계급의 참정권 획득에는 숙련노동자들이 큰 역할을 했다. 19세기 말까지 영국 노동조합은 전적으로 그들만의 조직이었는데, 안정적인 소득과 지위를 누리고 있던 숙련노동자들은 체제 순응적이었으며, 온건한 성격 덕분에 점차 사회로부터 인정받게 되었고 과격한 투쟁 없이 정치적 · 사회적 권리를 획득할 수 있었다. 마르크스가 1850년에 영국으로 망명한 후 사망할 때까지(1883) 런던에 거주하면서 《자본론》 등을 집필했지만, 마르크스주의는 영국 노동계급에게 거의 영향을 미치지 못했다. 그러나 이 상황은 1880년대 말부터 변화하기 시작하여 미숙련노동자들의 노동조합이 속속 결성되면서 노동운동의 성격도 과격해지고 사회주의로의 경도도 눈에 띄게 되었다. 1900년에 노동당의 전신인 노동위원회가 시작되고, 1906년에 노동당이 정식으로 출범했으며, 1910~1914년에는 노동계의 파업과 과격성으로 영국 사회가 크게 혼란스러워졌다.

제1차 세계대전은 영국 정치에 커다란 영향을 미쳤다. 1917년부터 영국 역사상 처음으로 징병제가 실시되어 영국 남성들은 계급에 상관없이 전쟁터에서 싸우거나 전쟁 수행을 위한 일에 동원되었으며, 여성들도 남성 노동자들이 빠져나간 일터에서 노동력을 채우고 부상병들을 돌보는 등 전쟁 수행에 참여했다. 제1차 세계대전은 국민 전체가 동원된 총체전이었다. 전쟁을 겪으면서 노동계급의 자존감도 강해졌는데, 그들 없이는 국가의 생존이 불가능하다는 사실을 확인하고 강화된 정치의식으로 나아갔다. 그러나 제1차 세계대전은 동시에 영국 노동계급의 강한 애국심을 확인해 주고 보수당에 희망의 미래를 제시해 주었다. 전쟁에서 승리하고 난 후 국민들의 수고에 대한 보상으로 남성 보통선거권과 여성 참정권을 일부 도입하는 내용의 선거법 개정안이 논의되기 시작했다. 보수당 내에서는 개혁안에 대한 찬반 여론이 뚜렷했다. 반대 측은 선거법 개정으로 참정권이 확대되면 보수당에 불리해질 것이라 예측했으며, 특히 여성 참정권에 대하여 '성 역할'의 파괴라며 격렬히 비난했다. 그러나 당 지도부는 선거권 확대에 반대하는 행위가 '국민 정당'으로서의 보수당의 입지를 위협할 수 있다고 판단하여 선거법 개혁을 지지하기로 결정했다.

1918년 국민대표법의 통과는 영국이 민주적 선거체제로 나아가는 획기적인 사건이었다. 21세 이상의 모든 남성에게 투표권이 주

1906년 선거에서 당선된 노동당 의원들

어짐으로써 단순 노동자와 빈민까지도 정치에 참여할 수 있게 되었던 것이다. 또한 30세 이상의 여성에게도 투표권이 보장되었는데 20대 여성들이 배제된 이유는 그들의 정치적 · 정서적 미성숙함에 대한 우려 때문이었다. 어찌되었든 유권자의 수가 이제 성인 인구의 78%로 증가했다. 물론 이러한 변화가 보수당에 이점만 가져다주지는 않을 것으로 예상되었다. 보수주의자들은 교육을 제대로 받지 못한 다수의 유권자가 자유당이나 노동당으로 쏠릴 것을 두려워했고 엄청나게 불어난 유권자들을 제어할 수 없게 된 것을 우려했다. 그러나 1928년 이후에도 보수당은 성공 행진을 계속했고, 몰락한 것은 오히려 자유당이었다. 20세기 영국 정치사에 일어난 불가사의 가운데 하나는 자유당의 급속한 몰락이다. 19세기에 보수당과 더불어 양당체제를 구성하고 있던, 막강했던 자유당이 1930년대에 들어

●애스퀴스 내각(1908~1916)의 재무장관으로 취임하여 현대 복지국가의 토대를 이루는 여러 개혁정책을 도입했다.

서면 실질적으로 사라져 버렸던 것이다. 그 배경에는 당연히 노동계급의 성장이 있었다. 19세기를 통해 노동계급은 공식적으로는 보수당이 아니라 자유당과 제휴를 맺었다. 비록 디즈레일리가 친(親)노동계급적인 사회개혁을 추진했지만 노동조합 지도부는 거의 항상 자유당 편이었다. 노동당이 출범하기 전에 의회에 진출한 몇 안 되는 노동계급 출신의 하원의원들은 대부분 자유당의 공천을 받았다.

그러나 노조 지도부와 노동조합원이 동일한 것은 아니며, 노동계급과 노동조합이 동일한 것은 더더욱 아니다. 노동당이 시작되었다고 해서 노동대중이 곧바로 노동당으로 충성심을 옮긴 것도 아니었다. 현명한 보수당 지도자들은 노동자들이 반드시 반(反)보수당이 아니라는 것을 알고 있었다. 1914년 이전 노동당의 형편없는 성적을 보아도 그 사실을 알 수 있다.[3] 물론 노동당의 부상은 노동자들의 계급의식 발달과 연결되어 있었지만 자유당의 실책 덕분이기도 했다. 비록 19세기 말에 정부가 사회개혁에 적극적으로 개입해야 한다고 주장하는 사회적 자유주의(New Liberalism)가 등장하여 변화가 생겼지만, 허버트 애스퀴스(Herbert Asquith)가 이끈 자유당은 여전히 고전적 자유주의를 견지했고, 적극적으로 정부 역할을 주장한 데이비드 로이드 조지(David Lloyd George)●와 갈등을 벌이면서

3 노동당은 1906년 총선에서 29명의 하원의원을 당선시켰는데, 그것은 많은 부분 전략 선거구에서 동시에 후보를 내지 않기로 약속한 자유당과의 제휴 덕분이었다.

1915년 이후에는 분열의 조짐을 보였다. 이에 자유당에 실망한 노동계급이 노동당으로 옮겨 가고 중간계급의 다수는 보수당으로 옮겨 가는 이동이 있었다. 전쟁을 겪으면서 고양된 노동계급의 의식도 중요했다. 1920~1930년대에 노동당은 노동계급이 다수인 선거구, 특히 노동조합이 강력한 선거구에서 가장 쉽게 의석을 획득했다. 이때 보수당에 투표하는 노동자들의 수가 감소하고 있음이 확실해졌다. 그러나 노동계급의 표는 서서히 노동당으로 옮겨 갔을 뿐만 아니라 자유당에서 떨어져 나온 많은 지지표는 노동당이 아니라 보수당으로 향했다. 그 결과 이 시기에 집권당은 여전히 보수당이었고, 20세기 전반기에는 보수당의 단독 집권이나 보수당이 참여하는 연립정부에 의한 정부가 압도적이었다.

1945년 선거에서 노동당은 드디어 압도적인 지지를 얻는 데 성공했다. 그러나 그것은 노동계급만 아니라 중간계급, 특히 새로운 사회를 열망하던 중간계급 젊은이들의 지지를 받았기 때문이다. 이들 가운데 많은 수는 1950년이 되면 노동당 지지에서 돌아서 버렸고, 1951년을 시작으로 보수당은 또다시 세 차례 연속으로 총선에서 승리했다.

2. 계급과 정치: 제휴와 탈제휴

정치적 제휴란 특정한 사회적 · 경제적 조건들을 지닌 유권자 집단이 장기간에 걸쳐 특정 정당을 지속적으로 지지하는 현상을 말한다. 중요한 점은 제휴의 시대에는 유권자의 지지가 정당의 정책이나 성과 또는 정당 지도자들과는 무관하게 유권자의 출신 배경과 사회적 특징들에 의해 '거의 자동적으로' 결정된다는 점이다. 1950~1960년대 영국 정치가 바로 이러한 제휴의 시대에 해당했고, 이 시기에 계급은 지지 정당에 영향을 주는 모든 사회적 특징 가운데 가장 중요하고 강력한 요인이었다. 총선 결과와 여론조사 결과를 분석해 보면 당시 영국 유권자들은 각각 보수당과 노동당에 지속적이고 예측 가능한 지지를 보내는 두 무리로 나뉘어 있었다. 여론조사기관인 'Mass Observation'의 1950년도 조사에 의하면 노동계급에 속한 응답자의 47%는 그해 2월에 있었던 총선에서 계급적 정체성 때문에 노동당에 투표했다고 답했다.[4] 따라서 노동당과 노동계급 사이에 어떤 형태의 제휴가 있었다면 그것은 1950년 이후에 실질적으로 이루어졌다고 볼 수 있다. 그럼에도 보수당은 1950년대에 계속 집권했다. 따라서 1950년대보다는 1960년대에 계급이 투표 행태에 있어 가장 중요한 단일 요인으로 확실히 자리 잡은 시기였다고 말할 수 있다. 각종 조사와 연구에서 1960년대 노동당이 획득한 지지율은 그 선거구의 계급적 구성과 직접적인 상관관계가 있다는 사실이 확인되었다. 즉 1964년, 1966년, 1970년 총선의 결과를

4 그러나 보수주의자들 가운데 4%만이 계급적 정체성 때문에 보수당에 투표했다고 답했다. Robert Waller, "Conservative Electoral Support and Social Class" in *Conservative Century: The Conservative Party since 1900*, eds. Anthony Seldon & Stuart Ball(Oxford: Oxford UP, 1994), pp. 593-594; David Denver, "Electoral Support" in *The Conservative Party*, eds. Philip Norton(Hertfordshire: Prentice Hall/Harvester Wheatsheaf, 1996), p. 593.

1950년대 노동당 선거 포스터

살펴보면 전문직과 관리직 종사자의 2/3, 그리고 기타 사무직 종사자의 절반 이상이 보수당을 지지한 반면 육체노동자 가운데 1/4에서 1/3 정도만 보수당을 지지했다.[5]

계급 투표의 전성기는 오래 지속되지 않았다. 사실 1960년대에 이미 수면 아래서 계급 투표의 쇠퇴가 시작되고 있다는 징표가 보였는데, 1970년대 들어 확실히 드러났다. 1970년대에 계급은 투표 행태에서 점점 덜 중요한 역할을 하게 되었다. 무엇보다 보수당과 노동당을 막론하고 특정 정당에 지속적인 충성심을 보이던 유권자들이 이탈하는 현상이 나타났다. 그전까지 유권자들은 유년기에 이미 특정 정당에 대한 심리적 연대감을 느꼈는데 1970년대에는 정당

5 Ibid., p. 172.

에 대한 충성심을 가지는 사람들이 급격히 감소했다. 1960년대까지는 특정 정당에 유대감을 느끼는 유권자가 대단히 많았다. 1964년 조사에 의하면 매우 강하게 특정 정당과 동질감을 느끼는 사람들이 44%였고 '상당히 강한' 유대감을 가진 사람들은 39%였다. 이 두 집단을 합하면 무려 83%가 된다. 그러나 '매우 강한' 정체성은 1970년대에 감소하기 시작하여 1983년에는 단지 20%만이 그런 정체성을 느꼈고 1997년에는 16%만이 그러했다. 대조적으로 42%는 약한 동질감을 느끼거나 혹은 동질감을 전혀 느끼지 않고 있다고 답했다.[6] 특히 1980년대에 이르러 노동당에 대한 노동계급 유권자들의 지지가 급속도로 감소했다.

이와 동시에 보수당과 노동당이라는 양당체제도 약화되었다. 1951년에는 97%가 양당 가운데 하나에 투표했지만 1970년대에는 전체 투표수 중 보수당과 노동당이 획득한 표의 수는 70%대로 대폭 하락했다. 1992년 총선에서는 상층 중간계급이 보수당 지지에서 가장 많이 돌아섰다. 이들은 피상적으로는 보수당을 지지할 것으로 간주되는 사람들이다. 이러한 사실은 중간계급과 노동계급 모두에서 계급적 연대감이 약화되고 있음을 확인해 준다. 탈제휴적 선거행태를 가장 극명하게 보인 것은 마거릿 대처가 승리한 1979년 총선이었다. 이 선거는 42%나 되는 대단히 많은 유권자가 지지 정당

---

6 Charles Pattie & Ron Johnston, "Voting and Identity" in *The Oxford Handbook of British Politics*, eds. Matthew Flinders et al.(Oxford: Oxford UP, 2009), p. 462, p. 466; Waller, "Conservative Electoral Support and Social Class," pp. 598-600.

'노동당은 작동하지 않는다'는 보수당의 1979년 선거 포스터

을 바꾼 기록적인 선거였다.[7]

원래 마르크스와 그의 추종자들은 영국이 산업화를 이룬 첫 번째 나라이며 노동계급이 가장 먼저 탄생한 나라이므로 프롤레타리아 혁명이 처음으로 일어날 곳도 영국일 것이라고 생각했다. 그러나 영국에서 마르크스주의에 대한 호응은 소수 지식인에 한정되었고 대부분 노동자들은 혁명적 열의를 보이지 않았다. 오히려 영국 노동계급은 기존의 사회경제 질서와 그에 내포된 재산 및 임금의 격차를 대체로 받아들였으며 상당수가 보수당에 표를 던졌다. 마르크스는 보통선거가 실시되어 노동계급이 투표를 하게 되면 당연히 정치적 권력을 장악할 것이므로 영국은 사회혁명을 거치지 않고도

7 Brendan Evans, "Thatcherism and the British People" in *Mass Conservatism: The Conservatives and the Public since the 1880s*, eds. Stuart Ball & Ian Holliday(Frank Cass, 2002), pp. 219-220.

사회주의로의 이행이 가능한 예외적 나라일 것으로 예측했다. 그러나 이 예견도 실현되지 않았다. 노동자 자신이 직접 쓴 몇 안 되는 소설 가운데 하나인 《누더기바지 박애주의자들(*The Ragged-Trousered Philanthropists*)》[8]을 보면 20세기 초 영국 노동계급의 보수적 성향을 잘 알 수 있다. 노동계급 문학의 고전으로 간주되는 이 소설은 로버트 트레슬(Robert Tressell)이 페인트공으로 일한 자신의 경험을 토대로 쓴 것으로, 작가가 사망한 지 3년 후인 1914년에 출간되었다. 사회주의자인 소설 속 주인공 오언은 동료들에게 자본주의의 악과 그 대안으로서의 사회주의 사회를 역설하지만 동료 노동자들은 이해하지도 받아들이지도 않는다. 이에 좌절한 오언은 지병인 폐병으로 죽고 만다.

영국은 인류 역사상 최초의 산업화를 경험했고 따라서 다른 어느 나라보다 긴 계급의 역사를 가지고 있다. 학자들은 실제로 영국에서 다른 나라들보다 훨씬 강한 계급과 정치의 유대가 관찰된다고 보고한다.[9] 그럼에도 불구하고 앞에서 살펴본 바와 같이 투표에서 계급이 최우선의 판단 기준이었던 것은 오직 1950~1960년대뿐이었다. 그리고 1951년을 시작으로 보수당이 다시금 세 차례 연속하여 정부를 구성한 사실에서 알 수 있듯이 그때조차 계급은 결정적 요인이 되지 못했다. 이 사실을 어떻게 설명할 것인가?

---

8 안정효 역(실천문학사, 1988). 원작은 1914년 출판.

9 Joseph Gerteis & Mike Savage, "The Salience of Class in Britain and America: A Comparative Analysis," *British Journal of Sociology*, 49/2(June 1998), p. 262.

계급에 의한 투표 행태를 주장하는 사람들이 영국 노동계급의 보수당 지지를 설명하는 데 가장 많이 의존하는 이론은 소위 노동 귀족(labour aristocracy)• 설이다. 즉 노동계급 내에서 일종의 '귀족층'을 구성하고 있는 특정 집단이 혁명적으로 세상을 바꿔 보겠다는 의지를 가지기보다는 자신들의 특권적 지위를 위협할 수 있는 시도들에 적대적인 태도를 보이며, 진정한 계급 이익에 반하여 투표하는 정치적 일탈의 행위를 보였다는 것이다. 이 설에 의하면 미숙련노동자들은 압도적으로 노동당을 지지하는 데 반해 숙련노동자들은 보수당을 지지한다. 숙련노동자들에게 있어 질시의 대상은 더 많은 부를 소유한 중간계급이나 상류계급이 아니라 언제든지 자신들을 따라잡을지 모르는 미숙련노동자들이다. 따라서 그들은 노동당의 평등주의 원칙과 재분배 정책에 반발하면서 보수당 지지로 기운다는 것이다.

•노동 귀족라고 불린 숙련공들은 19세기에 전체 노동인구의 10% 정도를 차지했다.

이 주장은 이론적, 경험적으로 많은 논의를 불러일으켜 왔다. 영국 노동계급의 발달은 다른 유럽 국가들과 조금 다른 유형을 보인다. 다른 나라들보다 빨랐던 상공업의 발달로 영국의 노동계급은 전통사회의 유습인 매우 다양하게 직종별로 구분되는 작업 형태를 가지고 있었으며, 숙련공과 미숙련공 사이의 구분이 심했다. 초기 노동조합도 숙련노동자들만의 조직으로, 그들의 임금과 사회적 지위를 수호하기 위한 단체였다. 일부 마르크스주의자들은 노동 귀족이라는 용어를 사용하여 그런 현상을 지칭했는데, 대표적으로 엥겔스(Friedrich Engels)가 그러하다. 그는 《영국 노동계급의 상황(*The*

Condition of the Working Class in England)》에서 노동 귀족이라는 개념을 사용하고 있는데, 20세기의 마르크스주의 역사가인 에릭 홉스봄(Eric Hobsbawm)도 엥겔스의 주장을 이어받아 노동 귀족이 물질적 조건뿐만 아니라 자기 인식에서도 여타 노동자와 구별되었음을 보여 주었다. 즉 그들은 독립, 자조, 체통과 같은 중간계급 가치관을 받아들이고 실천했으며, 육체노동자와 동일시되기를 거부하고 오히려 하층 중간계급과 결합하는 양상을 보였다는 것이다.[10]

숙련노동자들도 결국 기계화의 추세로 특권을 잃게 되었고 노동 귀족이란 용어도 더 이상 사용되지 않지만, 오늘날에도 노동계급 내에 상대적으로 높은 임금과 사회적 지위를 누리는 상층 노동자들이 여전히 존재하며 다른 노동자들과의 격차를 유지하려는 성향도 여전하다. 영국 정부의 공식 인구조사도 숙련노동자를 C2로, 일반 노동자를 D로 구분한다.[11] 실제로 1964년 이래 12차례의 총선에서 숙련노동자들은 반(半)숙련 · 미숙련 노동자보다 평균 6% 이상 많게 보수당에 투표했다. 이들의 역할은 대처 시대에 특히 뚜렷해졌는데, 마거릿 대처가 연속 세 번이나 승리한 데에는 숙련노동자층의 지지가 크게 기여했다. 물론 일부 학자들은 1979년, 1983년 총선에서 숙련노동자들의 역할이 과대평가되었을 수도 있다며, 양 선거에서는

10 박지향, 〈영국 노동조합운동: 노동주의의 전개과정〉, 《역사학보》 130(1991. 6); Eric Hobsbawm, "The Labour Aristocracy in Nineteenth-century Britain" in *Labouring Men*(Weidenfeld & Nicolson, 1964).

11 영국 인구조사는 전 국민의 사회적 신분을 다음과 같이 분류한다. AB: 고위 관리자, 경영자, 전문직; C1: 사무직, 감독직; C2: 숙련노동자; DE: 반숙련, 미숙련노동자, 실업자 등.

모든 계급이 다 같이 보수당 쪽으로 움직였다고 지적하기도 한다.

'노동 귀족' 설 다음으로 노동당에 대한 노동계급의 지지가 약한 원인을 규명하려는 두 번째 설명은 계급의식이 아니라 영국 사회의 사회학적 변화 추세에서 해답을 찾으려 한다. 즉 영국의 사회적 변화로 인해 노동계급 자체의 수가 줄어들었기 때문이라는 것이다. 경제구조의 변화를 보면 1970년대 이후 2차 산업이 무너지고 서비스 산업이 주도를 이루게 되면서 화이트칼라 근로자들이 육체노동자를 수적으로 능가하게 되는데 그들이 보수당을 지지했다는 것이다. 그러나 이 해석은 사실과 맞아떨어지지 않는다. 즉 센서스에 의하면 직업 구성이 바뀌었다 해도 1990년에도 여전히 노동계급(C2, D, E)이 58%에 달했기 때문이다.

이상 살펴본 바와 같이 오랫동안 학자들은 노동계급이라면 노동당을 지지하는 것이 당연하다는 전제 위에서 정당과 계급의 관계를 규명하고자 했다. 그런 전제에 정면으로 도전한 사람이 정치학자 프랑크 파킨(Frank Parkin)이었다. 그는 논리를 반전시켜 영국 노동계급의 보수주의가 아니라 오히려 사회주의에 대한 지지가 정치적 일탈이었다고 지적한다. 즉 영국은 사회의 주류적 가치관과 제도 자체가 노동당보다는 보수당의 정책이나 가치에 부합하는 사회이기 때문에 왜 노동계급이 보수당에 투표했는지가 문제가 아니라 오히려 '어떻게 그토록 많은 노동자가 영국 사회의 주류적 가치관에서 탈피하여 노동당에 투표할 수 있었는가'라는 질문을 던져야 한다는 것이다.[12]

파킨의 통찰력은 탁월하긴 하지만 그의 가설은 노동당에 투표한 노동계급의 본의를 과도하게 정치적으로 해석하는 위험을 안고 있다. 예컨대 노동당에 투표한다고 해서 반드시 사회주의를 지지한다고 보기 어렵기 때문이다. 실제로 많은 노동자는 경제적 평등을 원한다기보다는 보다 공정한 혹은 덜 불평등한 사회를 지향하며, 이는 불평등 자체를 배격하는 태도와는 근본적으로 다르다. 이런 경우 노동자들이 노동당에 표를 주는 것은 사회의 주류적 가치관에 대한 전반적인 거부라기보다 부분적인 변형 또는 완화를 의미한다고 볼 수 있다. 이 책의 제3장에서 분석했듯이 영국 노동계급은 불평등 자체를 거부하지 않는다. 그들은 사회경제 시스템 자체에 도전하는 정당이 아니라 그저 자신들의 노동조합 협상권을 보장해 주고 삶의 질을 향상시키며 몇 가지 혜택을 제공해 줄 정당을 원했을 가능성이 있다. 그리고 그런 정도의 요구는 노동당이 아니라 보수당도 수행할 수 있을 뿐만 아니라 오히려 더 잘 해 낼 수도 있는 것이다. 무엇보다 파킨의 주장의 가장 큰 문제점은 노동계급의 노동당 지지가 시기적으로 부침한다는 사실을 제대로 설명하지 못한다는 것이다.

12 Frank Parkin, "Working-class Conservatives: A Theory of Political Deviance," *British Journal of Sociology*, 18(1967).

3. 계급 외 요인들

이상에서 살펴보았듯이 계급 이론만으로는 보수당의 성공을 설명하기 어렵다. 따라서 계급 이론을 벗어난 여러 해석이 제시되어 왔는데, 첫 번째는 전통적 엘리트에 대한 노동계급의 공경심이 투표행태를 결정했다는 주장이 있다. 이는 1960년대에 제기된 고전적인 설명으로, 육체노동자들은 전통적 권위와 사회 엘리트층을 공경하며, 특히 혈통적 · 사회적 엘리트이자 전통적 통치세력인 보수당이 통치에 적합할 것이라 생각하기 때문에 보수당에 투표한다는 설명이다. 같은 논리선상에서 그들은, 노동당은 통치에 적합지 않다고 생각한다는 것이다. 이 이론은 노동계급의 공경심을 지나치게 과장한다는 비판도 있지만 충분한 설득력을 갖추었다는 평가를 받았다. '공경심'이 일부 노동자들로 하여금 보수당을 지지하게 만든 한 가지 중요한 요인이었음은 확실하기 때문이다.[13] 그러나 이 이론도 한계가 있는데, 1970년대 이래로 영국 사회에서 공경심의 위력은 지속적으로 감소했지만 노동계급의 보수당 지지는 줄어들지 않았기 때문이다. 따라서 공경심 외에 다른 요인을 규명할 필요가 있다.

두 번째로는 '부르주아화(embourgeoisement)' 테제가 있다. 즉 노동계급의 생활이 점차 나아지면서 중간계급의 삶의 방식과 가치관까지 받아들였기 때문에 보수당을 지지하게 되었다는 것이다. 이 이

13 Peter Dorey, *British Conservatism: The Politics and Philosophy of Inequalities*(I. B. Tauris, 2011), pp. 201-202.

론은 1950년대에 보수당이 거듭 총선에서 승리하면서 크게 설득력을 얻었다. 하지만 이 설명은 노동계급의 생활수준이 나아지기 전에 있었던 보수당에 대한 지지를 설명하지 못한다는 약점을 안고 있다.[14] 결국 가장 설득력 있는 설명은, 유권자들은 계급 외에 다른 많은 사회적 정체성을 가지기 때문에 계급 외의 다른 사회적 소속감이 유권자들의 계급적 정체성을 약화시켰고, 그들로 하여금 계급 일탈적인 투표 행태를 취하게 했다는 것이다.

그렇다면 계급 외에 유권자의 투표 행위를 결정하는 요인에는 어떤 것들이 있을까? 우선 종교가 있다. 일부 학자들은 20세기 초까지는 선거에서 계급보다는 종교가 훨씬 더 중요한 결정 요인이었다고 주장한다. 가령 비국교도가 우세한 몇몇 농촌과 공업 지역은 경제적 특성이나 계급과는 상관없이 자유당을 지지했던 반면 노동자가 절대다수이면서도 종교적 이유로 보수당 후보를 선출하는 선거구가 있었다. 물론 이 시기에조차 계급이 중요하지 않은 것은 아니어서 도시, 특히 런던처럼 종교적 균열이 덜 두드러진 곳에서는 계급에 따른 투표 패턴이 나타났다. 그러나 국교회주의는 토리당 이래 보수당의 가장 핵심 원칙이었으며, 비국교도나 종교가 없는 사람들보다 국교회 신자들이 보수당에 투표할 확률이 더 높았던 것은 확실하다. 비록 20세기 후반에 이르러 종교의 영향력이 전반적으로 하락한 상태이지만 아직도 그 영향력을 확인할 수 있다.[15]

14 Denver, "Electoral Support," pp. 173-174.
15 Ibid., pp. 174-175.

국교회의 캔터베리 대성당

비국교회(장로교) 예배당

두 번째는 연령이 중요했다. 즉 어느 선까지는 노동당을 지지하다가 나이가 어느 선을 넘으면 그 후에 감소한다는 사실이 관측된다. 특히 1950~1960년대에는 나이가 어릴수록 노동당을 지지하고 나이가 많을수록 보수당을 지지하는 현상이 지속적으로 관찰되었다. 이에 대해서는 두 가지 설명이 제시된 바 있다. 첫째는 '생애주기' 효과에 기반을 둔 설명이다. 즉 청년층은 이상을 꿈꾸고 사회를 뿌리부터 바꾸고 싶어 하는 경향이 있다. 하지만 그들도 나이를 먹어 가면서 책임감을 느끼게 되고 재산과 지위를 갖게 될수록 보다 신중하고 보수적인 태도를 갖게 된다는 것이다. 둘째는 '정치적 세대'라는 개념에 기반을 둔 설명이다. 이에 따르면 각 세대는 그들이 성년이 되어 유권자로 거듭나던 무렵에 가장 중요했던 정치적 사건들로부터 영향을 받게 된다는 것이다. 예를 들어 유럽의 경우 1968년에 정치적 성년에 이른 세대가 일생 그 시대의 성향을 가진 채 투표에 임한다는 것이다.[16] 우리의 경우 소위 '386세대'나 '486세대'가 이에 해당한다.

세 번째 중요한 요인은 성별이다. 즉 모든 계급에서 여성은 남성보다 보수당에 표를 던질 확률이 더 높았다. 이러한 성별에 따른 차이의 원인에 대한 설명으로는 우선 1960년대 이전에는 여성이 남성보다 가정 중심적인 삶을 살았으므로 산업 갈등이나 공동체의 압력의 영향을 덜 받은 것일 수 있다는 것이다. 또 다른 설명은 여성들은 가족을 지킬 수 있는 안정적인 환경을 선호하는 경향 때문에 급진적 정치에 대해 거부감을 느낀다는 것이다.[17]

네 번째는 지역에 의한 투표 행태가 중요하다는 주장이 있다. 이것은 우리 사회의 경우 대단히 뚜렷하게 나타나는 현상인데 비록 우리보다는 정도가 약하지만 영국에서도 역시 관측된다. 특히 1950~1960년대 유권자들의 투표 행태에는 지역적 분열이 선명했다. 보수당은 잉글랜드 남부에서 높은 지지율을 보인 데 반해 잉글랜드 북부, 스코틀랜드, 웨일스에서는 그보다 낮았으며, 도시보다는 농촌에서 더 많은 지지를 얻었다. 물론 이것은 도시 지역과 잉글랜

16 Gerteis & Savage, "The Salience of Class in Britain and America," p. 262.
17 Denver, "Electoral Support," pp. 173-174.

드 북부, 스코틀랜드, 웨일스에 노동계급이 더 많이 거주한다는 사실에서 비롯된 것일 수도 있지만 계급이라는 변수를 감안한 후에도 비슷한 경향성을 확인할 수 있다.[18] 지역에 따른 투표 성향은 오늘날에도 관측되는데, 예를 들어 보수당이 스코틀랜드에서 전혀 대표되지 않는 반면 잉글랜드 남동부는 거의 전적으로 보수당이 장악하고 있는 사실이 그것이다.

다섯 번째는 흥미롭게도 주택 소유 여부가 투표 행태에서 대단히 중요한 요인이라는 사실이 밝혀졌다. 일부 학자들은 그것이 계급보다 더 강력한 지표라고 주장하는데, 특히 1930년대, 1950년대, 1980년대에 이 현상이 두드러지게 나타났다. 1930년대에 주택 건설이 늘고 자택 소유자가 많아진 것이 보수당에 유리했음은 확실했고, 그 결과 노동자들의 계급의식 상승에도 보수당은 노동당을 야당으로 내몰았던 것이다. 1950년대 보수당 정부 하에서도 전 인구의 1/4이 새 집에 살게 되고 주택 소유자가 두 배로 늘었는데, 그들의 투표가 보수당 정권을 가능하게 하는 데 큰 역할을 했다. 대처 정부 시대에도 정부의 공영 임대주택 매도 정책 덕분에 자택을 구입한 숙련노동자들이 대처와 보수당에 표를 몰아줌으로써 보수당이 네 차례나 연이어 집권하는 데 크게 기여했다. 자택 소유 노동자들 가운데 보수당을 지지한 사람들이 48%인 데 반해 34%만이 노동당을 지지했던 것이다. 반면에 임대주택에 거주하는 노동자들 사이에서

18 Ibid., p. 175.

•보수당 재무장관 리처드 A. 버틀러의 경제정책은 완전고용과 경제성장의 추구라는 측면에서 선임자인 노동당의 휴 게이츠켈과 별 차이가 없었다.

는 2 대 1의 비율로 노동당 지지자가 많았다.[19]

마지막으로 최근의 한 연구는 공공 부문이나 비영리 부문에서 일하는 사람들은 노동당을 더 많이 지지하며, 투자 소득이 있는 사람들은 보수당을 지지한다는 사실을 밝혀 내었다.[20] 여기 덧붙여 계급에 기반을 둔 투표가 감소하고 있는 상황에서 노동당이 노동계급의 표를 잃는 속도가 보수당이 중간계급의 표를 잃는 것보다 더 빨랐기 때문에 보수당의 연속 집권이 가능했다는 진단이 나온다. 1992년 총선에서 보수당이 승리한 것도 보수당에 대한 지지가 감소하는 것보다 노동당에 대한 지지가 더 빨리 감소했기 때문이라는 것이다.[21] 즉 노동당에 대한 노동계급의 충성심이 보수당에 대한 중간계급의 충성심보다 더 빨리 소진되었다는 것이다. 그리고 그 책임의 많은 부분은 노동당에 있었다. 특히 1950년대에 그런 현상이 두드러졌다. 1950년대는 분명 계급과 정치의 제휴가 강한 시기였는데 그때조차 노동당이 야당으로 남아 있었던 이유는 노동당의 무능이었다는 진단이다. 이것은 확실히 흥미로운 분석이다. 1950년대는 영국 역사에서 소위 '합의의 시대'•로 불리며 두 정당의 정책은 거

19 John Ramsden, *An Appetite for Power: A History of the Conservative Party since 1830*(HarperCollins, 1998), p. 349; Dorey, *British Conservatism*, p. 209; Waller, "Conservative Electoral Support and Social Class," pp. 598-600.

20 Gerteis & Savage, "The Salience of Class in Britain and America," p. 262.

21 Waller, "Conservative Electoral Support and Social Class," p. 601.

의 차이를 보이지 않았다. 그러나 정부 운영이나 외교에서 보수당이 더 적합한 선택으로 보였고, 높은 경제성장률과 실질 생활수준의 향상을 누렸기 때문에 노동계급조차 보수당을 지지했던 것이다. 정당의 성공 여부는 상대당의 성공 여하에 달려 있다는 사실이 여기서도 입증된다.

• 아일랜드 자치법안은 자유당을 분열시켰고, 이에 힘입어 보수당이 1886~1905년까지 대부분 기간을 집권할 수 있었다.

이상 살펴본 바와 같이 투표 행태를 결정하는 요인에는 계급 외에도 여러 가지가 있다. 이 요인들이 복합적으로 작용하면서 유권자의 결정이 이루어지는 것이다. 오늘날 유권자들의 투표 행태에서 무엇보다 뚜렷이 관측되는 것은 '판단적 투표(judgemental voting)' 행태다. 즉 유권자들은 어떤 기준으로든 정당에 대해 평가를 내리고 그에 의거해 지지할 정당을 결정한다는 뜻이다. 보수당이 성공을 거둔 것은 이러한 판단적 투표 행태를 보이는 유권자들을 매번 선거마다 일시적으로 규합하는 데 성공했기 때문이라고 설명할 수 있다. 이런 현상은 사실 예전에도 발견되었다. 19세기 말에서 20세기 초에 실시된 선거에서는 아일랜드 자치법안•이나 제국 수호 등의 이슈가 정당 지지 분포에 크게 영향을 미쳤다. 이 시기에 보수당이 거둔 승리는 부분적으로 '보수당만이 외부의 공격으로부터 제국을 지킬 수 있다'거나 '보수당만이 영제국의 해체를 막을 수 있다'는 꾸준한 선전 덕택이었다. 이슈에 따라 지지 정당을 선택하는 경향은 탈제휴의 시대 이후 훨씬 더 강해졌다. 1980년대 이후 조사 자료를 살펴보면 스스로를 확고하게 '보수당 지지자'로 분류하는 사람들은 전체 유권자의 9%에 불과했다. 그러나 1979년 이후 보수당은 거의 대부분 선거에서 40% 이상의 지지율을 득표하는 데 성공했다. 이것은 유권자의 정해진 40%가 보수당을 꾸준히 지지했다기보다는 선거마다 보수당이 40%를 넘는 일시적 연합을 결성하는 데 성공했다고 해석할 수 있다. 전반적으로 유권자들은 국방, 감세, 물가 통제라는 문제에 있어서는 노동당보다 보수당 정권을 신뢰하고 복지에서는 노동당을 신뢰하는 경향을 보인다.[22]

오늘날 영국인들의 정치적 결정에는 판단적 투표와 더불어 이념의 약화도 발견된다. 해마다 영국인들의 사회적 태도를 조사하여 발표하는 《영국인들의 사회적 태도(*British Social Attitudes*)》의 조사는 1980년대에는 좌-우의 이념적 대립이 극심했던 데 반해 1997년에 시작된 노동당의 블레어 정부에 이르러 좌우의 이념적 구분과 대립이 중요하지 않게 되었다는 사실을 밝혀 준다. 그것은 보수당이 이념적으로 '좌측'으로 이동하고 노동당은 '우측'으로 이동했기 때문이라고 해석되는데, 특히 보수당의 좌측으로의 이동보다 노동당의 우측으로의 이동이 더욱 중요한 요인이었다. 대처주의의 많은 부분을 받아들인 블레어의 지도하에 노동당이 좌에서 중앙으로 이동하면서 전체 국민들이 함께 우측으로 이동하게 되었다는 것이다.[23] 다른

---

22 Denver, "Electoral Support," pp. 180-181.

23 John Curtice & Stephen Fisher, "The Power to Persuade? A Tale of Two Prime Ministers," *British Social Attitudes The 20th Report*(2003), p. 236; Robert Johns & Stephen Padgett, "The Role of Government: Public Values and Party Politics," *British Social Attitudes The 24th Report*(2007/2008); Alison Park et al., "Exploring Labour's Legacy," *British Social Attitudes The 27th Report*(2011), p. 230.

유럽 국가에서도 이념의 수렴 현상이 나타나지만, 이는 특히 영국에서 눈에 띄게 드러나는데 이것이 1970년대 이후 일어난 탈제휴 현상과 더불어 오늘날 대중의 정치 행태를 설명해 주는 중요한 틀이다.

이상 살펴본 바와 같이 계급의 중요성은 역사적으로 단기간에 그쳤으며 그 외 나이, 성별, 종교, 그리고 주택 소유 여부와 같은 주요한 사회적 특징들이 유권자의 지지 정당 및 투표 행태에 영향을 미쳤다. 2000년대에는 어떤 정당이든 강한 연대감을 가지는 사람은 11%에 불과했다.[24] 그 결과 영국의 유권자들은 보다 변칙적이고 예측할 수 없게 되었다. 따라서 이제는 계급 정치의 시대가 종결된 것이 확실하다는 주장이 제기되었으며, 앞으로 영국 정당정치를 분석하는 데 있어 계급 투표 모델을 아예 폐기해야 한다는 목소리도 들린다. 판단적 투표 행위를 하는 유권자들이 점차 늘어남에 따라 각 이슈에 따른 정당들의 정책도 점점 더 중요해지고 있는 실정이라고 하겠다.

4. 보수당과 여성

보수당과 여성의 관계도 노동계급과의 관계와 마찬가지로 의외의 흥미로운 사실을 보여 준다. 여성들은 참정권을 획득한 이래 적어도 1970년대까지는 다른 어느 정당보다 보수당에 더 많은 지지

24 Pattie & Johnston, "Voting and Identity," p. 462, p. 466.

를 보냈다. 그러나 이 중요한 문제에 대하여 학계는 최근까지도 별 관심을 보이지 않았다. 특히 노동계급 여성에 대한 연구가 부진한데 그동안 연구들은 노동계급을 하나로 뭉뚱그려서 간주하되 남성을 그 핵심으로 파악하는 오류를 범해 왔다. 사회주의 담론은 노동계급 여성의 이해관계가 남성과 똑같다고 전제했던 것이다. 그러나 노동계급 여성들은 노동계급 남성들과 매우 다른 투표 행태를 보인다. 여성 노동자들은 남성 노동자들의 '맥주집과 친구' 문화로부터 소외되어 왔고 전혀 다른 문화적 · 사회적 맥락에서 생활했으며 매우 다른 정치적 선택을 하게 되는 것이다.[25] 그 중요한 사실을 간과해 왔다는 점에서 그동안 연구자들은 젠더에 대하여 무지했다고 할 수 있다.

그 결과 여성들의 보수당 지지에 대해서는 구체적 연구보다는 통설 수준의 설명이 확산되어 있다. 우선 여성의 '선천적인 정치적 보수성'이라는 통념이 있으며, 여성이 남성보다 전통 엘리트에 대한 공경심이 더 강하기 때문이라는 설명도 있다. 여성들의 보수당 지지는 젠더의 문제가 아니라 나이의 문제라는 주장도 있다. 즉 여성이 남성보다 더 오래 사는데 나이 많은 사람들이 젊은 사람들보다 보수당을 더 많이 지지하기 때문에 여성이 전반적으로 보수당을 더 많이 지지하는 결과를 보인다는 설명이다. 그러나 실제 투표 행위에

25 Ross Mckibbin, "Class and Conventional Wisdom: The Conservative Party and the 'Public' in Inter-war Britain" in *The Ideologies of Class: The Ideologies of Class: Social Relations in Britain, 1880-1950*(Clarendon, 1990), p. 285, pp. 292-293.

대한 연구에 의하면 젊은 여성들 가운데서 보수당 지지가 더욱 높았다. 그 외 여성들은 자식을 양육하고 가정을 지키는 데 있어 더욱 안정적인 환경을 선호하기 때문에 급진적 정치에 망설일 수 있다는 설명도 제시되었다. 또는 여성들이 남성보다 더 사회적으로 출세 지향적이며, 스스로를 중간계급적이고 존경할 만한 정당과 더 많이 결부시키려 하기 때문이라는 설명도 있다.

여성들이 보수당을 지지한 이유는 선천적 보수성 때문도, 무지하기 때문도, 공경심 때문도 아니었다. 가장 중요한 이유는 보수당이 여성들을 끌어들이고 당에 통합하려는 노력을 꾸준히 경주했으며, 여성에게 호소할 수 있는 정책을 개발해 내었기 때문이었다. 19세기에 양대 정당인 보수당과 자유당은 사실 여성 문제에 적극적인 입장을 보이지 않았다. 세기 중엽에 여성 참정권 운동이 시작되었을 때 양측 모두 소극적으로 대처했는데 그나마 자유당이 조금 더 동조해 주었다. 사실상 남녀 평등 선거권에 대하여 보수당이 열정을 보이지 않은 까닭은 여성이 자율적인 정치권력을 행사하는 데 적합하지 못하다는 의구심 때문이었다. 실제 일부 보수주의자들은 여성들이 시민의 의무를 충분히 수행할 만한 능력이 있는지에 대하여 의문을 품었으며, 여성의 위치를 가부장적 구조 속에서 바라보려는 완고한 태도를 고집했다.

그러나 정치에서 여성을 동원한다는 면에서는 보수당이 압도적으로 우세였다. 영국 역사상 처음으로 여성들을 정치적으로 동원한 것은 보수당이었다. 디즈레일리 사후 그를 기리며 조직된 프림로즈 연맹(Primrose League)은 최초의 대중적 정치조직이었는데, 자원봉사

1906년 7월 브라운톤의 프림로즈 연맹 모임

프림로즈 연맹 배지

자의 다수가 여성이었다. 프림로즈 연맹은 상류계급 여성들이 전통적으로 자선 혹은 종교적 · 교육적 목적에서 행하던 자원봉사의 전통을 정치의 장으로 끌어들였다. 그리고 순차적으로 상류계급 여성들이 중간계급 여성들을 동원함으로써 19세기 말이 되면 수십만 명의 여성들이 프림로즈 연맹에서 활동했다. 그들은 선거 유세와 유권자 등록, 유인물의 배포 과정에 적극적으로 참여하고 있었다. 20세기 초에 보수당 여성들의 활동이 매우 활발했는데 가장 성공적 조직은 1906년에 창설된 여성 보수당 관세개혁협회(Women's Unionist and Tariff Reform Association)였다. 협회는 적어도 30만 명의 회원을 보유하고 있었다. 아직 여성이 참정권을 부여받지 못한 상황에서 그들은 '시민'과 '소비자'로서 여성 정치활동의 중요성을 강조하면서 여성들을 끌어들였다.[26]

---

26 David Thackeray, "Home and Politics: Women and Conservative Activism in

보수당의 지도급 인사들은 여성의 정치활동에 대하여 양가적 태도를 보였다. 20세기 초까지도 보수당은 남성적 리더십을 전면에 내세우면서 여성에 대해서는 거의 관심을 보이지 않았다. 보수주의자들은 여전히 여성을 약하고 보호받아야 하는 존재로 인식했으며, 보수당 내에는 여성 참정권을 두고 논란이 일었다. 한편으로는 여성들이 보수당에 투표할 것이라는 믿음이 있었다면, 다른 한편으로는 여성이 정치적 영향력을 가지는 것에 대한 불편한 심경이 있었다. 당 지도부는 1912년에도 선거 운동원들에게 "여자들만 만나고 다니지 말라"고 주문했다. "여자가 말을 할지는 몰라도 투표를 하는 건 남자니까 남자를 만나라"는 요구였다.[27] 제1차 세계대전 후에 여성 단체들이 급증했는데, 많은 경우 그들은 초당파적 성격을 띠었다.[28] 그러나 역시 보수당의 여성 조직이 가장 성공적이어서 1928년이 되면 보수당 여성 조직은 회원 수 100만 명을 돌파한다.

전쟁을 겪고 난 후 여성 참정권은 더 이상 미룰 수 있는 이슈가 아니었고 여기에는 당파적 차이가 없었다. 이때 보수당 내에는 여성 참정권에 대한 각양각색의 반응이 쏟아져 나왔다. 남성들의 전통

Early Twentieth-Century Britain," *Journal of British Studies*, 49/4(October 2010), p. 826.

27 David Jarvis, "The Conservative Party and the Politics of Gender, 1900-1939" in *The Conservatives and British Society, 1880-1990*, eds. Martin Francis & Ina Zweiniger-Bargielowska(Cardiff: University of Wales Press, 1996), p. 175.

28 James Hinton, "Conservative Women and Voluntary Social Service, 1938-51" in *Mass Conservatism: The Conservatives and the Public since the 1880s*, eds. Stuart Ball & Ian Holliday(Frank Cass, 2002), p. 103.

적 전유물을 침해한 것에 대하여 분개하기도 했으며, 여성 참정권이 보수당에 기회일지 위협일지 결정하지 못한 채 양가적인 태도를 보이기도 했다. 그러나 여성 참정권은 이미 시대정신이었고 1924년에 수상 스탠리 볼드윈(Stanley Baldwin)은 남녀 평등 투표를 당의 정책으로 결정했다. 일단 당의 정책을 정하자 보수당은 상당한 관심을 여성 유권자에게 쏟기 시작했다. 여성들의 지지를 얻기 위해 당이 너무 높은 비용을 지출하고 있으며, 기존 지지자들을 소외시키는 위험을 치르고 있다는 비판이 제기될 정도였다. 특히 젊은 여성들의 정치적 미성숙함에 대한 우려가 심각했다. 〈데일리 메일(Daily Mail)〉의 표현에 의하면 "정치적으로 무지한 20대 처녀들이 남자친구들을 따라 무작정 공산주의로 몰릴 것"이라는 우려 때문이었다.[29] 이에 보수당은 여성 문제를 본격적으로 다루고 젊은 여성들을 끌어들이기 위한 노력으로 간행물을 발간하기 시작했다. 보수당은 간행물의 지면을 통해 노조나 자유무역 같은 정치적 담론을 이야기 속의 비유를 통해 풀어 내는 식으로 여성 유권자들을 교육했는데 그 효과는 매우 성공적이었다.

보수당이 가장 우려한 것은 페미니즘과 사회주의와의 연관성이었다. 즉 여성의 동정심, 이타주의, 타고난 돌봄의 능력이 사회주의의 개혁 성향에 동조할 것이라는 우려였다. 따라서 보수주의자들은 사회주의를 남성의 공격성과 마초주의로 연결시키는 정책을 사용했

---

29 A. J. Davies, *We, The Nation: The Conservative Party and the Pursuit of Power* (Little, Brown and Co., 1995), p. 23.

1920년대 여성 유권자들

으며, 애국심에 호소하고 사회주의 대신 영제국을 내세우며 무역을 통한 번영을 약속하고 안정된 정부를 통해 노동계급을 위한 정책을 만들 것을 강조했다.[30] 이러한 노력의 일환으로 보수당은 1928년 남녀 평등 선거권의 도입을 주도했는데 이것은 보수당으로서는 획기적인 행보였다. 드디어 21세 이상의 모든 여성에게 공식적으로 정치적 참여의 길이 열리자 여성이 전체 유권자의 53%를 차지했다. 이것이 1928년 선거법이 가져온 가장 충격적인 현상이었다. 여성들의 투표권 획득은 기존 남성 중심적인 정치와 가부장제, 그리고 보수당에 타격을 줄 것으로 예상되었다. 그러나 보수당은 1929년 선거

30 David Jarvis, "Mrs. Maggs and Betty: The Conservative Appeal to Women Voters in the 1920s," *Twentieth Century British History*, 5/2(1994).

낸시 아스터

에서 근소한 차이로 선두 자리를 잠시 양보했을 뿐 이어 유례없는 정치적 헤게모니를 유지했다. 우려와 달리 새로이 유권자가 된 여성들의 다수는 보수당에 투표했던 것이다. 보수당은 특히 최초의 여성 의원이 보수당의 낸시 아스터(Nancy Astor)였다는 사실에서 큰 이득을 보았는데, 아스터의 요구대로 더 많은 여성 의원들을 세울 것을 약속하기도 했다. 보수당 여성 조직의 활동도 활발했는데 전간기 보수당 여성 조직은 궁극적으로 볼드윈의 메시지, 즉 보수당은 계급 이익을 앞세우는 분파적인 노동당보다 더욱 나라를 위하고 나라에 이익이 된다는 메시지를 전파하는 데 큰 역할을 했다.[31]

아이러니하게도, 제2차 세계대전이 끝나고 성립된 노동당 정부 시대에 보수당 당원 수는 최고치를 보였다. 즉 280만 명의 당원 수를 기록했는데 그중 150만 명이 여성이었다. 여성의 수가 절반을 넘었던 것이다. 반면 노동당의 여성 당원 수는 1950년에 36만 4천 명에 불과했다.[32] 1950년대에 보수당은 스스로를 '자유의 당', 사회 안

31 Thackeray, "Home and Politics," pp. 847-848.

32 Ina Zweiniger-Bargielowska, "Explaining the Gender Gap: The SP and the Women's Vote, 1945-1964" in *The Conservatives and British Society, 1880-1990*, eds. Martin Francis & Ina Zweiniger-Bargielowska(Cardiff : University

정을 위한 당으로 부각시키려 노력하는 동시에 '번영'의 정치를 내세우고 가정의 지킴이로서의 여성 그리고 소비자로서의 여성에게 호소하는 데 공을 들였다. 보수당은 노동당 정부의 긴축정책에 지친 여성들의 심정을 간파하여 정권을 되찾으면 긴축을 끝내고 번영을 구가하게 해 줄 것을 약속했다. 보수당의 여성 문제 위원회는 '국가가 모든 것을 제공해 주겠다'는 노동당의 사회주의적 공약은 가족을 붕괴시키고 도덕적 해이를 가져올 것이라고 맹비난을 퍼부면서 가족 내 여성의 역할을 강조했다.[33]

냉정히 판단해 본다면 보수당이나 노동당이나 모두 특별히 페미니스트적이지 않았다. 보수당은 항상 여성 문제에 대하여 혼란스러운 태도를 보였다. 가족, 의료, 출산정책 등 여성에 관련된 많은 정책이 있었지만 보수당은 당 차원에서 그런 이슈들을 거의 논의하지 않았다. 아마도 그런 문제들에 관하여 남성과 여성의 의견이 다를 수 있다는 사실을 깨닫고, 당이 그처럼 중요시하는 결속에 해를 끼칠 수 있다고 생각해서 꺼렸을 수 있다. 놀라운 사실은 더 많은 평등에 대한 여성들의 요구에 대하여 보수당이 노동당보다 더욱 동정적이었다는 것이다. 양당의 여성정책은 남녀 동일 임금제에 대한 태도에서 잘 드러나는데, 보수당 내 여성들이 이 문제에 더욱 적

---

of Wales Press, 1996), p. 206.

33 Martin Francis, "'Set the People Free'? Conservatives and the State, 1920-1960" in *The Conservatives and British Society, 1880-1990*, eds. Martin Francis & Ina Zweiniger-Bargielowska(Cardiff: University of Wales Press, 1996), pp. 62-69.

극적이었으며 당 지도부도 더욱 적극적으로 이 문제에 대처했다. 노동당 정부는 오히려 인플레이션을 유발할 것이라는 이유로 남녀 동일 임금제에 소극적인 태도를 보였다. 따라서 1945~1960년대에 여성들이 남성보다 17%나 더 많이 보수당에 투표한 것은 이해하기 어렵지 않다.[34] 그럼에도 보수당의 원칙과 여성 문제는 항상 갈등의 소지를 안고 있었다. 동일 임금제에 대한 태도가 보수당의 여성 문제 전체에 대한 태도를 압축적으로 보여 준다. 보수당은 남녀 동일 임금제를 지지했지만 막상 그것이 실현되자 그 이상의 정책에는 완고하게 반대했던 것이다. 1984년에 유럽공동체(EC: EU의 전신)가 '동일 노동, 동일 임금(equal pay for equal work)'을 넘어 '동일 가치, 동일 임금(equal pay for equal value)'을 요구했을 때 보수당은 그에 반대하고 여전히 '가치'보다는 '일'을 기준으로 고집했다.[35]

1970년 이후 보수당에 대한 남녀 지지도의 차이가 줄어들어 1983년과 1987년 선거에서 젠더 차이는 거의 무의미해졌다. 여성 수상인 대처 시대에 오히려 보수당에 대한 여성들의 지지도가 떨어진 것은 아이러니였다. 그러다가 1992년에 다시 여성 유권자들 사이에서 보수당의 성적이 나아졌다. 여기서 알 수 있듯이 여성들의 투표 행위는 매우 복잡한 과정을 거치며 그에 대한 연구는 더욱 섬세한 차원에서 이루어져야 한다. 앞에서 언급되었듯이 여성의 정치권

---

34 Zweiniger-Bargielowska, "Explaining the Gender Gap," pp. 194-195.

35 Joni Lovenduski, Pippa Norris & Catriona Burness, "The Party and Women" in *Conservative Century: The Conservative Party since 1900,* eds. Anthony Seldon & Stuart Ball(Oxford: Oxford UP, 1994), pp. 634-635.

행사에 대한 연구는 아직 초보단계에 머물러 있다. 중요한 점은 여성의 행동이 남성의 행동을 따라가지 못했다는 실패의 관점이 아니라 여성들 자체의 우선 관심사의 관점에서 그들의 투표 행위를 따져 보아야 한다는 것이다. 그럼에도 여성들의 행동에는 뚜렷한 한계가 있었다. 호전적, 공격적인 것은 가정의 가치와 일치하지 않는다는 우려 때문에 호전적임을 자처하고 나선 여성들조차 직접 행동을 꺼렸던 것이다. 그런 한계는 투표 행위에서도 마찬가지로 나타났다.[36]

여성들, 특히 노동계급 여성들에게는 노조 중심의 남성 문화에 반발하는 정서가 있었고 보수당은 이를 이용하여 여성들에게 호소할 수 있었다. 이 사실은 정치와 문화의 연계관계를 잘 보여 준다. 투표 행위에서 젠더는 계급으로부터 독립되었을 뿐만 아니라 계급만큼 중요한 요인이었으며 그 둘은 복합적으로 작용했다. 이 장에서 살펴보았듯이 계급이 정치적 구분의 기준으로서 가치를 잃은 것이 확실하다면 이제 계급이 아니라 다른 요인들을 더욱 적극적으로 분석에 활용해야 할 것이다. 즉 젠더, 지역, 인종, 그 외 선거 당시의 중요한 이슈 등의 모든 이해관계를 총체적으로 파악하는 통찰력이 필요하다. 인간의 복합적 정체성에 더하여 점점 더 복잡해지는 각종 이해관계의 얽히고설킴은 앞으로 유권자들의 결정을 더욱 예측 불가능하게 만들 것이다. 보수당을 포함한 모든 정당은 복잡하게 얽혀

36 James Hinton, "Militant Housewives' League and the Attlee Government," *History Workshop*, 38(1994), p. 149.

있는 유권자들의 동기에 보다 신속하게 대처하기 위해 어떠한 전략을 사용할 것인지 더욱 고민하게 될 것이 확실하며, 학자들에게도 마찬가지 신중함이 필요할 것이다. 그래야만 이론이나 정형적 틀에 갇히지 않은 채 투표 행위 그리고 나아가 정치문화를 정확히 해석할 수 있기 때문이다.

제2부 역사

제5장

'멍청한 당'에서 '성공한 당'으로

1670년대 이래 영국 정치무대에 나타나 토리(Tory)와 휘그(Whig)라는 이름으로 불리던 정파들은 19세기 들어 근대적 정당으로 변모하기 시작했다. 토리와 휘그는 애초에 경제적으로는 큰 차이를 보이지 않았다. 그들은 모두 토지를 기반으로 한 귀족이나 지주층이었다. 그러나 정치적으로 토리는 국왕의 권위를 존중하고 국교회를 확고히 지지한 반면 휘그는 국왕에 대한 반대도 무릅쓴 개혁의 필요성을 인정하는 세력으로 국교도가 아닌 비국교도들을 수용하고 종교적 관용을 주장한 사람들로 구성되어 있었다. 따라서 토리와 휘그는 사회경제적인 면보다는 정치적, 종교적인 면에서 차이를 보였다고 할 수 있다. 1830년대 들어 토리라는 명칭 대신 보수당이라는 이름이 사용되기 시작했고 그 후 오늘날까지 보수당은 같은 당명을 사용하고 있다. 그러나 이름만 같을 뿐 불과 100년 만에 당 지도부의 출신 배경은 물론이고 사상 및 정책 측면에서도 크게 변

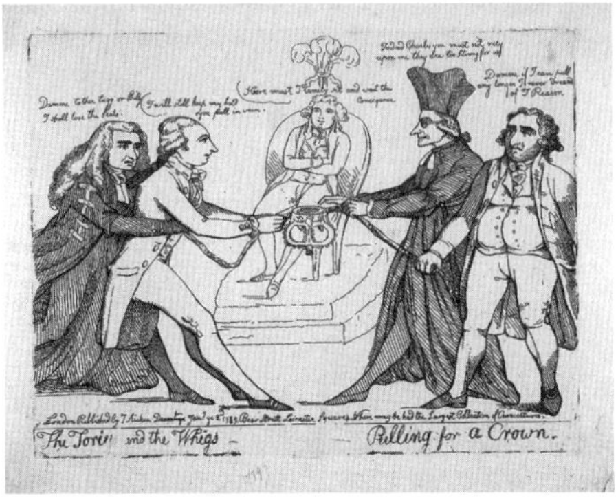

토리와 휘그

모했다. 그럼에도 보수당은 겉으로는 변함없이 지속적인 성공 정당으로 보인다. 보수당의 눈부신 성공은 그 과정이 자연적 · 필연적 발전이었다는 착각을 일으킨다. 그러나 보수당은 가만히 앉아서 행운을 누린 게 아니라 갈등과 변화를 거치며 생존하기 위해 끊임없이 변화하고 스스로를 재창조해야 했다.

1830년대에 새로운 이름하에 첫 발자국을 뗀 보수당은 곧바로 곡물법 폐지를 둘러싼 당내 갈등으로 분열의 위기를 겪었고 실제로 분당했다. 그 후 보수당은 자유주의의 도도한 물결에 직면해야 했다. 19세기는 영국 역사에서 개혁의 시기였다. 본질상 보수당은 구질서의 유지를 옹호하는 정당이다. 따라서 보수당은 이 개혁의 시대에 어떻게 대응하는 것이 최선인지를 결정해야 했다. 19세기는 또한 대중민주주의가 점진적으로 도입되기 시작한 시기였는데 그에 따라 보수당을 재정립해야 하는 과제가 부과되었다. 결국 보수당의 성공은 새로운 시대적 요구를 수용하고 전통과 연속성을 최대한 해치지 않는 선에서 변화의 내용과 방향을 주도한 덕분이었다.

이 장에서는 19세기 말까지 보수당이 걸어온 길을 통설적인 역사를 개괄하기보다 위기의 순간마다 보수당이 어떻게 대처했는지를 점검해 봄으로써 이해하고자 한다.

1. 토리당의 시작

토리라는 이름은 1679년 즈음부터 사용되기 시작했다. 이때 토리와 휘그라는 정치집단이 등장하고 영국에서 정당정치가 시작되었다. 그것을 야기한 사건은 스튜어트 왕조의 찰스 2세 시대(1660~1685)에 제기된 왕위 계승을 둘러싼 갈등이었다. 청교도혁명이라고도 불리는 영국 내전(1640~1660)이 마무리된 후 왕위에 오른 찰스 2세는 인생을 즐긴 낙천적 군주였다. 그에게는 18명의 서자가 있었지만 적자는 없었기에 동생인 제임스가 다음 왕으로 즉위하게 될 상황이었다. 그러나 제임스는 내전 시기에 프랑스 궁정에 망명해 있으면서 가톨릭 신자가 되어 있었다. 의회는 가톨릭 신자인 국왕 하에서 영국의 헌정체제와 국교회가 보존될 수 없다며 제임스의 즉위를 반대하는 편과 제임스가 비록 가톨릭이라고 해도 왕실의 혈통이 중요하며 국왕직에 오를 권리는 신으로부터 받은 천부의 권한이라고 믿는 분파로 분열되었다. 1680년대 선거전에서 토리와 휘그라는 용어가 보편적으로 사용되었다. 휘그란 원래 스코틀랜드의 말 도둑을 일컫는 욕인데, 신교도를 지지하는 세력이 그렇게 불리게 된 것이다. 한편 토리는 아일랜드 산적을 일컫는 비하조의 말로 가톨릭 지지자들을 의미했다. 사실 토리를 가톨릭 지지자로 칭하는 것은 옳은 표현이 아니다. 이들 역시 국교회 신봉자들이었지만 어쨌든 당시 상황에서 종교보다는 왕실의 혈통을 더욱 중시하여 제임스의 왕위 계승을 지지했다.

여기서 보듯이 일부 영국인들에게 국교회는 왕실의 혈통보다 앞서는 중요한 요소였다. 국교회의 수호가 왜 그렇게 중요한가? 1533년에 국왕 헨리 8세가 자신의 이혼을 성사하기 위해 로마로부터 분리된 영국 국교회를 성립한 이래 개신교 신앙은 단순히 종파의 문제가 아니라 영국의 국민 정체성을 구성하는 가장 중요한 요인으로 자리 잡게 되었다. 로마 교황이라는 교회 수장을 인정하지 않고 국왕이 교회의 수장이 되는 영국 국교회의 성립은 다른 나라들보다 빨랐던 영국 국민주의의 또 다른 표현이기도 했다.[1] 따라서 국교회의 수호는 영국인들에게 종교 이상의 의미를 가졌던 것이다.

결국 즉위에 성공한 제임스 2세(1685~1688)는 가톨릭교도들의 권리를 증진시키려는 시도를 하게 된다. 그것은 국교회에 대한 심각한 위협으로 인식되었고 제임스를 지지했던 토리당은 입장이 난처해졌다. 왕에 대한 순종과 국교회의 수호 사이에서 갈등하던 토리는 결국 국교회를 선택하게 되고 이후 휘그와 협조하여 명예혁명(1688)을 추진하여 제임스를 몰아내고 신교도 국왕을 새로 옹립했다. 그러나 스튜어트 왕조의 마지막 왕인 앤 여왕(1702~1714)이 후사 없이 타계할 위기에 처하자 토리와 휘그는 왕위 계승을 놓고 또 다시 갈등을 벌였다. 토리는 이때에도 왕위의 권위와 혈통을 중요하게 생각하여 명예혁명으로 쫓겨난 제임스 2세의 후손을 다시 옹립할 것을 고려했다. 한편 휘그는 개신교를 믿는 왕을 강력히 주장하

1 영국인들은 가톨릭교가 강한 프랑스나 스페인의 전제정과 비교하여 자신들이 누리는 자유를 개신교 신앙과 연관시켜 생각하게 되었다. 이에 대해서는 박지향, 《영국적인, 너무나 영국적인》(기파랑, 2006); Liah Greenfeld, *Nationalism: Five Roads to Modernity*(Cambridge: Harvard University Press, 1993), 1장 참조.

면서 스튜어트 왕실의 먼 후손인 독일 하노버 선제후인 조지를 옹립할 것을 추진했다. 결국 국민의 개신교적 열정을 토대로 휘그의 희망대로 조지 1세가 국왕으로 즉위했다(1714).

●독일에 뿌리를 둔 하노버 왕조는 조지 1세의 즉위부터 현재까지 영국 왕실을 이루고 있다. 현재는 윈저가로 개명한 상태다.

이후 60년간 하노버 왕조●의 등장에 공을 세운 휘그가 권력을 독점하게 되고 토리는 권력에서 소외되었다. 그러다가 윌리엄 피트 주니어(Willaim Pitt Jr., 아들 피트)에 이르러 토리가 다시 정국을 장악하게 된다. 피트는 1783~1806년 사이에 약 3년을 제외하고 20년간 수상 자리를 지켰다. 그는 스스로 토리라고 생각하지 않았지만 라이벌이던 찰스 폭스(Charles Fox)가 휘그를 자처하고 나서면서 피트는 자연스럽게 토리로 분류되었다. 사실 폭스는 휘그라기보다 급진파에 가까웠다. 그는 당시 진행되고 있던 프랑스혁명을 주도하던 과격한 혁명정부와의 화평을 주장하는 등 영국 국민들의 정서에서 볼 때 너무 과격한 주장을 했다. 휘그파의 지도자였던 그레이(Grey) 백작도 소수가 독점하고 있던 의회를 개혁하여 참정권을 확대할 것을 주장했다. 이러한 분위기에 대항하여 토리의 입장이 결정되었다. 즉 '엄격한 법과 질서의 강조, 프랑스혁명이 취하고 있던 급

윌리엄 피트 주니어

진주의에 대한 혐오, 그리고 영국 헌정체제의 유지'라는 입장을 취함으로써 곧 토리라는 원칙이 성립되었던 것이다.

2. 토리에서 보수당으로

1830년대 초에 이르러 토리라는 명칭과 함께 '보수당'이라는 이름의 사용이 확산되기 시작했다. 정확히 언제부터 보수당이라는 명칭이 사용되기 시작했는지는 명확하지 않다. 토리와 휘그는 사실 근대적 의미의 정당이라기보다 인적 모임 정도였는데 이때 이르러 근대적 정당이 출현했다. 이 시기는 제1차 선거법 개정(1832)을 앞두고 영국 근대 헌정사에서 가장 중요한 첫 단계가 되는 시기였다. 당시 영국은 세계 최초의 산업화, 인클로저, 농업 인구의 도시 이주 현상 등 심각한 사회경제적 변화를 경험하고 있었고, 이러한 사회경제적 변화의 흐름은 선거권 확대 요구로 결집되었다. 근대 이래 영국은 다른 어떤 유럽 국가보다 부의 축적이 두드러졌으며 사회적 신분 상승의 기회도 많았다. 그러나 정치적으로는 토지세력이 정치를 독점하고 있는 과두정 수준에 남아 있었다. 1832년 전에 유권자는 25만 명이 채 되지 않았다. 이제 부를 축적하고 자존감을 가지게 된 공장주, 상인, 전문직과 같은 중간계급은 대대적으로 그리고 전국적으로 참정권을 요구하는 운동을 전개했다.

불행히도 토리당은 이 중요한 국면에 현명하게 대응하지 못했다. 토리당은 참정권 확대 요구를 완강히 거부했는데 당시 토리 정

워털루 전투에서의 웰링턴 장군

부를 이끌고 있던 웰링턴 공작(Wellington)은 워털루 전투에서 나폴레옹을 격파하여 영웅이 되었지만 시대의 변화를 잘 파악하지는 못했다. 물론 웰링턴은 그 몇 년 전에 가톨릭교도들에 대한 차별을 철폐한 소위 '가톨릭 해방'을 당내 반대에도 무릅쓰고 추진한 바 있었다(1829). 가톨릭에 대한 차별은 1672년으로 거슬러 올라간다. 그때 군과 행정 분야의 고위직 임용을 국교도에 국한시키고 비국교도에게는 금지한 심사법이 제정되었다. 19세기 초에 이르러 개신교도들 가운데 국교회가 아닌 다른 종파 — 예를 들어 감리교, 장로교 — 에 속한 사람들은 심사법의 적용에서 제외되었으나 가톨릭교도들은 여전히 차별받고 있었다.

사실 1800년에 영국이 아일랜드를 합병할 당시 피트 수상은 아일랜드인들을 회유하기 위해 가톨릭교도들에 대한 차별을 폐지할 것을 추진했지만 국왕 조지 3세가 반대함으로써 무산된 적이 있었다. 가톨릭교도들의 궁극적 충성심은 왕이 아니라 로마교황에게로 향할 것이 분명하다는 이유였다. 그러다가 1829년에 이르러 가톨릭 해방이 다시 논의될 수밖에 없는 상황이 전개되었다. 즉 그해에 아일랜드 민족주의 지도자인 다니엘 오코넬(Daniel O'Connell)이 아일랜드의 클레어 주 보궐선거에서 당선되었지만 가톨릭 신자인 오코넬은 영국 의회의 의원이 될 수 없는 인물이었다. 이제 가톨릭을 구제하든지 아니면 아일랜드 전체가 혁명에 휩쓸리는 위기에 직면하든지 하는 위기에 직면하자 웰링턴 내각은 가톨릭 구제법을 통과시킬 수밖에 없었다. 그러자 국교회주의를 결사적으로 수호하는 극단적 토리들이 정부에 대한 지지를 철회했고 토리당은 심각한 내부 갈등에 직면했다. 그런 상황에서 연이어 의회개혁 문제가 터졌던 것이다.

1830년쯤 되면 의회개혁은 더 이상 미룰 수 없는 시대적 과제가 되어 있었다. 그러나 토리당은 여기에 반대했다. 그들은 엄격하게 제한된 선거권이라는 구태의연한 정치관을 가지고 있었고, 영국 헌정이 최상의 것이라는 확신과 자부심으로 가득 차 있었다. 여론은 악화되었고 폭동이 일어나는 등 위험한 기류가 포착되었다. 그러던 중 조지 4세가 사망(1830)하고 동생 윌리엄 4세가 등극했다. 의회개혁에 호의적이던 새 왕은 휘그당 정부에 필요하면 개혁법안에 찬성할 휘그 귀족 50명을 임명하겠다고 약속했다. 그러자 토리당도 굴복할 수밖에 없었고 드디어 1832년 6월에 의회개혁법이 통과되었다. 이제 성인 남성 다섯 명 가운데 한 명에게로 선거권이 확대되었으며, 새로운 선거법 하에서 치러진 12월 총선에서 토리당은 쓰라린 참패를 경험하게 된다.[2]

로버트 필

그러나 토리당은 이 위기를 극복하고 살아났다. 토리당을 위기에서 구제한 인물은 로버트 필(Robert Peel)이었다. 웰링턴에 이어 토리를 이끌게 된 필은 신흥 면직물 산업에서 부를 축적한 가문 출신으로 웰링턴 공작과는 출신 배경부터 달랐다. 필은 토리라는 이름 대신 '보수당'이라는 이름을 적극 사용했는데, 그의 주도 하에 보수당은 웰링턴의 편협함에서 탈피하여 보다 대중 정서에 부합하는 방향으로 나아갔다. 즉 필의 노선은 기존의 지지 기반인 지주층을 유지하면서 새로이 선거권을 획득한 도시 중간계급의 지지를 얻는 것이었다. 필의 입장은 1834년에 자신의 지역구인 탬워스(Tamworth) 유권자들에게 보낸 선언에 나타나 있다. 탬워스 강령은 근대적 정당의 등장을 알리는 것이었는데, 정당이 전국적인 강령을 공표하거나 전국적으로 유세를 펼치는 방식의 효시였다. 다시 말해 영국 역사상 최초의 선거 공약집이라고 할 수 있다. 여기서 필은 필요성이 입증된 개혁이라면 수용하겠다는

2 휘그 441석, 토리 175석.

입장을 조심스럽게 개진함으로써 전통적 지지자와 온건한 휘그 지지자들을 모두 끌어들일 수 있는 온건하고 건설적인 보수주의를 제시했다.

필은 전통과 변화를 함께 아우른 인물이었다. 그는 정치개혁을 수용했을 뿐만 아니라 새로운 산업 시대에 적응하기 위해 공장, 광산 등에 관한 입법을 추진함으로써 당을 다시 건강하게 만들었다. 필의 개혁 성향의 업적은 여러 면에서 드러난다. 그는 곡물법을 폐지하기 전에 이미 수백 가지의 관세를 폐지하여 보호무역의 기반을 약화시켰다. 그대신 필은 나폴레옹전쟁 때 임시로 도입되었다가 전쟁 후에 폐지되었던 소득세를 다시 도입하여 정부 예산을 확보했다. 소득세는 토지를 기준으로 부과되었기 때문에 토리당의 지지 기반을 배반하는 것이었지만 필은 간접세에서 직접세로 이동하는 것이 나라가 직면한 문제 해결에 최선책이라고 생각했다. 이 조치들은 상공업을 지원하고 경제적 활력을 높이기 위한 것이었지만 보수당 내 반발은 컸다. 이처럼 로버트 필은 당보다는 국가 이익을 우선적으로 생각하는 정치인이었다.[3]

동시에 필은 장시간의 노동에 허덕이고 있는 공장노동자들 가운데 특히 여성과 아이들의 노동시간을 10시간으로 제한하는 공장법을 입법했다. 필에 대한 보수주의자들의 지지가 감소되는 마지막 원인은 아일랜드의 메이누스 가톨릭 사제학교에 정부 지원금을 확대 지원한 것이었다. 필의 의도는 아일랜드 사람들의 환심을 사서 독립

3 강원택,《정당은 어떻게 몰락하나? 영국 자유당의 역사》(오름, 2013), 61쪽.

운동을 완화시키려는 것이었지만 보수당 의원들은 강력히 반발했다. 이처럼 당내 반발에도 불구하고 1832년 의회개혁 후 시대를 이끌어 가던 필은 곡물법 폐지(1846)를 둘러싸고 가장 심각한 위기에 직면하게 되었다. 선거법 개정 시기에 보수당의 어려움을 극복해 나간 것이 필이었다면 1846년의 위기를 촉발한 것도 필이었다.

3. 곡물법(Corn Law) 폐지와 보수당의 분열

곡물법은 곡물 가격을 유지하기 위해, 즉 지주계급의 이익을 보장하기 위해 곡물의 수출입을 규제하는 법이었다. 프랑스혁명과 나폴레옹전쟁이 진행되는 동안 곡물 가격이 크게 올라 지주들이 큰 혜택을 입었다. 그런데 전쟁이 끝나 수입이 가능해지자 영국 내 곡물 가격이 하락했다. 이에 토리 정부는 자신들의 지지층인 토지 소유자들의 이익을 지키기 위해 곡물법을 통과(1815)시켜 영국에 수입되는 외국산 곡물에 고율의 세금을 물리도록 했다. 곡물법은 1830년대에 국정의 최대 현안 가운데 하나로 떠올랐다. 1832년 개정 선거법에 의해 선거권을 행사하게 된 중간계급 공장주들은 곡물법이 지주들의 계급적 이익을 보호하기 위한 법일 뿐이라며 폐지를 요구하고 나섰다. 곡물법으로 인한 높은 식품 가격이 임금을 낮출 수 없게 만드는 가장 큰 장애물이라고 판단한 그들은 전국적으로 반(反)곡물법연맹을 결성하고 철폐운동에 나섰다.

마침내 곡물법을 폐기시킨 것은 아일랜드의 감자 흉년이 몰고

반곡물법연맹 집회(1846)

온 대참사였다. 1845년 9월에 첫 징후가 나타난 감자마름병에 의한 기근은 100만 명 이상이 굶어 죽는, 아일랜드 역사상 전대미문의 대참사를 가져왔다. 그처럼 많은 희생자를 낳게 된 것은 아일랜드가 거의 전적으로 농업에 의존하고 있었고 수백만 명이 감자로만 연명하고 있었기 때문이다. 영국 정부의 초기 정책은 직접 구호가 아니라 식량 가격을 낮추는 데 집중되었기 때문에 싼 외국산 곡물의 수입이 필수적이었다. 여기서 수입을 막는 최대 장애물은 곡물법이었다. 결국 필 수상은 곡물법을 폐기하는 대결단을 단행했다. 필의 대결단으로 영국은 무역을 제한하는 관세들을 대부분 철폐하고 자유무역 체제로 돌입하게 되었다. 그가 곡물법 전에 이미 수백 종의 관세를 폐기한 것에서 알 수 있듯이 필의 결단은 즉흥적 행동이 아니었다. 그는 아일랜드 대기근이 오기 전에 이미, 언젠가는 곡물법을 폐기할 수밖에 없을 것이라는 사실을 깨닫고 있었다. 곡물법이 이제는 불필요하고 분열적인 '계급 입법'일 뿐이며 국민의 당으로서 보수당의 위상을 위협한다고 생각했던 것이다.[4]

대기근은 아일랜드 역사에서 영원히 잊지 못할 가장 심각한 사건으로 각인되었을 뿐만 아니라 영국에도 중대한 영향을 미쳤다. 곡물법은 폐지되었지만 그때쯤 되면 대기근은 식량 가격을 낮추어서 해결될 상황이 아니었다. 굶주린 농민들이 종자 씨앗까지 다 먹어치우는 상황이었던 것이다. 아일랜드는 지속적으로 영국 정계를 뒤흔들었다. 1801년에는 가톨릭 해방을 둘러싼 피트 수상과 국왕의 갈등으로 피트 정부를 무너뜨렸고, 1829년에도 같은 문제로 웰링턴 정부를 흔들었는데, 1846년에는 필의 실각을 야기했던 것이다. 아일랜드 문제는 1885년, 1886년, 1911년, 1921년에도 마찬가지로 영국 정부를 뒤흔들 것이었다. 이 가운데 가장 심각한 위기였던 대기근 시기에 정부를 이끌게 된 것은 필의 운명이었다.

보수당은 필을 좇아 곡물법 폐지에 찬성한 사람들과 끝까지 반대한 사람들로 나뉘었는데, 찬성한 사람들은 자유무역주의를 받아

---

4 John Charmley, *A History of Conservative Politics since 1830*(Palgrave Macmillan, 2008), 13; A. J. Davies, *We, The Nation: The Conservative Party and the Pursuit of Power*(Little, Brown and Co., 1995), p. 16.

아일랜드 대기근 기념물(더블린)

들이게 되고 반대한 사람들은 보호무역주의자로 남았다. 더욱 근본적으로 이때가 되면 곡물법은 단순히 일개 법의 문제가 아니라 보호무역주의와 자유무역주의가 서로 다투는 명분이 되었고, 여기서 더욱 심각한 충돌이 발생했던 것이다. 결국 자유무역파가 시대를 장악하게 되면서 곡물법 폐지를 둘러싼 역사적 신화가 탄생했다. 즉 보호무역을 주장한 사람들은 '국가적 이해관계를 벗어나 이기적 동기에 의해 행동한, 정치적으로 비난받아 마땅한 사람들'이라는 것이다. 그러나 이는 신화일 뿐 1840년대에는 보호무역을 주장할 명분이 충분히 있었다. 그것을 이해해야만 곡물법 폐지를 두고 왜 보수당이 분열했는지를 이해할 수 있고 1850년대까지도 여전히 보호무역주의가 보수주의자들의 명분으로 남아 있었다는 사실도 이해할 수 있다.

학자들은 최근에 보호무역주의자들은 경제적, 사회적으로 자신들의 이익을 지키기 위해 곡물법 폐지에 반대한 것이 아니라 더 큰 대의명분에 의해 움직였다는 해석을 제시한다. 보호무역주의자들이 보기에 곡물법 폐지의 요구는 그렇게 함으로써 노동자들에게 지급하는 임금을 줄이려는 공장주들의 탐욕일 뿐이었다는 것이다. 게다가 당시 사회질서 유지나 사회적 약자를 돌보는 일 등의 통치 비용은 오로지 토지 소유자들의 몫이었기 때문에 자본가들은 의무는 지지 않으면서 이익만 취하려 하는 이기적 집단으로 간주되었고, 그렇다면 국가가 지주의 이익을 옹호해야 하는 게 당연했다는 해석이다. 자유무역을 택할 것인지, 보호무역을 택할 것인지는 국가경제를 좌우할 더욱 심각한 이슈였다. 보호무역주의자들이 볼 때 자유무역이 가져다주는 이익은 단기적일 뿐이고, 보호무역주의야말로 식량 공급과 제조업의 지속 가능한 발달과 균형 잡힌 경제성장을 보장해 줄 정책으로 보였다. 이러한 보호무역주의의 대의명분이 충분히 호소력을 가지고 있었다는 사실은 곡물법이 폐지된 후에 지주들만이 아니라 많은 상인, 제조업자, 숙련노동자가 보호무역주의의 재도입을 원했다는 사실에서 드러난다. 당시 자유무역은 모든 국민의 지지를 받은 것이 아니라 면직물, 철강, 모직물 수출에 종사하는 일부가 주장한 것이었다. 보호무역 지지자들에게는 오히려 그들이야말로 나라 전체의 손해를 무릅쓰고 자신들의 이익을 관철하려는 이기적 존재로 보였다.[5]

---

5 Charmley, *A History of Conservative Politics since 1830*, pp. 17-29.

윌리엄 글래드스턴

토리당의 중추인 지주계급은 사실 곡물법 위기 전부터 보수당의 사회적 지지 기반을 확대하려는 로버트 필의 노력에 대하여 늘 의심과 경계의 눈초리를 보내고 있었다. 앞서 언급했듯이 필은 보수당의 이익보다는 국익 전체를 우선으로 고려한 정치인이었다. 그러나 그는 정당 지도자로서는 미흡했는데, 사람들을 다루는 기술이 없었으며 지지자들의 환심을 사려는 노력을 기울이지도 않았던 것이다.[6] 이로써 보수당은 '필 지지파(Peelites)'와 보호무역파라는 두 당파로 분열되었고, 보수당은 1846년부터 1874년까지 오랜 기간 거의 정권을 잡지 못했다. 곡물법이 폐지된 직후에는 영구히 권력을 잡을 수 없을 것처럼 보였다. 필 지지파는 영원히 보수당으로 돌아가지 않고 결국 자유당에 합류하게 된다. 1859년에 필 지지자들과 휘그가 모여 '자유당'을 시작했다. 보호무역을 둘러싼 정치적 갈등과 분열로 인해 보수당과 자유당이라는 근대 정당이 등장하고 양당체제가 확립되었던 것이다. 이때 자유당으로 옮긴 필 지지자 가운데에는 훗날 자유당의 위대한 지도가가 된 윌리엄 글래드스턴(William

6 Robert Blake, *The Conservative Party from Peel to Major*(Heinemann, 1997), p. 18.

Gladstone)도 포함되었다.

필 자신은 실각하고 보수당은 심각하게 분열되었지만 보수당은 이 위기에서 중요한 교훈을 얻고 부활하게 된다. 곡물법을 둘러싼 논란은 보수당이 과거의 좁은 기반에 의존해서는 살아남을 수 없다는 사실을 확실히 가르쳐 주었다. 첫째, 대세에 맞지 않는 정책을 고수하는 것의 무용함과 위험을 절감했고 둘째, 정당이 유권자들의 호응을 이끌어 내기 위해서는 안정적이어야 한다는 것 그리고 그 안정은 당의 결속으로부터 나오고 그 결속은 당 지도부에 대한 충성에서 나온다는 사실을 깨달았던 것이다. 이후 보수당은 '당'의 중요성을 절실히 느끼게 되었고 근대적 정당 조직을 마련하는 데 매진하게 된다. 또한 보수당은 이때 영국의 미래와 그 속에서 보수당이 맡을 역할에 대하여 긍정적인 비전을 제시해야 할 필요성을 이해하게 되었다. 즉 단순히 정적에 대한 네거티브 전략으로 지지를 모을 것이 아니라 보수당 스스로 확고한 비전과 정체성을 제시할 필요가 있다는 것을 깨닫게 되었던 것이다. 이 모든 일을 준비하는 데 결정적 역할을 한 인물은 벤저민 디즈레일리(Benjamin Disraeli)였다. 디즈레일리는 보수당이 권력에서 밀려나 있을 때 당에 결속력과 정체성을 주었고 오랜 기다림 끝에 집권에 성공할 수 있게 해 주었다.

4. 디즈레일리와 보수당의 부상

디즈레일리는 결코 보수당에 어울리는 인물이 아니었다. 비록 아버지 대에 국교도로 개종했지만 유태인이었고 보수당의 주류인 지주 출신도 아니었으며 재산도 없을 뿐만 아니라 보수당에 어울리지 않게 매우 현란한 인물이었다. 그는 명연설과 정치적 기회 포착의 귀재로 재능을 인정받았지만 오랫동안 정치적 기회를 잡지 못한 채 문필가로 필명을 알리고 있었다. 랜돌프 처칠(Randolph Churchill, 윈스턴 처칠의 아버지)은 디즈레일리의 정치 역정을 "실패와 실패와 실패, 부분적인 성공, 그리고 다시 실패, 그러나 결국 완전한 승리"라고 평했다. 1868년에 드디어 수상이 되었을 때 디즈레일리 스스로도 자신이 "기름이 잔뜩 묻은 장대를 기어올랐다"고 토로했다.[7] 그만큼 그의 정치 역정은 험난했다.

디즈레일리는 1846년에 격렬하게 곡물법 폐지에 반대했다. 그는 상공업에 종사하는 중간계급이 책임의식은 없으면서 권력만 차지하려 한다고 비난했다. 그들과 대조적으로 지주층은 자신이 책임져야 할 하위 계급을 포함하여 사회 전체의 이익을 위해 권력을 행사해 왔다는 것이다. 그러나 디즈레일리는 얼마 지나지 않아 보호무역주의가 더 이상 새로운 시대에 적합하지 않다는 사실을 깨닫게 되고 자유무역으로 돌아섰다. 그 때문에 디즈레일리는 원칙 없는 기회주의자라는 평을 받아왔는데 그것은 그의 정적들에 의해 만들어

7 강원택, 《보수정치는 어떻게 살아남았나?》(EAI, 2008), 91쪽.

진 왜곡된 이미지라는 것이 오늘날 학자들의 평가다.[8] 곡물법 폐지가 남긴 상흔은 워낙 심각했다. 보수당이 되살아나는 데에는 시간이 필요했으며, 설상가상으로 1855년에 파머스턴(Henry John Temple Palmerston)이 자유당 지도자가 되면서 보수당은 아주 심각한 장애물을 만나게 되었다. 파머스턴은 매우 유능한 정치가였고 이후 10년간 영국 정계는 그가 장악했기 때문이다. 따라서 디즈레일리와 더비 백작이라는 매우 탁월한 지도자들이 있음에도 불구하고 보수당은 '멍청한 당'이라는 놀림을 받은 채 집권의 기회를 잡지 못했다. 보수당은 자유무역이라는 대단히 어필하는 정책을 내세운 자유당에 맞설 만한 정책을 딱히 제시하지 못했을 뿐만 아니라, 파머스턴이 포함외교•를 불사하는 적극적 대외정책을 펼치는 동안 여기서도 이렇다 할 정치적 성과를 내지 못했다.[9]

•강력한 군사력을 동원하여 상대방을 굴복시키는 외교방식.

그러다가 드디어 파머스턴의 사망 후 디즈레일리에게 기회가 찾아왔다. 1860년대에 또다시 참정권의 확대가 시대적 이슈가 되었다. 영국은 세계에서 가장 부유한 산업국이었으며 인구도 증가했다. 그러나 참정권을 행사할 수 있는 인구는 여전히 전체 성인 남성의 1/5인 130만 명 정도에 불과하여 빅토리아 중기의 전성기를 보내고 있는 국민의 요구를 충족시키기에는 그 수가 너무 적었다. 1832년

---

8 J. P. Parry, "Disraeli and England," *The Historical Journal*, 43/3(2000).

9 Blake, *The Conservative Party from Peel to Major*, p. 93.

디즈레일리가 경마에서 글래드스턴을 이기는 모습의 만화

에 이어 또다시 의회개혁이 불가피하다는 사실을 모든 사람이 깨닫고 있었다. 문제는 어느 정도에서 유권자의 자격을 제한할 것인지였다. 보수당에는 다행스럽게도 자유당이 이때 선거법 개혁을 둘러싸고 갈등이 심화되고 있었다. 빅토리아 여왕으로부터 정부 구성을 위임받은 디즈레일리는 자유당보다 한 발 더 나아간 선거법 개혁안을 제안하고 통과시킴(1867)으로써 역전의 발판을 마련했다.

제2차 선거법 개정으로 유권자 수는 130만 명에서 250만 명으로 증가했고, 성인 남성의 1/3이 선거권을 행사하게 되었다. 중요한 사실은 도시 선거구가 시골 지역을 능가하게 되고 도시 선거구에서는 숙련공들이 다수를 차지하게 되었다는 것이다. 그러나 선거법 개정 직후 치러진 총선에서 처음으로 투표권을 행사하게 된 상층 노동계급은 보수당이 아니라 자유당을 지지함으로써 보수당이 그들에게 준 것을 자유당에 넘겨주었다는 말을 들었다. 어찌되었든 제2차 선거법 개정은 점차 민주주의로 나아가는 시점에서 보수당이 개혁의 불가피함을 깨달았다는 사실을 보여 준다. 비록 선거에서 패했지만 선거법 개정을 주도함으로써 보수당은 변화를 거부하지 않으며 시대의 요구를 수용할 줄 아는 정당이라는 인상을 주는 데 성공했다.

디즈레일리는 13년간 보수당을 이끌며 당의 변화를 주도했다. 그는 정치 환경의 변화를 받아들이고 시대적 요구를 수용했으며 적극적인 정책과 조직 개편으로 보수당의 기반을 다졌다. 디즈레일리는 자유당과 비교하여 마땅한 이데올로기를 가지지 못했던 보수당에 새로운 이데올로기를 제공해 주었을 뿐만 아니라 보수당의 외연을 넓혀 대중 정당으로 만드는 중요한 업적을 이루었다. 선거라는 맥락에서 볼 때 디즈레일리는 새롭게 선거권을 부여받은 도시민들에게 호소하는 전략을 택했다. 디즈레일리 하에서 보수당은 당 조직을 개혁하고 노동 대중을 끌어안으려는 제스처를 쓰면서 근대적 정당의 모습을 갖추었다. 디즈레일리는 사회의 계서적 질서와 엘리트 정치를 믿었지만 사회적 · 정치적 지도력은 전통사회에서처럼 재산과 혈통에 유래하는 것이 아니라 재능, 성실, 경험, 봉사와 의무감으로 정당화되어야 한다고 주장했다. 디즈레일리가 당면한 큰 걸림돌은 글래드스턴이라는 자유당 정치인이었다. 디즈레일리와 더불어 19세기 영국 정치의 쌍벽을 이룬 글래드스턴도 파머스턴 못지않게 디즈레일리에게는 버거운 상대였다. 글래드스턴은 여러 부문에서 개혁을 추진하면서 영국 사회를 조금 더 자유주의적 이상에 적합하게 만들고 있었다. 그러나 디즈레일리는 탁월한 정치적 감각으로 자유당의 개혁 열정이 빚어낸 불만을 가진 사람들, 상처받은 기득권층, 그리고 미래에 대하여 불안감을 느끼는 사람들을 발견하여 자신의 지지자로 포섭했다. 물론 왕정을 폐지하고 공화국을 수립하자고 주장하는 등 글래드스턴을 당황하게 만든 자유당 내 극좌파도 의도하지 않았지만 디즈레일리를 도왔다.[10]

디즈레일리의 가장 중요한 업적은 보수당에 새로운 비전을 제시한 것이다. 1872년 수정궁에서 행한 유명한 연설에서 디즈레일리는 왕정, 의회, 국교회와 같은 영국 헌정 질서의 유지, 영제국의 수호, 그리고 국민 생활수준의 향상이라는 세 가지 원칙을 발표하여 이후 보수당의 향방을 결정해 주었다. 헌정과 제도의 보존은 보수주의 정당의 당연한 원칙이지만, 영제국의 영광을 강조하고 국민 모두의 행복을 추구한다는 명분은 보수당으로서는 매우 새로운 접근이었다. 디즈레일리는 미래 정치에서 사회개혁과 제국주의가 가장 중요한 쟁점이 될 것을 감지한 최초의 정치인이었다. 그는 제국주의를 적극적으로 활용하여 국민의 애국심을 자극했는데, 특히 1878년에 야기된 동방 위기가 디즈레일리와 보수당에 매우 중요했다. 이때 그는 발칸반도를 둘러싼 러시아와 오토만 제국의 갈등에서 오토만 제국을 지지하여 러시아를 누르고 영국의 명예를 수호했으며, 뒤이은 베를린 회의•에서 외교적

•1878년에 베를린에서 열린 유럽 국제회의. 러시아의 발칸반도 남하 진출이 저지되었다.

10 Ibid., p. 115.

승리를 거두었다. 당시 영국인들은 다음과 같은 노래를 부르며 러시아에 대한 적대감을 노출했다: "우리는 배를 가지고 있고, 사람도 가지고 있고, 돈도 가지고 있네. 러시아는 결코 콘스탄티노플을 가질 수 없네." 이 노래는 그대로 디즈레일리의 애국주의에 적용될 수 있었다. 디즈레일리는 애국심을 적극적으로 정치에 이용했고 그것을 토대로 보수당을 '국민의 당(national party)'으로, 애국 정당으로 만들었다.

디즈레일리와 글레드스턴

"보수당은 엘리트나 어느 특정 계급의 당이 아니라 전 국민의 당이 되어야 한다. 그렇지 않으면 아무것도 아니다." 이 유명한 디즈레일리의 발언이 보여 주듯이 그는 전 국민을 대상으로 사회 통합을 목표로 하는 정당이라는 보수당의 이미지를 구축하는 데 성공했다. 디즈레일리는 계급을 초월한 충성심을 자극하는 것은 애국심밖에 없다는 사실을 간파했다. 그는 추상적 이념에 기초하여 계급 간 갈등을 조장하는 자유당을 반(反)국가적이라고 비난하면서 역사에 뿌리내린 가치를 보존하고 사회 통합을 위해 노력하는 보수당이야말로 애국적 정당이라고 선전했다. 파머스턴이 대외정책을 장악한 동안 보수당은 '애국적'이라는 개념을 이용할 수 없었는데 이제 디즈레일리가 애국주의를 낚아챘던 것이다.[11] 1860년대 말 이후 애국주의는 보수당의 캐치프레이즈가 되었다. 그러나 역사적으로 보수당이 항상 그랬던 것은 아니었다. 파머스턴 시대에는 자유당이 애국주의 정당이었고 보수당은 오히려 소(小)영국주의를 주장하면서 제국적 팽창을 꺼려했기에 '제국의 정당'이라고 할 수도 없었다. 따라서 '조국과 제국의 당'으로서의 보수당은 1872년 디즈레일리의 연설로부터 유래했다고 말할 수 있다. 이처럼 디즈레일리가 보수당을 국민의 당으로 만든 것은 절대로 필연적 과정이 아니었다. 만약 디즈레일리가 아닌 다른 사람이 당 지도자였으면 보수당은 절대 그런 길을 가지 않았을 것이었다. 디즈레일리는 애국주의적 '국민의 당'이라는 전통을 만들었고 보수당은 그 후 그 전통에서 결코 벗어나지 않았다.

보수당이 애국 정당으로 자리매김한 데에는 글래드스턴의 실수도 한몫했다. 파머스턴이 포함외교를 불사하는 제국주의적 외교를 전개했다면 글래드스턴은 도덕적 명분을 외교에 적용함으로써 국민의 눈으로 볼 때 국익에 도움이 되지 않는 국제정치적 결정을 내리곤 했다. 그렇게 되자 디즈레일리가 애국주의적 외교정책을 독차지할 수 있었던 것이다. 수정궁 연설 전에 이미 디즈레일리는 맨체스터 자유홀에서 행한 연설에서 러시아에 대한 글래드스턴의 정책을 비판하면서 강하고 위대한 영국을 주창했다. 게다가 친보어•, 친러시아적 입장을 보인 좌파들은 조국이 아니라 모든 나라의 친구인

11 Ibid., p. 118.

것처럼 행동함으로써 비방의 대상이 되었다. 아이러니는 가장 덜 영국인다운 영국인이었던 디즈레일리가 이 교훈을 확실히 가르쳐 주었다는 사실이다.

•19세기 후반 영국은 남아프리카에서 케이프 식민지를 중심으로 세력을 확대했고, 그 북쪽에는 네덜란드인의 자손인 보어인이 건설한 트란스발공화국과 오렌지자유국이 있었다.

디즈레일리는 또한 이 책의 제2장에서 살펴보았듯이 개인에게 모든 것을 맡기는 자유주의 자조(自助) 이데올로기에 대항하여 '하나의 국민' 보수주의를 제시했다. 그는 계급들을 화합시키고 그들 사이의 갈등을 고착화하지 않는 것에, 그럼으로써 애국심, 국가적 통일, 사회적 정치적 안정을 보장하는 것에 정치의 목적을 두었다.[12] 그가 상정한 이상적인 사회는 상호 의무의 관계로 긴밀하게 결합된 사회였고 그는 사회 내 각 지위에는 권리와 동시에 책임이 따른다고 믿었다. 서로 아무 상관없이, 마치 두 개의 서로 다른 나라의 국민인 것처럼 살고 있는 영국인들의 상황에 대하여 디즈레일리는 그 원인을 지배계급이 마땅히 짊어져야 할 책무를 거부했거나 그것을 수행하는 데 실패했기 때문이라고 진단했다. 해답은 사회적 약자에 대한 배려였다.

디즈레일리는 보수당이 대중 정당으로 다시 태어나게 만든 장본인이었다. 디즈레일리와 보수당을 움직인 결정적 요인은 사실 제2차 선거법 개정으로 존재감을 뚜렷이 드러낸 도시 유권자들의 중요성이었다. 선거법 개혁이 도시를 더욱 중요하게 만들었을 뿐만 아

12 Frank O'Gorman, *British Conservatism*(Longman, 1986), p. 24.

니라 노동계급에 밀리기 시작한 중간계급이 점차 자유당에 대한 신뢰를 잃고 있었다. 보수당은 전통적 지지층인 토지 소유자들을 넘어선 정책이 필요함을 깨달았고, 두 가지 길 가운데 선택해야 했다. 하나는 중간계급에 대항하는 것이고 다른 하나는 그들과 타협하는 것이었다. 전자는 노동계급과 결탁해서 부상하는 중간계급에 대항하는 것이었는데 이 길은 가부장적 온정주의로 칭할 수 있다. 후자는 중간계급과의 타협인데 실제로 보수당이 택한 길은 이 길이었다. 원래 자유당과 결탁하여 자신들이 원하는 것을 얻어 낼 수 있었던 중간계급은 이제 노동계급의 호전성에 놀라게 되고 글래드스턴의 과격한 행보에 겁먹게 되었다. 이들은 제도의 수호를 요구하게 되었고 보수당과 새로운 동맹을 맺었던 것이다.[13] 그 결과 보수당은 토지 소유자만이 아니라 중간계급까지 포섭하는 재산 소유자들의 당이 되었다.

그러나 디즈레일리는 여기서 그치지 않고 노동 대중까지 끌어안으려 했다. 디즈레일리의 가장 탁월한 정치적 감각은 '보수적 노동자'의 존재를 발견하고 그들에게 호소한 것에서 발견된다. 그의 사망 후 〈타임〉지는 "마치 조각가가 대리석 안에 갇혀 있던 천사를 발견한 것처럼 디즈레일리는 토리 노동자들을 발견했다"고 정곡을 찔렀다. 사회란 낱낱이 분리된 개인들의 집합일 뿐이라는 자유주의 원칙에 혼란스러워하며 여전히 가부장적 질서를 그리워하던 노동 대중의 심리를 예리하게 꿰뚫어 보았던 것이다. 디즈레일리는 새롭게 선

13 Blake, *The Conservative Party from Peel to Major*, p. 25.

거권을 부여받은 도시 근로자들을 조직하는 작업에 착수했고 그런 노력의 결과물은 1874년 총선에서 보수당의 승리로 나타났다. 특히 19세기 후반기는 숙련 남성 노동자들이 새로이 참정권을 획득한 시기로, 이들을 어떻게 규합할 것인가가 가장 큰 화두였다. 1867년 선거법 개정 자체가 노동계급의 이탈과 과격화를 방지하기 위한 지배계급의 양보였다. 그 결과 이제 정당들은 새로운 유권자인 노동계급의 지지를 받을 만한 정책을 제시할 필요에 직면했다. 따라서 디즈레일리가 수상으로 재임한 1874~1880년의 시기, 보수당은 일련의 기초적 복지정책과 노동조합의 활동을 허용하는 관대한 법안들을 입법했다. 보수당이 사회개혁의 카드를 자유당으로부터 빼앗아 왔다는 말을 들을 정도였다. 어느 자유주의자는 "자유당이 50년 동안 한 것보다 보수당이 5년간 노동자를 위해 한 일이 더 많다"고 평가할 정도였다.[14] 비록 그런 정책이 선거에서 승리하기 위한 전략이었을 뿐이라는 비판도 있지만, 디즈레일리가 무조건적인 자유방임주의를 배격하고 대중의 상황을 향상시킬 온정주의적 요소를 영국 보수주의에 불어넣은 것은 사실이다. 게다가 자유당이 청교도적 입장을 강조하면서 노동자들의 생활에 간섭하려 한 데 반해 보수당은 음주나 여가활동을 포함한 그들의 생활방식에 관대했기 때문에 더 많은 지지를 얻을 수 있었다.

14 디즈레일리 정부는 공중위생법, 슬럼 문제를 해결할 노동자 거주법, 피케팅을 허용한 노동조합법, 10세 이하 어린이의 고용을 금지한 공장법 등을 통해 자유당 정부가 해도 크게 다르지 않았을 정도의 사회개혁을 추진했다.

보수당에 남긴 디즈레일리의 마지막 업적은 그가 보수당을 조직면에서 전국적 정당으로 만들었다는 것이다. 디즈레일리는 전국보수주의노동자연맹(The National Union of Conservative and Constitutional Working Men's Association)을 조직하여(1867) 보다 많은 유권자를 포섭하는 데 활용했다. 이 조직은 대중 집회를 주도했는데 디즈레일리의 수정궁 연설도 이 연맹이 주최한 대중 집회에서 행한 것이었다. 이때 디즈레일리의 연설은 3시간 30분 동안 계속되었는데, 그럼에도 대중은 열광했다. 1871년에는 연맹의 지부 수가 289개였지만 4년 후에 472개가 될 정도로 빠르게 팽창했다. 전국노동자연맹의 경험에서 보수당은 일반 대중을 상대로 한 조직 개편과 선거운동 방식을 배울 수 있었다.

디즈레일리는 또한 보수당 내에 중앙사무국을 개설하는 등 당 조직을 개선하기 시작했다. 그때까지는 1832년에 설립된 보수당 상하원 의원들의 친목 모임인 칼턴 클럽(Carlton Club)이 당 조직의 중심 역할을 해 왔었다. 이제 보수당은 유급 인력을 고용하여 당 조직을 구축하고 지역구를 조직했는데, 이러한 노력 끝에 보수당은 전국적 조직으로 발전했다. 또한 이들 조직들은 기금을 모금하고 보수당 후보를 위한 선전과 홍보 활동에 나서는 등 근대적 정당 활동을 보여 주었다. 디즈레일리 하에서 당의 결속력이 강화되어 보수당은 자유당에 비해 훨씬 더 강한 기율과 결집력을 가진 당으로 발전했다. 다시 말해 보수당은 조직과 운영에서 상대 당인 자유당보다 훨씬 앞서 있었고 언제나 상대 당들보다 충성심을 강조하는 정당이었다. 디즈레일리는 "빌어먹을 원칙이라니! 당에 충성하라"고 일갈했

는데, 그것이 그 후 보수당원들의 철칙이 되었다.[15]

5. 19세기 말의 보수당

디즈레일리의 사망(1881) 후 보수당은 그의 후임자인 솔즈베리(Salisbury) 후작 하에서 소소하지만 탄탄한 성공을 지속했다. 솔즈베리의 성공은 실은 상당 부분 글래드스턴 덕분이었다. 글래드스턴은 위대한 정치인임에 틀림없지만 많은 사람에게 불편한 존재이기도 했다. 특히 그의 아일랜드 정책은 궁극적으로 자유당을 분열시키게 되는데, 마치 1840년대 로버트 필이 곡물법 폐지로 보수당을 분열시킨 것과 비슷한 상황이었다. 글래드스턴은 원래 보수당 소속이지만 곡물법 폐지 때 필을 추종했고 궁극적으로는 보수당을 떠나 자유당으로 옮겨 갔다. 그는 네 차례에 걸쳐 수상을 역임(1868~1874, 1880~1885, 1886, 1892~1894)하면서 많은 개혁을 추진하여 영국 정치사에서 불멸의 위치를 확보했다.

말년의 글래드스턴을 사로잡은 것은 아일랜드였다. 대기근 후 아일랜드인들 사이에는 반(反)영 정서가 팽배해지고 폭력단체까지 등장했으며, 이들에 의한 테러가 영국에서 행해지기 시작한 상황이었다. 아일랜드 문제가 해결되지 않는 한 영국에 안정은 있을 수 없

15 Antony Jay ed., *Oxford Dictionary of Political Quotations*(Oxford: Oxford UP, 2007), p. 123.

다고 믿게 된 글래드스턴은 1868년 총선에서 승리하자 아일랜드 문제를 해결하는 데 총력을 기울이겠다고 선언했다. 그는 우선 개신교 교리를 따르는 아일랜드 국교회를 해체하여 아일랜드 인구를 구성하던 대다수 가톨릭교도들을 비국교도의 신분에서 해방시켰다. 나아가 부재지주의 문제를 소작농들에게 유리하게 처리한 후 마지막으로 아일랜드를 영제국 내 자치령으로 만드는 카드를 꺼내 들었다 (1886).

영국에 아일랜드의 의미는 복합적이었다. 아일랜드는 경제적으로 산업국인 영국에 곡물을 공급해 주는 농업지대로도 중요했지만 실은 정치적, 전략적으로 더욱 중요했다. 아일랜드는 역사적으로 스페인, 프랑스 등 영국의 적들이 영국 침략을 기도할 때마다 그 발판이 되어 주었던 것이다. 1800년에 영국이 아일랜드를 완전 병합한 이유도 그 때문이었다. 당연히 아일랜드 자치 문제는 국가 방위의 문제로 인식되었고, 다수 영국인에게 영제국의 해체로 받아들여졌으며, 자유당 내에서 맹렬한 반대가 제기되었다. 격렬한 반대에도 불구하고 아일랜드 자치법안을 의회에 상정한 글래드스턴은 결국 법안 통과에서 좌절하게 된다.[16] 글래드스턴의 아일랜드 정책의 가장 큰 실수는 북아일랜드 신교도들의 존재를 완전 무시한 것이었고, 이것이 지속적으로 아일랜드 문제 해결의 발목을 잡게 된다. 이때에도 보수당은 어부지리로 '국민의 당'이라는 이미지를 강화시킬 수 있

16 당시 아일랜드 상황에 대해서는 박지향, 《슬픈 아일랜드》(기파랑, 2008), 1장, 2장 참조.

었다.

아일랜드 자치법안의 후유증으로 자유당은 글래드스턴 추종자와 반대파로 분열되었다. 이때 이념적으로는 자유주의자이지만 아일랜드 자치에는 반대하는 사람들이 생겨났고 그들은 한동안 자유주의 통합파(Liberal Unionist)로 활동하다가 궁극적으로 보수당과 합치게 된다. 보수당은 자유당의 분열로 큰 이득을 보았다. 1886년 총선에서 보수당은 316석을 확보했고,[17] 그 후로도 1906년까지 20년 동안 3년을 제외하고 집권할 수 있었다. 그 대부분의 기간에 보수당을 이끈 지도자는 솔즈베리 후작, 로버트 세실이었다. 그의 보수주의는 디즈레일리 식의 적극적 · 공세적 보수주의가 아니라 방어적 보수주의에 그쳤다. 그렇지만 솔즈베리는 자유당이 내홍에 휩쓸리자 자유당 내 글래드스턴 반대파와의 선거 제휴를 제안하여 그들의 내홍을 적극적으로 이용한 뛰어난 전략가였다.

솔즈베리 후작

1880년대에 또다시 선거권 개정이 논의되었는데 1884년에 제3차 선거법 개정안이 순조롭게 의회를 통과했다. 이제 영국 국민 가

17 글래드스턴파는 191석, 자유주의 통합파는 78명.

운데 21세 이상의 세대주는 재산과 교육에 상관없이 선거권을 부여받았다.[18] 물론 여성이 모두 배제되었기 때문에 진정한 보통선거제라고 부를 수는 없지만 남성에 한해서는 거의 보통선거제가 성립된 셈이었다. 보수당은 이때 처음으로 대중적 정치체제 속에서 생존과 성공이라는 도전에 직면하게 되었다. 솔즈베리는 민주주의의 약진에 대해 회의적이고 국가가 개인의 자유에 대한 위협이 된다고 믿어 국가 개입을 최소한으로 억제하려 한 전형적인 19세기 사람이었다. 1882년에 솔즈베리는 "마지막 보수주의자가 된다는 건 흥미로운 것이다. 나는 그것이 우리의 운명이라고 예견한다"고 심경을 토로했다.[19] 민주주의 시대에 보수당이 살아남을 수 있는 가능성은 그만큼 희박했던 것이다. 그러나 비관론을 갖는 것과 운명론자가 되는 것은 다른 것이다. 솔즈베리는 시세의 흐름을 읽고 있었다. 그는 보수당이 계급, 종교, 지역, 종족적 분열을 넘는 광범위한 호소력을 가져야 살아남을 수 있다는 사실을 깨달았고 그렇게 만들기 위해 부단히 노력했다. 디즈레일리가 대리석 속에 숨어 있는 보수주의 천사들을 발견했다면 솔즈베리는 처음으로 대중 집회에 나가 그들에게 연설했다. 솔즈베리는 1881~1885년에 70회 이상의 대중 연설을 행했으며, 규모가 큰 산업도시에 보수당 조직을 설립하는 데에도 열심이었다.[20] 민주주의에 회의적인 보수주의자로서는 매우 예외적인 행

18 19세기 영국에서 독립/자립은 매우 중요한 가치였기 때문에 세대주가 아닌 성인 남성 — 예를 들어 아버지 집에 사는 성인 남성 — 은 참정권에서 배제되었다.

19 David Willetts, *Modern Conservatism*(Penguin, 1992), p. 16.

20 Ibid.

동이었다.

민주주의 시대에 보수당이 택한 전략은 대중에게 실현가능한 사회개혁을 기대할 곳은 보수당이라는 메시지를 확실하게 전달하는 것이었다. 비록 자유당이 여러 개혁을 주창하고 실제로 추진했지만 자유주의자들은 끊임없이 대중에게 잰 척하는 설교와 훈육을 강요했다. 대중은 그런 자유주의자들의 설교를 듣기 싫어했고 보수당은 그 정서를 알고 있었다.[21] 보수당이 시도한 대중에게 한걸음 더 다가가는 노력 가운데 가장 성공적인 업적은 프림로즈 연맹(Primrose League)의 결성이었다(1883). 디즈레일리가 좋아한 꽃의 이름을 딴 프림로즈 연맹은 보수당에 '근대 대중 정당의 조직'을 제공해 주었다. 이 단체의 조직과 운영의 상당 부분은 여성들의 힘에 의해서 이루어졌는데, 여성과 더불어 새롭게 선거권을 획득한 도시 노동자들도 적극 참여하여 선거 기간 동안 다수의 자원봉사자들과 선거운동원들을 제공해 주었다.

이러한 여러 노력의 결과가 드디어 1885년 선거에서 나타났다. 1885년 총선은 보수당에 특별한 의미를 갖는다. 보수당이 1832년 이후 처음으로 도시 선거구에서 과반수를 차지했던 것이다. 그전까지 보수당의 지역적 지지 기반은 시골이었는데 이제 도시민들이 보수당을 지지하게 되었던 것이다. 이렇게 조심스럽게 민주주의 시대에 들어선 보수당은 예상보다 훨씬 성공적인 20세기를 맞이하게 된 것이다. '멍청한 당'에서 통치할 수 있는 당으로 그리고 궁극적으로

---

21 Charmley, *A History of Conservative Politics since 1830*, p. 59.

는 자신들이야말로 유일한 통치의 당이라고 감히 주장할 수 있게 되었던 것이다.

제6장

민주주의 시대의 보수당

자유당의 분열이 가져다준 이점과 솔즈베리의 지도하에 탄탄한 성장을 지속하던 보수당은 20세기 들어 여러 어려움에 직면하게 되었다. 보수당은 20세기 초에 이르러 아일랜드 자치를 두고 겪은 자유당의 분열과 비슷한 내홍을 겪게 된다. 이때 찾아온 보수당의 위기는 19세기와는 반전된 사회적 분위기 속에서 발생했다. 19세기의 보수당과 자유당은 구체적인 정책을 놓고 다투고 정권을 걸고 경쟁했지만 기본적으로 서로 상당히 유사한 신조와 이상을 믿었다, 즉 19세기의 정치는 암묵적인 합의 위에서 이루어졌던 셈이다. 그러나 20세기에 접어들면서 이 합의가 약화되어 갔다. 무엇보다 19세기를 장악했던 자유방임주의에 대한 확신이 점차 힘을 잃었으며, 대중민주주의의 도래와 더불어 상원의 권력을 약화시키려는 의회개혁이 추진되었다. 이러한 분위기 속에서 보수당도 내부적으로 자유무역에 대한 이론이 제기되었다. 1903년에 조지프 체임벌린(Joseph

조지프 체임벌린

Chamberlain)이 자유무역은 구시대적인 발상이라며 제국을 중심으로 한 보호무역체제로 돌아가자고 당 지도부에 도전해 왔던 것이다.

당 외부에서는 노동조합과 노동당이 중요한 사회적 · 정치적 세력으로 대두했다. 제1차 세계대전으로 인한 정치적 격변은 우선 종전 후 남성 보통선거와 노동당의 상승세라는 현상으로 나타났다. 1920년대에 노동당은 자유당을 제치고 보수당의 상대 당이 되는데, 이것은 곧 계급정치의 도래를 알리는 상징적인 사건이었고 러시아 혁명과 제1차 세계대전 후의 노사 갈등과 총파업을 목도한 당시 사람들에게 매우 심각한 상황으로 받아들여졌다. 이 상황에서 보수당을 이끈 스탠리 볼드윈(Stanley Baldwin)은 노동당에 유화적인 태도를 취하여 계급정치의 과열화를 방지하는 동시에 보수당도 개혁에 나서 당의 지지 기반을 확대하는 방법으로 대응했다. 이러한 전략 하에서 보수당은 1928년에 남녀 평등 선거법을 주도했고 마침내 21세 이상의 모든 남성과 여성에게 선거권이 부여되었다. 진정한 민주주의 시대에 돌입한 영국에서 보수당은 예상 외로 선전했다.

제2차 세계대전이 끝난 직후 거행된 총선에서 노동당은 압승했다. 이제 복지국가의 건설이라는 시대적 명분에 직면한 보수당은 전통적인 가부장적 온정주의를 주장하는 분파와 개인주의적 자유주의를 견지하려는 사람들 사이에서 다시금 갈등을 겪게 된다. 그러나 보수당은 혜성과 같이 나타난 마거릿 대처(Margaret Thatcher)라는 여성 지도자 밑에서 다시 한 번 전성기를 맞게 되고 20세기를 확실하게 '보수당의 세기'로 만들었다.

1. 관세개혁운동(1903)

20세기 초에 보수당은 곡물법 폐지 이후 신봉해 온 자유무역에 대한 이견 때문에 내부 갈등이 불거졌다. 1903년에 체임벌린이 시작한 관세개혁운동은 자유무역의 포기를 주장하며 보수당을 철저하게 흔들어 놓았다. 보수당의 분열은 자동적으로 그동안 분열해 왔던 자유당을 결집시켰다. 이 책의 제5장에서 살펴보았듯이 솔즈베리는 구시대의 전형적 보수주의자였다. 물론 정부는 어쩔 수 없이 항상 개입할 수밖에 없지만, 될 수 있으면 아무것도 하지 않는 정부가 가장 좋은 정부라는 것이 그의 입장이었다. 그러나 19세기 말에 이르러 보수당 내에는 솔즈베리식의 정치가 아니라 당면한 문제를 해결하기 위해 정부가 적극적으로 나설 것을 주장하는 목소리가 대두하기 시작했다.

체임벌린은 어느 모로 보나 보수당과는 맞지 않는 인물이었다. 그는 국교도가 아니라 유니테리언 교파•에 속했고, 대학 근처에는 가 보지도 못한 채 16세에 가

• 기독교의 정통 교의인 삼위일체론 교리에 반하여 예수의 신성을 부정하는 교파.

업인 구두제조업에서 일을 시작하여 자수성가한 기업가였다. 즉 부를 상속받은 게 아니라 부를 창출하는 중간계급 출신이었다. 체임벌린은 1873년에는 버밍엄 시장이 되어 성공적인 경력을 쌓아 갔다. 그는 그 도시의 슬럼을 정비하고 위생을 개선하는 등 도시환경 개선에 선구적 역할을 했기에 정부 개입과 복지국가의 선구자로 간주되기도 한다. 또한 정치적 기교와 카리스마를 갖춘 최초의 근대적 정치가였다. 체임벌린은 원래 급진적 자유주의자였고 비교적 늦은 나이인 39세에 의회에 입성했지만, 배경 덕분에 평범한 유권자들에게 강력한 호소력을 지니고 있었고 빠르게 자유당의 지도층으로 부상했다. 그는 글래드스턴 정부(1880~1885)에서 상무부장관을 역임했지만 아일랜드 자치법안에 반대하여 자유당을 떠나 자유주의 통합파를 이끌다가 궁극적으로는 보수당으로 옮겨 갔다.

사회개혁에 대한 열정을 가지고 있던 체임벌린은 솔즈베리식의 보수주의에 강력히 반대했다. 사실 이때가 되면 보수주의자건 자유주의자건 사회개혁의 필요성을 인식하게 되지만 문제는 돈이었다. 19세기와 20세기 전반기의 영국과 같이 적은 세금으로 운영되는 작은 정부로는 그 일을 할 수 없었다. 이 문제를 해결하는 방안으로 체임벌린은 관세개혁에 착안했다. 기본적으로는 체임벌린도 국가가 부를 창출한 것이 아니라는 사실을 잘 알고 있었고 다른 사람들이 창출한 부를 국가가 가져다 쓰는 것도 좋게 생각하지 않았다. 그의 해결책은 외국인들로 하여금 비용을 부담하게 하는 것, 즉 관세였다.[1] 다시 말해 영제국 외부의 상품이 영국에 수입되는 경우 영제국 국가의 상품보다 높은 관세를 물리고, 반대로 영제국 국가들은 영국

제품에 대하여 다른 국가의 제품보다 낮은 관세를 물리도록 함으로써 영제국 내 나라들끼리의 교역에 혜택을 부여하자는 것이다. 게다가 관세로 생긴 수입은 노령연금과 같은 사회개혁에 필요한 비용을 충당할 수 있을 것이었다. 연금도 필요하고 강한 해군도 필요한데 세금을 올릴 수 없다면 관세가 해답이라는 판단이었다.

나아가 관세개혁운동은 다른 나라들의 보호무역주의에 대한 대안이기도 했다. 영국의 교역 상대국들이 모두 보호무역으로 돌아선 상황에서 자유무역체제는 이제 낡았을 뿐만 아니라 나라에 해가 된다는 것이 체임벌린의 확신이었다. 자유무역으로는 19세기 말에 영국의 경쟁자로 우뚝 선 독일과 미국에 대항할 수 없을 것이라는 판단이었다. 따라서 관세개혁운동의 목표는 여러 개였다. 그것은 우선 제국을 보다 밀접하게 연결할 뿐만 아니라 영국 산업을 보호하여 노동자들의 일터를 지켜 주며 그 수입으로 사회개혁의 비용도 충당한다는 일석삼조의 목표를 가졌던 것이다. 체임벌린의 노선은 사실 디즈레일리를 따른 것이었다. 디즈레일리는 보수당을 제국주의와 사회개혁의 당으로 제시했는데 관세개혁은 바로 그 노선의 일환으로 해석될 수 있다.

체임벌린의 주장은 상당히 설득력이 있고 실현가능했지만 여전히 자유무역주의가 대세를 이루고 있던 영국에서 강한 반대에 부딪혔다. 관세개혁이 원자재 값, 특히 곡물 가격의 상승을 가져와 식비

---

1 John Charmley, *A History of Conservative Politics since 1830*(Palgrave Macmillan, 2008), pp. 66-71.

젊은 시절의 처칠

가 오를 것이라는 반대가 가장 강했다. 즉 관세개혁은 '비싼 빵'을 의미하며 사회보장제도를 통해 한 손으로 준 것을 높은 식비를 통해 다른 손으로 빼앗아 가 버리는 꼴이라는 비판이었다. 결국 체임벌린은 보수당은 물론이고 영국 국민을 설득하는 데 실패했고, 1906년 총선에서 자유당은 실로 20년 만에 보수당을 누르고 승리했다. 자유당의 승리에는 노동당과의 선거 제휴도 기여했는데, 두 정당은 같은 선거구에서 후보를 내지 않는 전략을 택했다. 노동당도 이때 29명이 당선됨으로써 신생 정당의 발판을 다졌다.

아이러니는, 비록 당장에는 실패한 것처럼 보였지만 체임벌린의 아이디어가 점차 보수당 내에서 주류 의견이 되었다는 사실이다. 1910년이 되면 관세개혁 지지자들이 당을 완전히 장악했다. 관세개혁에 대한 보수당 내 지지가 너무 강해서 당 지도자인 아서 밸포(Arthur Balfour)는 관세개혁을 당의 정식 정책으로 선정하지 않을 수 없었다. 오랜 자유무역 시기를 거쳐 보수당이 다시 보호무역주의로 돌아갔던 것이다. 이제 보수당은 자유무역파와 관세개혁파로 나뉘었고, 윈스턴 처칠(Winston Churchill) 등 보수당 내 자유무역주의자들이 당의 노선에 반발하여 자유당으로 당적을 옮겼다. 돌이켜 보면 관세개혁의 호소는 설명하기 어렵다. 열성적 지지자들에게 관세개혁은 영국과 제국을 부활시킬 수단이고 십자군 운동이었다. 관세개혁은 그들의 열렬한 지지를 받았지만 당 내의 지지와는 대조적으로 당 외부에서는 인기가 없었다. 결과적으로 보수당은 17년 동안 정권을 잡지 못했다. 비록 관세개혁을 성공시키지는 못했지만 체임벌린이 한 일 가운데 하나는 상대적 쇠퇴에 돌입한 영국 경제에 대한 경고와 미국과 독일의 경제적 부상에 주목하게 만들었다는 것이었다. 동시에 제국에 들어가는 비용을 어떻게 감당할 것인가라는 중대한 문제를 제기했다.

자유무역과 보호무역 사이의 갈등으로 위기에 직면한 보수당은 당 지도부의 교체로서 위기 극복을 도모했고, 그 과정에서 앤드류 보너 로(Andrew Bonar Law)가 등장했다. 보너 로는 보수당이 하나의 세력에 의해 지배되지 않는다고 천명하면서 조심스럽게 두 분파 사이에서 중도의 길을 걸었다. 결국 보수당은 관세개혁이 아니라 제한적 형태의 보호주의를 취하기로 입장을 정리했다. 보너 로의 지도력은 눈에 띄는 것은 아니었지만 당이 정치세력으로 살아남을 수 있게 만들었다는 점에서 성공적이었다. 이는 보수당이 곡물법 폐지 당시의 위기로부터 당의 분열이 가져올 위험에 대한 교훈을 제대로 배웠음을 시사한다.

아일랜드 자치법으로 인해 분열되고 지리멸렬해 있던 자유당은 보수당의 분열에 힘입어 부흥했다. 19세기 말부터 20세기 초에 자유당에는 허버트 애스퀴스(Herbert Asquith)나 데이비드 로이드 조지(David Lloyd George)와 같은 재기 넘치는 인물들이 모여 들었는데, 특히 로이드 조지가 가장 주목할 만한 인물이었다. 웨일스 출신으로 보잘것없는 배경에도 불구하고 눈부시게 빠른 정치적 경력을 쌓은

로이드 조지는 1906년에 성립된 자유당 정부에서 사회보장제도의 도입을 주도했다. 노령연금, 기초적인 실업 보조금 등의 사회입법이 이때 영국 역사상 처음으로 도입되었다. 그 비용을 감당하기 위해 자유당 정부는 소위 '인민 예산'을 추진했는데, 그 내용은 상속세와 토지세의 인상, 불로소득에 대한 과세와 5천 파운드 이상 소득에 대한 특별 과세였다. 이 방법은 사회보장제도에 드는 비용을 부자들, 특히 토지 소유자들에게 떠맡기는 아주 단순한 해법이었다. 이에 반해 체임벌린의 관세개혁은 외국인들로 하여금 사회보장제도의 비용을 물게 하려는 비교적 고도의 정치적 기획이었다.

2. 노동당의 부상과 민주적 선거제도

노동당의 부상은 전반적인 사회주의의 발흥이라는 현상의 일환이었다. 19세기 후반에 영국 사회가 경험한 엄청난 부와 참혹한 빈곤이 공존하는 모순에 경악한 중간계급 지식인들이 주도한 사회주의의 발흥은 노동계급 내에서 진행된 노동조합운동의 확산과 맞물려 세기 전환기에 영국 정계에 폭풍우를 몰고 왔다. 게다가 교육이 확산되고 선거권을 부여받으면서 노동계급의 정치의식도 발달했다. 직접적 결과물은 노동당의 탄생이었다. 1900년에 비공식적으로 출범한 노동당은 1906년에 29명을 의회에 진입시켰고, 1910년에는 50만 표, 1918년에는 200만 표, 그리고 마침내 1945년에는 1,200만 표로 압도적 승리를 거두게 된 것이다. 한편 1914년 400만 명 정도이던 노조원 수는 1918년에 700만 명으로 급증했는데, 노동당은 구조적으로 노조를 기반으로 설립되었기 때문에 노조원 수의 급증과 함께 재정적으로나 조직적으로 날로 발전하는 모습을 보였다.[2]

승기를 잡은 자유당과 부상하는 노동당 사이에서 고전하던 보수당은 다행히 제1차 세계대전으로 위기를 면하게 된다. 전쟁은 보수주의 정당에 유리하기 때문이다. 보수당의 전통과 이념이 자유당이나 노동당보다 징병, 조국의 수호 등 모든 이슈에서 더 적합했다. 자유당은 기본적으로 자유의 당으로 전쟁과 자유는 갈등할 수밖에 없었고, 노동당은 적어도 이념적으로는 계급 정당이기 때문이었다. 전쟁은 영국 사회를 많이 변화시키게 되고, 무엇보다 전쟁을 겪으며 자유당이 분열하면서 보수당도 많은 변화를 겪게 된다. 보수당 지도부는 전쟁을 치르는 동안 나라 전체의 통합과 연대를 통해 맞서 싸워야만 한다고 생각하여 거국내각에 참여했는데, 전쟁이 끝난 후에도 남아 있었다. 전쟁이 끝나자마자 한 달 뒤인 12월에 선거가 예정되었다. 보수당 지도자인 보너 로는 전후 국가 재건과 번영을 위해 연립이 필수적이라고 주장하면서 로이드 조지 정부와의 제휴를 약속했다. 전쟁 후의 분위기에서 당을 내세우기보다는 연립을 지지하는 것이 보다 자연스럽게 승리를 가져다줄 것으로 판단했기 때문이다. 여러 선거구에서 보수당과 자유당 간의 제휴와 협력이 이루어졌고, 지지자에게는 로이드 조지와 보너 로가 공동 지지를 서명한 편

2 David Willetts, *Modern Conservatism*(Penguin, 1992), p. 27; 강원택, 《보수정치는 어떻게 살아남았나?》(EAI, 2008), 152쪽.

지, 소위 '쿠폰'이 전달되었다.[3]

결국 1918년 총선에서 보수당은 큰 승리를 거두었다. 국가의 재건을 위한 자유당과의 제휴가 유권자들에게 호소력을 가졌던 것이다. 그러나 보수당은 1922년에 연립정부에서 탈퇴하고 독자적으로 총선에 나섰는데 역사상 최초로 500만 표 이상을 득표하면서 345명의 의원을 당선시켰다. 이 총선의 중요한 의의는 노동당이 자유당을 대신하여 보수당의 상대 정당으로 부상했다는 사실이다. 대조적으로 자유당의 세력은 급감하기 시작했다. 1931년 68석이던 자유당 의석은 1935년에 20석밖에 안 되는 치명적 몰락을 경험했고, 2010년에 보수당과 함께 연립정부를 세울 때까지 역사에서 거의 사라지다시피 했다.

1920년대에 노동당이 주요 정치세력으로 대두하자 보수당은 더욱 위협적인 형태로 등장한 사회주의에 어떻게 대처할 것인지를 심각하게 고려해야 했다. 보수주의자들은 집산주의가 단순히 잘못된 것이므로 배척해야 하는지 아니면 근대화의 불가피한 결과물로 수용해야 하는지에 대하여 판단을 내릴 수 없었다. 보수주의자들이 갈팡질팡하는 사이 노동의 세력은 더욱 커져 갔다. 다행히 볼드윈이 당 지도자가 되면서 입장을 정리하고 보수당을 진정한 '국민의 당'으로 만드는 시도를 하게 된다. 볼드윈은 늦깎이 정치인이었다. 그는 50대에 들어서까지 아무런 두각도 나타내지 못하다가 56세라는 나이에 수상이 되었고, 수상직을 세 번이나 역임한 불가사의한 인물

3 애스퀴스파가 편지를 두고 '쿠폰'이라고 조롱한 데서 유래했다.

이다. 볼드윈은 지방의 철물공장주 출신이었는데, 이제 부를 상속받은 사람이 아니라 부를 창출한 사람이 보수당 지도자가 된다는 전환점을 보여 준 인물이었다.

스탠리 볼드윈

부상하는 사회주의에 대하여 볼드윈은 유화적인 태도를 취하고 노동당을 기존 정치에 끌어들여 길들이려고 시도했다. 또한 노동계급을 산업의 동반자 관계로 인정하고 대결보다 합의를 중시하는 등 사회적 조화를 주창했다. 볼드윈의 업적은 기존 지지층인 중간계급과 상류계급을 소외시키지 않으면서 노동계급 유권자를 끌어들여 보수당의 사회적 기반을 넓혔다는 것이다. 볼드윈 하에서 보수당은 디즈레일리 후 가장 적극적인 개혁을 도입하여 낙후 지역 지원, 슬럼 청산과 주택건설 사업 등을 적극적으로 전개했는데, 그 덕분에 총선에서 노동계급 다수의 지지를 받을 수 있었다. 마거릿 대처 이전에 확실한 색채의 보수주의를 보여 준 수상으로 평가되는 볼드윈의 개인적 리더십도 안도감을 주는 것이었다. 그는 요란하지 않으면서 실질적인 정치인이었다. 특히 볼드윈은 영국민을 결속시키는 수단으로 국민 정체성을 강조했는데 그는 '영국적인 것'을 '시골'로 정의하고 영국인들의 정서에 호소했다.[4] 볼드윈 덕분에 공산주의와 파시즘이

4 볼드윈은 "내게 영국은 시골이고 시골은 영국이다"라고 국민 정체성을 정의했

라는 좌우 양쪽의 극단적 이념의 시기에 보수당은 어느 한 쪽에 치우치지 않으면서 영국이 극단으로 경도되는 것을 막을 수 있었다. 볼드윈은 무엇보다 보수당이 '국민의 정당'이라는 메시지를 전달하려 노력했다. 볼드윈이 1926년에 행한 연설은 전간기(戰間期)에 이루어진 성공적인 연설들 가운데 하나로 간주된다. 그 연설에서 볼드윈은 상대 정당이 '분파주의'를 퍼뜨린 결과 영국인들은 사적인 목적만을 추구하게 되었다고 비판하면서, 반대로 보수당은 '어떤 한 계급을 위해서가 아니라 나라 전체를 위해 통치하는 능력을 최대한 발휘하고 있다'는 점을 유권자들에게 보여 주어야 한다고 주장했다. 일부 학자들은 볼드윈의 이 연설을 1920년대부터 1990년대까지 지속된 보수당의 정치적 주도권의 시작으로 판단하기도 한다.[5]

볼드윈이 정부를 이끈 1920년대에 영국 헌정 상의 또 다른 중대한 변화는 대폭적인 참정권의 확대와 진정한 민주적 선거제도의 시작이었다. 전쟁이 가져다준 정치적 · 사회적 변화는 획기적인 남녀평등 보통선거제의 도입으로 구체화했다. 21세 이상의 남성과 30세 이상의 여성에게 참정권을 부여한 1918년 국민대표법과 21세 이상 남녀 모두에게 동등한 참정권을 부여한 1928년 선거법으로 영국에서는 진정한 의미의 정치적 민주주의가 시작되었다. 이것은 1867년에 비록 상층부에 국한되었지만 역사상 처음으로 노동계급에 선거

다. 박지향, 《영국적인 너무나 영국적인》(기파랑, 2006), 2장 참조.

5 Neal R. McCrillis, *The British Conservative Party in the Age of Universal Suffrage*(Columbus: Ohio State UP, 1998), p. 228.

권을 부여할 당시 디즈레일리가 처한 상황과 비슷했다. 보수당은 특히 20대 '철부지 처녀'에 대한 강한 불안감을 느끼고 있었다. 그러나 1928년 이후 보수당 성공의 상당 부분은 여성들이 던진 표 덕분이었다.

진정한 민주주의 시대를 맞이하여 보수당은 대중에게 다가가기 위한 처절한 노력을 시작했다. 이때 사용한 수단 가운데 초롱불 강연이나 영화 트럭이 있는데, 1928년이 되면 자유당도 노동당도 가지지 못했던 영화 트럭이 보수당의 '가장 강력한 수단'이 되었다. 보수당은 또한 빅터 골란츠(Victor Gollancz)가 성공적으로 이끌고 있던 좌파독서클럽(Left Book Club)에 대항하여 우파독서클럽(Right Book Club)과 전국독서협회(National Book Association)를 만들었다. 보수당은 교육을 통해 지지자들을 확보할 뿐만 아니라 활동대원들을 훈련시켰고 이렇게 훈련받은 인력은 대중에게 보수당을 선전하는 데 결정적이었다. 보수당은 최신 기술을 적절하게 이용하는 데에도 매우 빨랐다. 1922~1939년간 영국 내 설치된 라디오는 3만 6천 대에서 890만 대로 급증했다. 노동계급은 처음에 라디오를 향유하지 못했지만 1930년대에 이르면 형편이 나은 노동자들은 라디오를 갖게 되었다. 특히 라디오를 잘 이용한 정치인은 볼드윈이었다. 보수당은 영화도 잘 활용했는데, 새로운 유권자들을 맞이하여 오래된 메시지를 새로운 기술력으로 표현했다고 할 수 있다. 볼드윈은 "어떤 것을 확신시키려면 계속해서 반복하라. 그래서 대중이 반복을 통해서 당신의 생각을 알 수 있게 하라"고 충고했다. 대중은 복잡한 메시지를 이해하지 않는다는 사실을 잘 알고 있었던 것이다.[6]

이처럼 다양한 노력 끝에 1930년대가 되어서도 보수당은 연속해서 집권에 성공할 수 있었다. 대공황이 전 세계를 강타한 때였지만, 전통 산업의 어려움과는 대조적으로 자동차와 같은 신산업 지역에서는 일자리가 생겨나고 번영한 사실도 보수당에 유리하게 작용했다.

3. 1945년 이후의 정국

비록 보수당의 처칠 수상이 제2차 세계대전을 승리로 이끌었지만 보수당은 종전 직후 실시된 총선에서 완패했다. 전쟁을 겪으면서 평등과 공정한 분배에 대한 국민의 기대감이 커졌고, 영국만이 아니라 유럽 전역에서 전쟁 중에 진보적 사고가 확산되었기 때문이다. 1940년대 분위기는 "국민들에게 사회개혁을 주지 않으면 그들이 우리에게 사회혁명을 가할 것이다"라는 당시 경고로 요약할 수 있다.[7] 전쟁 동안 국가의 역할이 대단히 확대되었다는 사실도 사회주의를 표방하는 노동당에 이로웠다. 군사적 성공을 거두는 데 국가의 통제가 매우 중요했듯이 경제적 번영을 누리는 데도 마찬가지로

---

6 Andrew Taylor, "Speaking to Democracy: The Conservative Party and Mass Opinion from the 1920s to the 1950s" in *Mass Conservatism: The Conservatives and the Public since the 1880s*, eds. Stuart Ball & Ian Holliday(Frank Cass, 2002), p. 81, p. 95.

7 Charmley, *A History of Conservative Politics since 1830*, p. 139.

국가의 역할이 중요할 것이라는 심리가 전후 감지되었는데, 노동당의 승리는 그런 새로운 심리학 덕분이기도 했다. 하이에크의 지적대로 1945년 이후에 '사회적'이라는 단어가 '도덕적' 또는 단순히 '좋은'이라는 단어를 점점 더 대체하게 되었던 것이다.[8]

●특정한 정당이나 정파만이 아니라 그 외 정당들을 포함하는 내각. 일반적으로 전시 등 비상시에 구성한다.

더욱이 노동당이 전쟁 중 거국내각●에 참여함으로써 애틀리, 크립스, 베빈 등 노동당 지도자들은 이미 국민들에게 익숙한 얼굴이 되어 있었기 때문에 무능한 당이라는 노동당의 이미지도 많이 개선되었다. 가장 결정적인 원인은 노동당이 제시한 복지국가의 이상을 대체할 만한 비전을 제시하지 못했다는 데 있었다. 종전 직후 거행된 총선에서 노동당은 복지국가의 건립을 전면에 내세웠지만, 그에 맞서 싸울 무기가 '처칠의 사진뿐'이라는 말이 있을 정도로 보수당은 열세였다. 총선 결과는 노동당 393명, 보수당 213명이며, 득표율은 노동당이 47.8%, 보수당이 39.8%였다. 게다가 노동당의 지배가 앞으로도 굳건할 것처럼 보였으므로 충격은 더욱 더 컸다. 1945년 총선에서 노동당을 지지한 젊은이들은 1920년대의 노동당 정부를 경험해 보지 않았기 때문에 노동당이 내건 '새로운 예루살렘'의 약속을 믿었다. 이때 노동당에 몰표를 준 젊은이들이 향후 20년 동안

8 Captain Colin Coote, "Conservatism and Liberalism," *Political Quarterly*, 24/2(April 1953), pp. 204-205; 프리드리히 하이에크, 김균 역, 《자유헌정론》 I(자유기업센터, 1997), 119쪽.

1945년 총선 직후 조지 5세와 애틀리

노동당의 중요한 지지층을 형성하게 된다. 물론 나이든 사람들은 그런 유토피아에 대하여 훨씬 더 냉소적이었다.

이러한 분위기에서 이데올로기를 둘러싼 논란이 보수당 내에 활발해졌다. 베버리지 보고서•의 인기와 1945년 총선에서의 패배 규모는 보수주의자들이 좋아하든 좋아하지 않든 간에 집산주의, 국영화, 부의 재분배와 같은 의제들을 묵인해야 함을 의미했다. 실제로 보수당은 1945년 이후 노동당 정부의 노선을 대부분 그대로 수용했다. 1945년 이후 약 30년간 보수당과 노동당의 비슷한 이념적 · 정책적 실천을 흔히 '합의'라고 부르고 그 시대를 '합의의 시대'라고 부른다. 특히 보수당 내 '하나의 국민'파는 복지국가 정국에서 추진되고 있던 정책들을 수용하고 노동당과 '합의의 시대'를 열어 가는 데 찬성했다. 그러나 다른 분파는 '합의'가 보수당의 원칙과 전통에 어긋난다며 노동당이 추구하는 집산주의에 반대했다. 이때 '하나의 국민'파가 시대정신을 등에 업고 당의 주도권을 장악했다. '하나의 국민'파는 이 책의 제2장에서 살펴보았듯이 디즈레일리 이

• 1942년 사회보험위원회 위원장인 윌리엄 베버리지가 작성한 보고서. 발간된 지 한 달 만에 10만 부가 팔리는 등 대중적 인기를 끌었고, 전후 영국 사회보장제도의 기초가 되었다.

후 국민들의 단합과 화합을 주장하고 그를 위한 사회적 · 도덕적 책임을 당연시했다. 더욱이 이 무렵에는 상당수의 '하나의 국민'파가 당의 중진으로 자리매김한 상태였으므로 보수당 내 정책적 · 사상적 논의에서 큰 영향력을 행사할 수 있었다.

노동의 세력이 강해진 1945년 이후의 세상에서 보수당은 노동계급과의 관계를 개선할 필요성을 절감했고 1947년 전당대회에서 '산업헌장(The Industrial Charter)'을 공표했다. 그것은 '혼합경제, 노조와의 상생, 복지에 대한 국가 책임'을 약속한 일종의 사회계약이었다. 즉 노조가 산업에서 담당하는 '위대하고 중요한 역할'을 인정하고 '높고 안정된 고용률과 혼합경제'를 받아들인다는 것인데, 그때까지의 보수당 정책과 확연히 구분되었다. 물론 산업헌장은 집산주의가 좋은 것이라고 말하지 않았지만, 노동당과 마찬가지로 완전고용과 복지국가의 수호라는 명분에 동의했고 그를 위해 보수당의 전통적 가치를 많이 포기하기로 한 것이었다. 맥밀런을 위시한 '하나의 국민'파는 디즈레일리의 소설 《시빌, 혹은 두 개의 국민들(*Sybil, or The Two Nations*)》을 인용하면서 '두 개의 국민들'을 극복해야 하듯이 산업의 양측을 통합시켜야 한다고 말했다. 그 노선에 반대하는 사람들에게 그것은 '사회주의/공산주의와의 타협'을 의미했다. 물론 보수당이 노동당 정책을 모두 받아들인 것은 아니다. 산업헌장은 '사회주의자들은 국민들에게 명령을 내려야 한다고 믿지만 보수주의자들은 국민들에게 자유를 주어야 한다'고 주장했다.[9] 또

9 John Ramsden, *An Appetite for Power: A History of the Conservative Party since*

한 보수당 내 논의에서는 복지국가가 함유하는 여러 정책을 도입하는 데 소요되는 비용에 대한 우려도 있었다. 처칠은 산업현장을 보고 "이제 우리 당에도 사회주의자가 있구나"라고 한탄했다고 한다.[10] 그러나 처칠이 수상으로 돌아온 후에도 보수당 정부는 완전고용을 목표로 하는 정책을 추진했다.

사실 어떻게 보면 1945년에 집권하지 않은 게 보수당에는 나았을 수도 있었다. 양차 세계대전으로 국가의 부가 완전히 소멸된 상태에서 경제를 부흥해야 하는 의무를 떠맡지 않아도 된 것이 보수당에는 오히려 다행이었다. 국민보건법을 시작으로 요람에서 무덤까지로 대표되는 복지국가의 탄생은 재정적으로 대단한 부담이었지만, 노동당 정부는 복지정책을 추진했고 1950년 2월 총선에서 또다시 승리하는 결과로 이어졌다. 그러나 재집권한 노동당 정부는 20개월을 채 버티지 못하고 물러나게 된다. 직접적 원인은 1950년에 발발한 한국의 6 · 25전쟁이 야기한 재무장의 필요성 때문에 복지정책을 수정할 수밖에 없게 되자 내각의 좌익 각료들이 반발한 것이었다. 그러나 보다 근본적인 이유는 노동당이 정신과 육체에서 모두 지쳐 버린 당이 되었다는 사실이었다. 주요 각료인 크립스와 베빈이 1950년대 말과 1951년 초에 각각 사임한 후 얼마 있지 않아 타계

1830(HarperCollins, 1998), pp. 342-343.

10 Peter Dorey, "Industrial Relations as 'Human Relations': Conservatism and Trade Unionism, 1945-64" in *Mass Conservatism: The Conservatives and the Public since the 1880s*, eds. Stuart Ball & Ian Holliday(Frank Cass, 2002), pp. 144-145; 강원택, 《보수정치는 어떻게 살아남았나?》, 230-231쪽.

하고, 애틀리 수상도 병으로 입원하게 되어 지도부가 사라져 버렸던 것이다.

이러한 배경 위에 보수당은 1951년 10월에 또다시 치러진 총선에서 집권에 성공하고 처칠이 수상으로 돌아왔다. 그러나 처칠은 당의 지도자가 아니라 국가의 지도자가 되려고 처음부터 작정했고 그런 식으로 처신했으며, 그의 정부는 노동당 정부가 수립한 복지정책을 계속해서 추진했다. 당시 사회적 분위기가 복지를 중요하게 여기는 추세였기에 선거에서 이기기 위해서도 복지정책은 꼭 필요했던 것이다. 전후 확립된 복지국가도 실은 전쟁 중 처칠이 이끈 거국내각 시절에 잉태한 것이었고, 많은 보수당 사람들이 베버리지 보고서에 관여했다. 보다 적극적으로 노동당의 입장에 동조한 맥밀런은 처칠 정부에서 주택건설부장관으로 임명되었는데, 그는 처음에는 자신이 맡은 부서에 불만을 품었지만 곧 그 중요성을 깨닫게 되었고 주택건설에 매진했다. 주택정책은 '합의의 보수주의'를 대변하는 것으로 보수당은 이처럼 노동당 정부의 유산을 공격하기는커녕 계승함으로써 자신들도 일종의 '사회주의'를 채택한 셈이 되었다.[11]

1950~1960년대에 보수당 정부가 주로 다루어야 했던 문제는 완전고용이었다. 보수당의 원칙상 완전고용은 그다지 달갑지 않았다. 하지만 '하나의 국민'파는 완전고용을 지지했는데 만약 완전고용을

---

11 1953년이 되면 주택 30만 채가 완성되었다. Mark Garnett & Kevin Hickson, *Conservative Thinkers: The Key Contributors to the Political Thought of the Modern Conservative Party*(Manchester: Manchester University Press, 2009), p. 171.

포기할 경우 실업이 증가되어 사회적 불안이 야기되고, 헌정질서와 사회질서가 크게 흔들릴 것으로 믿었기 때문이었다. 이러한 견해는 당 내에서 1970년대 중반까지도 우세했다. 처칠, 이든, 맥밀런, 히스 등 역대 수상들은 모두 영국이 중간 지점에서 통치될 때 최선이라고 믿었는데, 실제로 합의의 시대에 국가의 부가 증가하고 보수당이 선거에서 승리하는 실질적 효과가 있었다.

그러나 모든 보수주의자가 이러한 중도 노선에 행복해한 것은 아니었다. 1950년대에 노동당 정부의 개혁을 어쩔 수 없는 것으로 받아들여야 할지 아니면 '사회주의적 틀'을 부수어 버려야 할지를 놓고 보수당 내에 격론이 벌어졌다.[12] 이때 등장한 집단이 '하나의 국민(One Nation)'파였다. 1945년에 이어 1950년 2월 총선에서 보수당이 또다시 패배하자 이녹 파월(Enoch Powell), 이언 길모어(Ian Gilmour), 에드워드 히스(Edward Heath)를 포함한 초선 의원들 9명이 모여 '하나의 국민'이라는 그룹을 결성했던 것이다. 이들은 보수당 내에서 가장 영향력을 미친 집단이면서 가장 많이 오해되고 있는 집단이다. 후대 사람들은 '하나의 국민'파가 집산주의의 추종자인 것으로 해석하지만 그들은 처음에 경제적 자유를 주장했다. 초기 멤버들 가운데는 파월처럼 나중에 신자유주의자로 확실하게 자리매김한 사람들도 있고 길모어처럼 정부 역할을 강조하고 느슨한 경

12 E. H. H. Green, *Ideologies of Conservatism: Conservative Political Ideas in the Twentieth Century*(Oxford: Oxford UP, 2008), p. 12; Norman Barry, "New Right" in *The Political Thought of the Conservative Party since 1945*, ed. Kevin Hickson(Palgrave Macmillan, 2005), p. 36.

제정책을 옹호한 사람들이 섞여 있었다. 그러던 중 후자가 '하나의 국민'파의 핵심 구성원이 되는 것이다.

'하나의 국민'파가 1950년에 발간한 첫 번째 팸플릿은 당시 소득 재분배가 너무 극단적으로 나아갔고 복지국가가 너무 거대해졌다고 비판했다.[13] 이 팸플릿은 파월이 주로 작성했는데, 계획경제는 국가 자원을 최선으로 이용하는 방법이 아니며, 시장에 더 많은 역할을 주어야 한다는 그의 주장이 담겨 있었다. 파월은 계획경제의 문제점을 적나라하게 지적하면서 정부가 아니라 민간기업의 더 많은 경쟁, 더 많은 모험, 더 많은 투자가 국가의 번영을 가져온다고 주장했다. 이 문건은 당시 보수당이 묵인하고 있던 사회민주적 경로를 떠나 자유시장으로 향하는 확실한 변화를 촉구하는 보수당 내 목소리를 대변했다. 그러나 1950년대만 해도 '하나의 국민'파의 주요 관심은 경제가 아니라 사회문제였기 때문에 경제정책을 둘러싼 갈등이 심각하게 표출되지는 않았다.

이론적 · 원칙적 대립 외에 당원들의 실제 행동에 의한 반대도 나타났다. 1946년 보수당 전당대회에서 집산주의적 '합의'에 반대하는 우익의 반란이 일어났고 전국자유연맹(The National League for Freedom)이 결성되었다. 당 외부에서는 하이에크가 계획경제의 위험을 지적하고 '합의'에 대한 지적인 반대를 이끌었다. 전쟁이 끝났는데도 여전히 줄을 서고 배급을 받던 당시 영국 사회에서 자유는 큰 의미를 가지고 있었다. 보수당도 자신들이 노동당과 달리 자유를 위

---

13 Willetts, *Modern Conservatism*, pp. 37-38.

해충 클럽 배지

한 당이라는 사실을 적극 홍보했다. 1945년 이후 보수당의 주된 경쟁 대상이 자유당에서 노동당으로 확실히 바뀌면서 보수당은 자유를 옹호하는 당 그 자체가 되었다.[14]

가장 놀라운 사실은 보수당을 지지하는 점잖은 중간계급 사람들이 거리로 쏟아져 나온 것이었다. 거리문화는 보통 노동계급이나 정치적으로 극단적인 사람들과 연계되는 법인데 이때 보수주의자를 자처하는 사람들이 거리문화를 취했던 것이다. 영국주부연맹(British Housewives League), 해충 클럽(Vermin Club) 등이 이때 결성되었다. 전자는 노동당 정부 하에서 계속된 긴축경제에 화가 난 주부들의 조직이었고, 후자는 노동당의 대표적 좌익 정치인 어나이린 베번(Aneurin Bevan)의 연설에 대한 반발로 결성되었다. 복지부장관인 베번은 여전히 형편없는 하층민들의 건강상태를 언급하면서 "토리당에 대한 불타는 증오"를 느끼며 그들은 "해충보다도 못하다"는 극언을 퍼부었다. 이 말은 즉각적으로 1945년 총선에서 보수당에 투표한 사람들에 대한 증오를 표현한 것으로 읽혔고, 그에 대한 반발로 해충 클럽이 조직되었다. 그들은 반(反)사회주의 유권자들을 조직하고 사회주의의 위험에 대하여 알린다는 목표를 두고 활동을 시작했는데 급격히 회원 수가 늘어 몇 달

14 Ibid., p. 35. 그런 분위기에서 젊은 마거릿 대처가 정치의식을 갖게 되었다.

안에 12만 명이 되었고, 한 달 후인 8월 6일에는 '해충 집회'가 런던에서 개최되었다.[15]

그러나 이처럼 개인주의적 자유를 주창하고 국가 개입을 반대하는 목소리에도 불구하고 1950년대 보수당의 주류는 '하나의 국민'파였다. 수에즈 사건 후 이든(Anthony Eden)을 대체하여 맥밀런이 수상으로 취임하자(1957) 그들에게 기회가 왔다. 수에즈 위기는 이집트의 나세르(Nasser)가 쿠데타로 정권을 잡은 후 수에즈 운하를 국유화하는 결정을 내리자 운하에 기득권을 가지고 있던 영국과 프랑스가 이스라엘과 공모하여 이집트를 침공한 사건이다. 그러나 미국과 유엔의 강한 반발로 인해 아무런 목적도 달성하지 못한 채 철수함으로써 국제적 망신이 되었다. 이후 영국 경제가 불황으로 접어들자 맥밀런은 산업 보조금을 지급하는 등 재정 지출을 늘리는 정책을 추진했다. 이때 프랑스의 계획경제가 바람직한 모델로 등장하여 맥밀런의 정책에 힘을 실어 주었다. 그러나 맥밀런의 정책에 반대한 세 명의 각료가 항의의 표시로 내각에서 물러났다. 보수당 내 모든 사람이 사회민주적 합의에 동의하지 않았다는 사실을 알 수 있는 사건이었다. 사임한 재무장관 소니크로프트(Peter Thornycroft)는 내각에 보낸 비망록에서 "가격과 임금의 계속된 상승은 궁극적으로는 정부가 완전고용, 사실상 '초완전고용'을 지원할 정도로 충

15 Paul Martin, "Echoes in the Wilderness: British Popular Conservatism, 1945-51" in *Mass Conservatism: The Conservatives and the Public since the 1880s*, eds. Stuart Ball & Ian Holliday(Frank Cass, 2002), p. 121, pp. 131-132.

분한 돈을 언제나 찍어 낼 수 있다는 믿음에서 기인한다"고 비판했다.[16] 과연 그의 지적대로 재정 지출은 인플레이션을 유발했는데, 1960년대 들어 정부는 인플레이션을 잡고 경제성장률을 높이기 위해 더 많은 영역에 개입하기 시작했다. 케인스 자신은 결코 정부의 직접적인 간섭을 옹호한 적이 없었는데, 이제 영국에서 케인스주의는 사회주의가 되어 버렸던 것이다.[17]

그러나 여론은 크게 나쁘지 않았다. 1951~1963년에 물가는 거의 45% 올랐지만 임금은 평균 72%나 올랐고 자동차, 냉장고, 텔레비전 등 소비재도 풍성했다. 맥밀런은 '수퍼맥'이라고 불리면서 인기를 누렸다. 하지만 1960년대 초부터 경기가 나빠지고 보수당 정부의 유력한 정치인인 프로퓨모가 연루된 섹스 스캔들도 터졌다. 맥밀런이 건강 악화로 사임하자 아무도 예상하지 않았던 알렉 더글러스 흄(Alec Douglas-Home)이 수상으로 발탁되었다. 그것은 보수당 지도자가 여전히 소수에 의한 비공개 추대 방식에 의해 선정되었기 때문이었다. 1964년 총선에서 보수당이 패배하자 이를 계기로 공개적으로 당 지도자를 선출해야 한다는 의견이 관철되고, 보수당 역사상 처음으로 에드워드 히스가 민주적 방법에 의하여 지도자로 선출되었다(1965년 7월). 히스는 평범한 중산층 출신으로 공립학교를 졸

---

16 Kieron O'Hara, "The Conservative Dialectic of Margaret Thatcher's First Term" in *The Foundations of the British Conservative Party*, eds. Richard Carr & Bradley W. Hart(Bloomsbury Academic, 2013), p. 43.

17 Robert Skidelsky, "Introduction" in *Thatcherism*, ed. Robert Skidelsky(Oxford: Basil Blackwell, 1990), p. 3.

닉슨 대통령 부부(오른쪽), 엘리자베스 여왕과 에드워드 히스

업한 후 장학금으로 옥스퍼드대학에 진학했다. 보수당 역사상 처음으로 상류계급이나 기득권층이 아닌 사람이 보수당을 이끌게 된 것이었다. 히스 전까지 보수당 지도자들의 면모는 귀족 일색이었다. 솔즈베리는 후작, 더글러스 흄은 백작, 이든은 준남작, 밸포는 솔즈베리의 조카, 처칠은 말버러 집안이었다. 그리고 맥밀런은 자신은 귀족 출신이 아니었지만 그의 부인이 데본셔 공작의 딸이었다. 히스의 등장과 더불어 보수당 지도층이 확실히 구태를 벗어나기 시작했고, 그의 뒤를 이어 대처와 메이저가 보수당 지도자가 될 수 있었다. 그들은 이 '무혈혁명'이 없었다면 결코 보수당 지도부로 선출되지 못했을 사람들이기 때문에 1960년대에 있었던 당 지도자 선출 방법의 변화는 매우 중요한 의미를 갖는 전환점이었다.

4. 1970년대의 위기

1960년대에 영국 경제는 장기적인 성장률 하락과 국제 정세의 변화가 야기한 위기에 직면했다. 표면적으로 영국은 완전고용, 낮은 물가 상승률, 적지만 꾸준한 경제성장률, 안정적인 소비사회를 자랑했지만 그 기저에는 훨씬 더 장기적이며 드러나지 않은 문제들이 도사리고 있었다. 막대한 재정 지출이 야기한 심각한 물가 상승의 조짐도 보였다. 한편 전쟁의 상흔으로부터 빠르게 회복한 독일, 프랑스, 이탈리아의 경제는 영국을 추월하고 있었으며, 대륙에서는 유럽연합(EU)의 전신인 유럽경제공동체(EEC)가 활발히 추진되고 있었다. 그러나 영국은 이에 참여하지 않았을 뿐만 아니라 자부심의 원천이던 제국을 조금씩 상실하고 있었다. 보수당은 경제성장과 국가적 자부심을 기반으로 하는 정당이었던 만큼 그 기반의 붕괴는 곧 보수당이 자신감을 서서히 잃어버리는 결과를 가져왔다. 물론 이 시기의 위기는 보수당 자체의 위기라기보다 국가 전체가 당면한 위기였다.

이때 보수당이 취하고 있던 중도 노선에 대하여 강력한 비판을 제기한 사람은 이녹 파월이었다. 파월은 경제 영역에서 국가의 역할과 개입이 커지는 것을 반대하고 자유시장을 옹호했다. 정부가 개입하여 실시하는 가격통제와 임금통제 등은 시장이 가진 가격조절 기능을 약화시킴으로써 오히려 비효율적인 결과를 낳는다는 주장이었다. 파월은 경제적 자유주의의 관점을 적용해 생산성과 효율성을 증가시키는 것이 옳은 길이라고 믿었다. 그러나 '하나의 국민'파가 장악한 보수당에 파월의 목소리는 '광야에서 외치는 소리'에 불과했다. 게다가 1968년 '피의 강' 연설에서 그는 영국으로 유입되는 이민자들로 인해 영국이 위기에 처해 있다고 주장함으로써 정치적 위기에 봉착했다. 그의 발언은 인종주의적 시각이 아니라 영국의 국민 정체성의 붕괴를 우려한 때문이었지만 파월이 치러야 할 정치적 대가는 가혹했다.

파월이 아니더라도 1960년대 영국 경제의 문제점은 많은 보수주의자에게 인식되고 있었다. 1965년에 보수당 지도자가 된 에드워드 히스는 1970년 총선에서 승리하자 처음에는 경제적 실패를 극복하기 위한 실마리를 자유시장 어젠더에서 찾고자 했다. 즉 세금으로 사양 산업을 연명시키는 정책을 중단하고, 실업률을 감수하고라도 치솟는 물가 상승률을 안정시키며, 노동조합을 개혁하는 등의 정책을 시도했던 것이다. 이것은 맥밀런 시대 이래 보수당이 추구해 왔던 것에 정반대되는 정책 방향이었다. 드디어 보수당 내 신자유주의자들의 염원이 이루어지는 듯했다. 그러나 히스 내각은 불과 2년 만에 개입 정책과 집산주의로 돌아섰다. 히스의 발목을 잡은 데에는 강성 노조가 한몫을 크게 했다. 특히 1960년대에 노조가 호전적이 되었는데 그들은 정부가 자신들을 견제하지 못한다는 사실을 알게 되자 더욱 강경해졌다. 당시 좌파에 경도되어 있던 사회적 · 지적 분위기도 노조의 호전성을 부추겼다. 1971~1972년 겨울에 광부들이 정부의 8% 임금 인상안을 거부하고 47% 인상을 요구하면서 파업을 시작했다. 준비가 되지 않았고 혼란을 피하고 싶었던 히스는 광부들에게 크게 양보했는데, 곧이어 인플레이션이 27%까지 치솟았

• 기술관료. 기술적으로 전문적 지식을 보유한 관료.

다. 그해에 엔진 및 자동차 제조사인 롤스로이스가 파산하자 히스 정부는 공적 자금을 투입해서 회생시키려 시도했지만 끝내 파산에 이르자 회사를 국유화해 버렸다. 이처럼 히스 정부는 1972년에 이르면 시장경제의 꿈을 포기하고 가격 및 소득 통제 정책으로 전환했다.

히스의 방향 전환은 보수당에 대한 신뢰를 깨뜨리는 결과를 낳았을 뿐만 아니라 자신의 몰락을 초래했다. 그의 '배신'에 몹시 분개한 당 내 신자유주의자들은 뉴 라이트라는 비전 아래 모여 히스를 대체하려는 계획을 세우게 되었다. 반격이 시작되었던 것이다. 히스는 일종의 테크노크라트•로서 구체적인 정책들은 구상했지만 명확하고 포괄적인 비전을 제시하는 데에는 실패했다는 평가를 받는다. 히스에게는 여론이나 많은 이익단체들의 반대를 무릅쓰고 정책을 추진하는 정치적 과감성과 의지력이 부족했다. 히스의 유일한 업적은 드골의 반대로 일차 좌절되었던 유럽경제공동체에 영국의 가입을 성사시킨 것이었다. 히스 정권은 1973년에 전 세계를 강타한 오일쇼크라는 외부 위기까지 겹쳐 총체적 난항을 겪었다. 그해 11월에 다시 광부노조가 정부에 도전했다. 당시 오일쇼크로 위기인 상황에서 노조가 연장 근무를 금지한 것인데, 히스 수상은 국가비상사태를 선언하고 일주일에 사흘 근무를 실행했다. 1974년 2월에는 광부노조가 전국적 파업을 시작했다. 노조의 도전을 견디지 못한 히스는 곧바로 '누가 영국을 통치하는가?'라는 슬로건을 내세우고 총선이라는 승부수를 던졌지만, 과반수 의석 획득에 실패함으로써 정권을

키스 조지프

내주었을 뿐만 아니라 보수당 내에서 마거릿 대처가 급격히 부상하는 것을 도왔다.[18]

사실 히스에 대한 가장 강력한 도전자는 키스 조지프(Keith Joseph)였다. 유태인인 조지프는 보수당 내 신자유주의자들의 우두머리였다. 1970년대 초만 해도 그는 '하나의 국민' 보수주의의 관점에서 복지국가를 지지하고 진보적 견해를 취했다. 그러나 1974년 4월, 즉 광부노조가 총파업을 시작한 때를 기점으로 방향을 바꾸어 제2차 세계대전 이후 영국이 걸어온 길을 비판하고 자유시장의 필요성을 역설했다. 조지프는 1975년에 대처와 함께 정책연구센터를 설

18 1974년 2월 선거에서 노동당 301석, 보수당 297석으로 어느 당도 과반수를 획득하지 못했다. 3월에 윌슨이 소수내각을 조직했지만 한계를 느끼고 그해 10월에 또다시 총선을 실시한 결과 가까스로 노동당의 단독 집권이 가능해졌다.

립하고 뉴 라이트 이데올로기를 본격적으로 계발하기 시작했다. 그러나 당 지도자 선거 준비가 진행되고 있던 하필 그때 조지프는 한 연설에서 '하층계급 여성들은 부모가 되기에 적절하지 않다'는 발언을 했다. 복지에 의존해 사는 미혼모들을 겨냥한 말이었지만 조지프는 비난에 몰려 당 지도자 입후보를 단념해야 했다. '우리 중의 누군가'가 나서야 하는 상황에서 조지프 대신에 마거릿 대처가 후보로 나서기로 결심했다. 1975년 2월에 있었던 당 지도자 선거에서 대처는 130표를 획득하여 119표를 얻은 히스를 앞질렀다. 대처가 획득한 표는 과반수보다 31표가 적었지만 히스가 사임함으로써 보수당 역사상 최초의 여성 지도자가 탄생했다. 당시 대처가 보수당을 '낚아챘다'는 말이 돌았다. 4년 후 총선에서 압도적으로 승리한 후 영국 역사상 최초의 여성 수상이 된 대처는 대처 혁명을 일으키며 영국병을 치유하는 데 나섰다.

어떻게 1974년에 대처가 히스를 물리치고 당 지도자가 될 수 있었나? 우선 정통적 해석은, 당 지도자 선거에서 대처를 지지한 사람들이 대처에 대하여 잘 몰랐고, 대처가 어떤 종류의 변화를 가져올지 몰랐기 때문에 지지했다고 주장한다. 그러나 이 주장은 전혀 설득력이 없다. 다음으로, 보수당 의원들이 대처의 신념에 대해 잘 알고 있었음에도 일단 지도자로 선출한 후에 대처를 통제할 수 있을 것이라고 믿었다는 주장이 있다. 그러나 이 주장도 설득력이 없는데, 보수당에서 지도자가 갖는 막강한 권력과 권위를 생각해 볼 때 의원들이 그 정도의 위험을 감수하려 했다는 것 역시 타당한 설명이 아니다. 토리당의 전통은 지도자에게 전권을 주는 것, 즉 일단 당의 지도자가 선출되면 그가 이끌어야 한다고 믿는 것이기 때문이다. 가장 설득력 있는 해석은, 많은 의원이 히스에 반대했을 뿐만 아니라 조지프가 제기한 것과 같이 새로운 사고의 필요성을 깨닫고 근본적인 변화를 원했기 때문이라는 것이다. 그들은 당 지도자의 변화만이 아니라 당이 지향하는 방향 변화의 필요성도 절감하고 있었다. 운의 도움을 받기도 했지만 대처는 보수당 의원들이 변화를 원하고 있었기 때문에 승리했던 것이다.[19] 보수당 내 중도좌파와 우익 사이의 투쟁 라인은 이때 이르면 확립되어 있었다. 조지프와 같은 우익은 히스의 철학과 정책에 강하게 반발했다. '하나의 국민'파는 조지프를 비난하고 대처가 후보로 나선 것을 비판했지만 보수당 내에는 이미 기존 방식으로는 안 된다는 새로운 사고의 조류가 흐르고 있었던 것이다.

대처는 사실 정치적 · 사회적 아웃사이더였다. 보수당의 유력 정치인인 프란시스 핌은 1980년대 초에 전형적인 토리식 비유를 사용하여 "우리의 지도자가 기병 장교가 아닌 상병"이라는 점이 토리당의 진정한 문제라고 주장했다.[20] 핌과 같은 각료들은 처음에는 통치 과정이 곧 대처를 '길들일' 것이며 대처로 하여금 전통적이고 합의된 방식으로 일을 해 나아가는 지혜를 배울 수 있도록 이끌 것이라

19 Mark Wickham-Jones, "Right Turn: A Revisionist Account of the 1975 Conservative Party Leadership Election," *Twentieth Century British History*, 8/1(1997), pp. 80-89.

20 Eric J. Evans, *Thatcher and Thatcherism*(Routledge, 2013), p. 47. 대처의 배경과 성장에 대해서는 박지향,《대처 스타일》(김영사, 2012) 참조.

고 추정했다. 그러나 그들의 기대는 이루어지지 않았다. 이때 무대에 등장한 그룹이 뉴 라이트였다. 경제적으로는 신자유주의를 표방하고 사회적, 도덕적으로는 보수주의적 가치의 회복을 주장한 뉴 라이트는 1970년대까지 '하나의 국민'파에 밀려나 있었지만 대처 정부가 수립된 후부터 보수당은 물론 정국을 주도해 나가는 위치에 서게 되었다.

1974년 히스 수상이 노조의 압력을 견디지 못해 '누가 영국을 통치하는가?'라는 캐치프레이즈를 걸고 총선을 치른 사실에서 알 수 있듯이 영국 노동조합은 1970년대가 되면 너무 강력해졌다. 노조의 횡포는 1978년 말 공공 부문 근로자들의 총파업이 국가의 작동을 중단시킨 '불만의 겨울'에서 정점에 달했다. 전국의 교통망이 마비되고 쓰레기가 넘쳐나고 병원에 수용되지 못한 환자들이 죽어 갔으며 시신이 방치되는 사태까지 벌어졌다. 이러한 상황은 국민들에게 전후 유지되어 오던 '합의'라는 환상이 철저히 깨져 버렸음을 확인해 주었다. 1960년대 이래 계속된 영국 경제의 쇠퇴와 사회적 갈등 고조, 국가 위상의 추락은 국민들로 하여금 전후 지속된 사회민주적 합의에 회의를 품게 했고 새로운 접근법이 필요하다는 사실을 깨닫게 했다. 1979년 3월 28일 정부 불신임안이 311 대 310이라는 극적인 표결로 가결된 후 치러진 5월 총선에서 영국 국민들은 압도적으로 보수당에 표를 몰아주었다. 그리고 영국 역사상 최초의 여성 수상이 된 마거릿 대처에 의한 '대처 혁명'이 시작되었다.

제7장

대처 시대와 대처 혁명

마거릿 대처(Margaret Thatcher)의 수상직은 어떤 기준으로 보아도 놀라웠다. 대처는 영국 역사상 최초의 여성 수상이었으며, 보수당을 연속으로 세 번이나 총선에서 승리로 이끈 당 지도자로 11년 반 동안 다우닝가 10번지를 지켰다. 1950년대에 보수당은 세 차례 연속으로 선거에서 승리한 적이 있지만 각각 다른 지도자 하에서 그러했다. 1951년에는 처칠, 1955년에는 이든, 그리고 1959년에는 맥밀런이 각각 총선에서 승리하고 정부를 구성했다. 그러나 대처는 혼자 세 차례나 계속하여 수상 자리를 지켰다.

대처는 자신의 이름 뒤에 '주의(ism)'라는 명칭이 붙은 이데올로기를 남긴 유일한 영국 정치인이다. 대처가 당 지도자가 되기 전까지만 해도 보수당은 뚜렷한 원칙을 가지지 않는다고 인식되었다. 자유주의 사상가이자 정치인인 존 스튜어트 밀은 보수당을 본질적으로 사상에 관심이 없는 당이라고 규정했고, 후대의 비평가들은 그의

마거릿 대처

의견을 그대로 답습했다. 보수주의자들 자신도 그런 해석에 동의했다. 그러다가 대처의 등장과 함께 보수당은 매우 치열한 이데올로기적 논란에 휩쓸리게 되었다. 대처는 보수당의 기존 방식에 큰 변화를 가져왔는데, 그중 하나가 그때까지 보수당에서 금기시했던 '이데올로기'의 등장이었다. 1975년에 당 지도자로 선출된 직후 대처는 "노동당이 이데올로기를 가지고 있으니 우리도 가져야 한다"고 언명하면서 이데올로기 정립을 촉구하고 나섰다. 이미 1957년에 설립된 정책연구소 외에도 대처 하에서 경제문제연구소, 아담 스미스 연구소, 보수주의 철학회 등이 활동했다. 이처럼 대처와 그를 따르는 대처주의자들은 의식적으로 '사상의 전투'에 개입했고 그런 태도는 보수당의 전통에서 벗어난 것으로 보였다.

대처가 집권하면서 꾸준히 추진한 정책은 1970년대에 보수당 내 뉴 라이트가 정립한 이데올로기에 기반을 두며 '대처주의(Thatcherism)'라고 불렸다. 대처주의란 경제적 자유주의와 도덕적·사회적 보수주의를 결합한 것이다. 경제적으로는 통화 안정을 통해 인플레이션을 치유하고, 재정 지출을 삭감하고 세금을 낮추어 개인들의 저축과 기업 창출의 기회를 최대한 보장하는 것이다. 또한 정부 개입을 줄이고 대신 시장경제를 활성화하여 개인과 기업의 진취적 기상과 정신을 도모하는 것을 의미한다. 대처는 1945년 이후 당연한 것이 된 것, 즉 정부가 경제를 직접 운영하는 것을 폐기하려고 결심했다. 이윤을 만드는 주체는 정부가 아니라 기업이며, 정부 역할은 기업이 경제활동을 극대화할 수 있도록 여건을 마련해 주는 데 그쳐야 한다는 것이 대처의 신념이었다. 경제적 자유주의와 함께 대처주의의 다른 축을 구성하는 도덕적·사회적 보수주의는 법과 질서, 전통적 윤리관과 가족제도를 지키는 것을 의미한다. 그것은 또한 엄격한 자기 절제와 도덕률로 무장한 개인을 역사의 주인공으로 되살리고 법과 질서를 존중하며 애국주의를 강조하는 치국책을 포함했다. 이처럼 대처주의는 경제적 신자유주의와 신보수주의 이데올로기의 요소들을 결합한 것이었다. 대처는 영국의 정치는 물론 사회 전체를 바꾸어 놓았는데, 그의 업적은 '대처 혁명'으로 불리기도 한다.

이 장에서는 마거릿 대처가 어떤 방식으로 영국 사회를 변모시켰는지를 살펴보기로 한다.

1. 1차 대처 정부, 1979~1983

대처는 1925년 10월 13일에 링컨셔 그랜덤(Grantham)에서 태어났다.[1] 아버지는 잡화점을 운영했고, 따라서 사회계급으로 말하면 대처는 하층 중간계급 출신이다. 아버지 알프레드 로버츠는 교사가 되고 싶었지만 가정환경 때문에 13세에 학교를 그만두고 생계를 위해 일을 시작해야 했다. 로버츠는 감리교 세속 설교자로 활동할 정도로 신심이 깊었는데 영국 비국교도의 전통인 성실과 체통, 그리고 신분 상승의 의욕을 딸에게 전수해 주었다. 즉 남보다 더욱 노력하고 남보다 더 열심히 일하고 더 창의적인 것에 몰두할 것을 독려하면서 '노력하면 반드시 보답이 온다'고 가르쳤던 것이다. 마거릿은 공립학교를 졸업하고 장학금을 받아 옥스퍼드의 솜머빌 칼리지에 진학했다. 마거릿은 옥스퍼드에 다닐 때 대다수 젊은이들과 달리 보수당 학생 조직에 적극 참여했는데, 이때 하이에크를 읽고 경제적 자유주의에 경도되었다고 한다. 하이에크에 의하면, 정부는 통화량을 제한하여 인플레이션을 통제하는 일만 하고 고용창출 등의 거시적 경제정책을 추구해서는 안 된다. 정부가 주도하는 경제계획(economic

1 대처의 성장과 초기 경력에 대해서는 박지향, 《대처 스타일》(김영사, 2012) 3장, 4장 참조.

젊은 정치인 마거릿 대처

planning)은 불가능할 뿐만 아니라 불필요하며, 소비자가 원하는 것을 더 효율적으로 제공해 줄 수 있는 것은 시장이지 국영화된 기업이나 정부 관료가 아니라는 것이 하이에크의 입장이다. 하이에크는 또한 사회주의자들이 주장하는 '사회정의'를 애매하고 자의적인 개념으로 간주해 버렸는데, 대처는 그런 생각들을 후에 거의 그대로 채용했다. 마거릿은 대학 졸업 후 잠시 제약회사에 근무하다가 1950년 총선에 노동계급이 다수인 지역구에서 보수당 후보로 나섰으나 패배했다. 그러나 그해의 선거는 유세 중 만난 데니스 대처와의 결혼이라는 결실을 안겨 주었다. 마거릿 대처는 쌍둥이를 출산한 후 법학 공부를 시작하여 자격증을 획득하고 잠시 변호사 생활을 하다가 1959년 총선에서 보수당 지지가 확실한 핀칠리(Finchley) 지역구에서 승리하고 의회에 진출했다. 대처는 히스 정부(1970~1974)에서 교육과학부장관을 역임했고, 보수당이 야당으로 있는 동안에는 그림자 내각•에서 여러 직위를 거쳤다.

• 제1야당이 정권을 잡을 때를 대비해서 만든 예비 내각을 말한다. 정권을 잡으면 그 멤버가 그대로 내각에 들어가는 경우가 많아 당 운영의 중추가 된다.

불만의 겨울. 길가에 쌓여 있는 쓰레기

1975년 당 지도자 선거에서 히스를 극적으로 물리치고 보수당 지도자가 된 대처는 '불만의 겨울'을 겪은 영국인들의 노동당에 대한 불신에 힘입어 1979년 총선에서 압승을 거두었다. 영국 역사상 최초의 여성 수상으로서 대처가 당면한 최우선 과제는 27%가 넘는 인플레이션을 진정시키는 일이었다. 대처는 밀턴 프리드먼(Milton Friedman)의 통화주의 원칙을 따라 돈의 유통량을 줄여 인플레이션을 치유하는 정책을 실천에 옮겼다. 대처는 일단 인플레이션이 잡히고 정부 간섭과 과도한 세금의 무게로부터 민간기업을 해방시키는 개혁이 함께 이루어지면, 일시적으로는 생산 저하와 실업 증가가 있겠지만 궁극적으로는 경제가 제대로 작동할 것이고 실업문제도 해결될 것이라고 믿었다. 실제로 인플레이션은 1980년 18%에서 1983년에는 4.5%로 대폭 감소했다.

더욱 근본적인 문제는 영국병•을 치유하고 추락하는 영국 경제를 끌어올리는 일이었다. 대처는 영국병의 원인을 몇 가지 지목했다. 첫 번째 원인은 거대한 공공 부문이 야기하는 비효율성이었다. 그는 1945년 이후 지나친 정부 개입과 재정 지출이 기업가 정신을 억압하고 있으며, 이를 근본적으로 해결하기 위해서는 정부 개입을 억제하고 시장 원리에 의해 굴러 가는 경제로 돌아가야 한다고 믿었다. 그 맥락에서 국유화된 기업과 산업을 민영화할 필요가 대두했다. 국유화는 1945년에 정권을 잡은 노동당 정부의 기본 원칙 가운데 하나였다. 노동당은 "자본주의적 착취로부터 노동계급을 해방시킨다"는 구실로 국유화를 진척시켰지만 결과는 노동계급의 해방이 아니라 대규모 관료조직일 뿐이었다. 1970년대 말에 이르면 공공 부문 취업자 수가 800만에 달했는데, 공기업들은 적자 경영을 하면서 정부에 손을 내밀었고 정부는 적자 재정을 편성해 지원해 줄 수밖에 없는 악순환이 계속되는 상황이었다. 재정 적자를 줄이는 것은 대처 정책의 최우선 순위 가운데 하나였다. 대처의 경제적 이상은 '버는 것보다 더 많이 써서는 안 된다'로 요약할 수 있다. 국가는 그 수단 내에서 사는 법을 배워야 하고, 공공 지출은 납세자들이 감당할 수 있는 수준으로 삭감되어야 한다는 것이다. 대처는 종종 "가정주부마저 할 수 있는 일을 왜 정부가 못한단 말입니까?"라고 꼬집었다.

•1960년대 이후 영국 경제의 쇠퇴, 특히 1970년대에 이르면 노동계의 파업과 생산성 저하로 경제가 전반적으로 침체되었는데 이를 영국병이라고 불렀다.

영국병의 두 번째 원인은 방만한 복지정책이었다. 특히 국민의

료서비스와 실업수당이 가장 중요하면서도 문제가 많은 분야였다. 국민의료서비스는 대처 시대에 이르면 국가의 지불 능력을 한참 넘어설 정도로 비대해졌다. 1970년대 초에 이미 의사, 간호사, 사무직을 포함해 종사자가 100만 명이 넘었고, 유럽 최대의 단일 고용주였으며, 공공지출 총액의 17%를 점유했다. 잘못 운영되는 복지정책은 직업을 가진 사람에게는 과도한 과세로 일할 의욕을 꺾는 한편 일하지 않는 사람에게는 도덕적 해이를 낳게 마련이다. 1970년대 노동당 정부 하에서 개인 소득세의 최고 세율은 83%에 이르렀는데, 그런 상황에서는 아무도 일할 의욕을 가질 수 없게 된다. 대처의 해결책은 복지제도를 개혁하고 세율을 내리는 것이었다.

영국병의 세 번째 원인은 파업 열병이었다. 노동조합 세력의 문제는 실로 영국 정치에서 핵심 이슈였다. 히스 정부뿐만 아니라 1974~1979년 노동당 정부 하에서도 국가 경제를 마비시켰던 노동조합의 과격한 행위들 때문에 강성 노조의 문제점은 영국 국민 모두가 절감하고 있던 차였다. 노조의 과격한 행위가 '영국병'에 대한 대처의 진단을 증명하는 증거처럼 보였기 때문에 대처의 정책 방향은 상당한 지지를 얻을 수 있었다. 대처는 두 번째 임기 중에 노조 문제를 해결하게 된다.

대처는 영국이 필요로 하는 급회전의 기반이 될 원칙을 자유시장에서 찾았다. 즉 시장을 더욱 효율적으로 작동하도록 만들기 위해 산업에 지급하던 보조금들을 없애 버리고 가격과 소득, 이윤 배당금에 대한 통제를 폐지했으며, 환율 통제도 폐지하여 금융의 경쟁력을 확보하려 했던 것이다. 이러한 정책은 곧 1945년 이후 영국 경제를 장악해 온 케인스주의의 포기를 의미했다. "우리는 장기적으로는 모두 죽는다"라는 케인스의 유명한 발언이 보여 주는 것은 케인스가 단기 효과에 집착했다는 사실이다. 케인스의 발언에 대하여 어떤 대처주의자는 "케인스는 죽고 우리는 장기적으로 남아 있다"라고 반박했다.[2] 케인스가 장기적 결과에 관심이 없었다면 대처는 단기 정책에 관심이 없었다. 대처는 영국 경제의 체질을 근본적으로 그리고 장기적 안목에서 바꾸고자 했던 것이다.

노동시장의 구조개혁도 중요했다. 1945년 이후 완전고용이 영국 정부의 목표였지만 대처는 그것이 자유시장의 기능을 왜곡시키고 위험하게 만든다고 믿었다. 대처는 국가의 분배 정책이 시장을 왜곡시키고 근로 의욕을 저하시켜서는 안 된다는 확고한 신념을 가지고 있었다. '경제의 정치화'를 중단하여 임금과 가격을 결정하는 시장의 원칙이 제대로 작동하게 만들어야 하는데, 그 과정에서 실업이 증가하는 것도 감수해야 한다는 것이다. 사람들을 빈둥거리게 내버려두는 대신 왜 허물어져 가는 하수도를 고치지 않는가라고 노동당 의원들이 질타했을 때 대처는 그것이 인플레를 지속시키기 때문이라고 대꾸했다.[3] 대처는 영국 경제를 환자에 비유하며 국민을 설득하려 노력했다. "환자가 병으로 고생할 때 약을 쓰기 시작하면 병과 약으로 인해 이중으로 고통을 겪는 기간이 있는데 그렇다고 투약

2 David Willetts, *Modern Conservatism*(Penguin, 1992), p. 126.

3 Noel Annan, *Our Age: The Generation that Made Post-war Britain*(Fontana, 1990), p. 576.

보수당 전당대회에서의 마거릿 대처

을 중단할 수 없다"는 것이었다.[4]

대처는 '하나의 국민'파를 '무른 사람들(Wets)', 자신을 따르는 대처주의자들을 '단단한 사람들(Dries)'이라고 불렀다. '무른 사람들'은 대놓고 대처 정부의 정책을 비판하고 나서지 못했다. 1970년대에 불어닥친 경제 위기에 대한 책임에서 노동당뿐만 아니라 보수당 내 '무른 사람들'도 자유로울 수 없다는 비판이 커졌기 때문이다. 그들의 더 큰 약점은 미온적 태도에 있었다. 그들도 노조의 세력이 너무 과하다고 생각했지만 적극 비판하지 못했으며, 복지국가의 문

4 John Campbell, *Margaret Thatcher II, The Iron Lady* (Pimlico, 2003), p. 87.

제점에 대해서도 인식하고 있었지만 과감한 개혁에는 비판적이었다. 내각에서 가장 격심한 논란은 재정 지출을 놓고 벌어졌는데 '하나의 국민'파는 대처주의자들이 불경기 한가운데서 경제를 짓누르고 있다고 비난했다. 그러나 대처는 "왜 공공지출이 개인들의 지출보다 낫다고 가정해야 한단 말인가?" 하고 반문했다.[5] 대처는 '하나의 국민'파를 적절하게 내각에 배치시킴으로써 그들이 정부의 정책을 반대하지 못하도록 만들었지만, 1984년이 되면 그들을 거의 다 퇴출시켜 버렸다.

대처 집권 후 가장 힘들었던 시기는 1980~1981년이었다. 정부가 추진하는 구조개혁의 단기적 성과가 나타나지 않은 채 실업률은 높아지고 대도시에서는 폭동이 일어났다. 그러나 대처에게는 한 가지 절대적 확신이 있었다. 그것은 영국을 쇠퇴로부터 구해 내기 위해서는 정부가 확고한 태도로 정책을 밀어붙여야 한다는 것이었다. 그리하여 보수당 전당대회에서 대처는 "원한다면 돌아가십시오. 이 여자는 돌아가지 않습니다"라고 일갈했던 것이다.[6]

5 Margaret Thatcher, *The Downing Street Years*(HarperCollins, 1993), p. 123.

6 Ibid., p. 122.

2. 2차 대처 정부, 1983~1987: 공공 부문 개혁과 노조 개혁

대처의 세 번의 임기 가운데 두 번째 임기가 황금기였다. 경제는 좋아지고 인플레이션은 낮아지고 포클랜드전쟁[7] 후 영국의 위상은 국제적으로 상승했다. 대처를 반대한 사람들은 천박한 물질주의라고 비난했지만 국민들은 압도적 지지를 보냈다. 1983년 선거에서 보수당 지도부는 보수당이 너무 압도적으로 승리하지 않기를 바랄 정도였지만 결국 다른 당들보다 144석이나 많은 압승을 거두었다. 이러한 압도적 지지를 등에 업고 대처는 영국 경제의 보다 근본적인 문제를 치유하기 위한 행보에 나섰다. 그것은 1945년 이후 진척되어 온 집산주의의 산물인 공공 부문을 개혁하는 것이었다. 재정적자의 문제를 해결하기 위해 더욱 근본적으로 추진해야 할 것은 방대한 공기업의 규모를 축소하고 경쟁을 도입하여 생산성과 효율성을 제고하는 일이었다. 대처와 그를 따른 대처주의자들은 부를 창출하는 것은 국가가 아니라 개인이라는 확고한 신념을 가지고 있었고, 공공 부문이 민간 부문보다 더 공정하고 성공적이라는 집산주의적 신념을 부수려 했다.

공공 부문 개혁에서 가장 혁명적인 것은 공기업의 민영화였다. 대처는 자서전에서, 1970년대 후반에는 민영화라는 개념이 너무나

7 포클랜드전쟁에 대해서는 박지향, 《대처 스타일》(김영사, 2012) 5장 참조.

혁명적이어서 생각도 못할 일이었다고 회상했다.[8] 대처 정부가 추진한 민영화 사업 가운데 가장 인기 있고 성공적인 것은 1980년부터 시작된 공영 임대주택의 매각이었다. 전후 영국 정부는 보수당, 노동당을 막론하고 막대한 양의 임대주택을 건립하고 운영해 왔는데 1970년대 말이 되면 영국 전체 세대의 1/3이 공영 임대주택에 거주하고 있었다. 대처 정부는 이것을 민간 부문으로 돌리기 시작했다. 즉 집의 보유 기간에 따라 가격이 낮아지는 방식으로 공정가격에서 최대 60% 할인된 가격으로 거주자가 구매할 수 있게 해 주었던 것이다. 1990년 대처가 물러날 때까지 총 150만 호의 임대주택이 팔렸는데, 이 과정에서 주로 숙련노동자들에게 혜택이 돌아갔고 그 결과 중산층이 두터워졌다. 이들 모두가 보수당 지지자가 된 것은 아니지만 노동당의 지지 기반이 흔들린 것은 사실이었다. 특히 주택을 매입한 사람들이 보수당에 대한 높은 지지를 보였고 대처의 2차, 3차 임기를 가능하게 하는 데 공헌이 컸다.

공기업 주식을 매각하는 민영화도 추진되었는데 1984년에 영국통신(British Telecom)부터 진정 중요한 민영화가 시작되었다. "헨리 8세의 수도원 해체(1534) 후 가장 큰 규모의 소유권 이전"[9]이라고 불린 민영화는 결과적으로 대성공이었고 그 규모에서 혁명적이었다. 민영화에 대한 반대는 오히려 보수당 내에서 제기되었다. '하

8 Thatcher, *The Downing Street Years*, p. 677.

9 Peter Saunders & Colin Harris, *Privatization and Popular Capitalism* (Buckingham: Open UP, 1994), p. 6.

나의 국민'파의 맥밀런 전 수상은 민영화를 두고 "대대로 내려오는 가보를 파는 짓"이라고 비난했는데, 이에 대해 대처는 지금 팔아치우는 기업들은 자산이 아니라 빚일 뿐이라고 반박했다.[10] 1992년이 되면 이제 팔 것이 거의 없을 정도로 공기업이 해체되었고 결과적으로 경제에서 공적 부문이 차지하는 몫이 절반 이상 줄었다. 무엇보다 민영화의 마력은 '파산할 수 없던 것을 파산할 수 있게 만든 것'이었다. 1980년대 공기업 주식의 매각으로 주식 소유자 수가 세 배로 증가했으며, 덕분에 영국은 세상에서 가장 넓게 주식 소유자가 분포된 나라가 되었다. 즉 각국의 20개 대기업을 대상으로 한 조사에 의하면 영국의 20개 대기업은 모두 광범위한 주식 소유 분포를 보였다.[11] 대처는 자신이 추진한 이 변화를 '대중자본주의(popular capitalism)'라고 불렀다. 시장경제가 가져다준 경제적 이익을 국민의 일부가 아니라 전부가 향유한다는 의미였다.

공공 부문을 개혁하는 과정에서 대처는 '탐욕스럽고 이기적인 개인'에 맞선 '중립적이고 고상한 공공 조직'이라는 환상을 깨뜨렸는데 이것은 이데올로기적으로 매우 중요한 성과였다. 집산주의자들은 개인이나 사기업은 '이기적이고 탐욕적'이라고 주장하면서 공공 조직을 '사적 이해관계를 떠난 계몽된' 조직으로 선전했다. 그러

10 Martin Pugh, *State and Society: British Political and Social History 1870-1992*(Edward Arnold, 1994), p. 316.

11 Rafael La Porta, Florencio Lopez-de-Silanes & Andrei Shleifer, "Corporate Ownership around the World," *Journal of Finance*, 54/2(April 1999), pp. 491-493.

나 대처는 정치인이나 관리들도 자신들의 이해관계를 가지고 있을 뿐만 아니라 최대한 적극적으로 그것을 추구할 뿐이라고 반박함으로써 그 강력한 이론을 무너뜨려 버렸다. 사적 조직들의 이기심 추구는 오히려 경쟁과 규칙이라는 틀에 의해 통제되는 데 반해 공공 조직에는 그런 제한이 존재하지 않기 때문에 오히려 더욱 심각한 문제라는 사실을 고발했던 것이다. 대처는 "공공 부문과 사적 부문 사이의 차이는, 사적 부문은 정부가 통제하지만 공공 부문은 아무도 통제하지 않는다는 것"이라는 말을 즐겨 인용했다.[12]

무엇보다 대처는 정부가 개인보다 더 나은 판단력을 가졌다는 사회주의의 대전제를 공격했다. 노동당은 "정부가 국민에게 무엇이 좋은지를 국민보다 더 잘 알기 때문"이라며 정부의 포괄적 간섭을 합리화했다. 그러나 대처는 정부의 실패가 시장의 실패보다 훨씬 더 큰 재앙이라고 확신했다. 겉으로 보기에 사회주의에는 고귀한 면이 있지만 공정한 소유는 언제나 더 '적은' 소유로 판명되며, 공정함을 강요하는 사회에는 그 공정함을 강요하고 감시하는 누군가가 군림하게 마련이라는 것이 대처의 판단이었다.[13] '더 큰 정부가 주도하는 더 많은 평등이 곧 정의이며 진보'라고 믿는 분위기가 압도하고 있던 영국 사회에서 대처의 주장은 처음에는 설 자리가 없었다. 그러나 꾸준한 설득의 결과 영국인들의 집산주의에 의존하는 성향이 많

---

12 Andrew Gamble, *The Free Economy and the Strong State: The Politics of Thatcherism* (Macmillan, 1994), p. 60; Thatcher, *The Downing Street Years*, p. 6.

13 Ibid., p. 6, p. 12.

• 고용주가 노동조합원인 노동자만 고용해야 하는 제도.

이 약화되어 가고 있었다.

대처의 두 번째 임기에서 발생한 가장 중요한 사건은 강성 광부노조와의 투쟁이었다. 1984~1985년에 대처는 노동운동의 전위대로 자타가 인정하던 전국광부노조를 상대로 한 1년간의 투쟁에서 특유의 강인함을 유감없이 보여 주었다. 많은 비평가는 대처가 야기한 가장 중요한 변화 가운데 하나만 고른다면 호전적인 노동조합을 격파하고 골병이 들어 있던 노사관계를 재정립한 일이라고 판단한다.[14] 한 마디로 '노조 길들이기'인데, 대처는 그것이 경제를 건강한 기반 위에 놓기 위한 필수불가결한 전제라고 확신했다. 1980년부터 대처 정부는 일련의 고용법과 노동조합법 개정을 통해 노조의 민주화를 추진하고, 클로즈드숍 제도•의 지나친 보호 조항을 개정하고, 노조의 면책권을 축소하여 불법 파업을 행한 노조에 벌금을 부과했다. 그러나 이때만 해도 대처는 비교적 온건한 태도를 취했는데 자신의 승리가 확실해질 때까지 기회를 엿보았던 것이다. 물론 대처는 언젠가는 노조와의 대격전이 있을 것임을 알고 있었다.

실로 영국 노동조합의 세력은 막강했다. 1969년 이래 10년 동안 노조는 윌슨 · 히스 · 캘러헌 정부를 차례로 무너뜨렸다. 특히 광부노조는 영국 노동운동의 꽃이었다. 문제는 석탄산업이 쇠락하고 있다는 사실이었다. 수백 년 동안 석탄은 영국 경제에 효자 역할을 톡

---

14 Peter Hennessy, "The Last Retreat of Fame: Mrs. Thatcher as History," *Modern Law Review*, 54/4(July 1991), p. 496.

광부노조 집회에서의 아서 스카길

톡히 했지만 20세기 들어 더 이상 채산성이 맞지 않는 낡은 산업으로 전락했다. 그러나 오랜 역사를 가진 전국광부노조는 여전히 막강한 세력을 발휘하고 있어 "영국 정부를 만들기도 하고 무너뜨리기도 하는 권력을 가졌다"는 신화를 낳을 정도였다.[15] 1970년대에 이르면 광산업은 영국이 잘못하고 있는 모든 것의 상징이 되었다. 정부 보조금, 남아도는 인력, 근대화에 대한 저항 등이 광산업은 물론이고 영국 경제 전체를 침체시키고 있었던 것이다. 대처는 석탄을 비장하는 등 면밀한 사전 준비를 한 후 1983년 9월에 경제적으로 채산성이 맞지 않는 탄광의 폐쇄를 발표했다. 당시 75%의 탄광이 적자였다. 국내산 석탄의 톤당 가격은 45~50파운드인 데 반해 수입 석탄은 운송비를 포함하고도 25~30파운드에 불과했다. 그 차액은 세

15 Thatcher, *The Downing Street Years*, p. 342.

전국광부노조의 파업

금으로 메워야 했을 뿐 아니라 값비싼 석탄은 생산 비용을 높여 결국 영국 제품의 수출 경쟁력을 약화시켰다. 그러나 막강한 세력 덕분에 '아서 왕'이라고 불린 전국광부노조 위원장 아서 스카길(Arthur Scargill)은 '대처로부터 영국을 구해 낼' 혁명적 전위대를 이끈다고 주장하며 1984년 3월에 총파업을 시작했다.

대처의 준비는 즉각적으로 효력을 발휘했다. 폭력사태로 사상자가 발생하는 등 길고도 험한 1년간의 투쟁 끝에 1985년 2월이 되면 조합원들의 절반 이상이 파업을 중단하고 직장에 복귀했다. 파업을 분쇄한 후 대처 정부는 후속 조치로 더욱 강경한 법을 제정했다. 파업 전 조합원의 비밀투표가 의무가 되었고 분규 작업장이 아닌 곳의 동조 파업은 불법이 되었다. 중요한 것은 이러한 노사관계 개혁이 여론의 동의는 물론 노조원들 다수의 지지를 얻는 경우가 많았다는 사실이다. 그만큼 노조의 횡포에 국민들이 질려 있었고 조합원들도 스스로 지쳐 있었던 것이다. 스카길의 파업은 경제적, 산업적으로는 불필요한 파업이었다. 그것은 정치적 파업이었는데 대처와의 싸움에서 진 후 노조의 정치 파업도 사라져 버렸다. 결과적으로 노조 조직률과 파업 및 파업으로 인한 근로 손실일 수가 현저히 감소했다. 1979년에는 전체 고용 인구의 58%가 노조에 가입하고 있었지만 1990년대에는 30% 미만으로 감소했다. 파업으로 인한 근로 손실일 수는 1970년대에 연 1,300만 일에 달했는데 1990년에는 200만 일 미만으로 급감했다. 한편 노동생산성은 크게 향상했다.

1970년대 중반까지도 국민들은 보수당이 노조와 밀접한 관계가 없다는 것을 문제로 인식했고, 1974년 히스 수상이 '누가 영국을 통치하는가?'를 놓고 선거를 치렀을 때에도 영국 국민들 다수는 노조에 친화적인 노동당이 문제 해결에 더 나을 것이라고 판단하여 노동당에 투표했다. 그러나 10년 뒤에는 정반대로 노조와 밀접한 관계가 없다는 사실이 오히려 보수당의 장점이 되었다. 그만큼 노조가 국민들로부터 배척받게 되었으며, 노조의 대개혁을 감행할 분위기가 성숙해 있었다. 대처는 특유의 정치 감각으로 그 기회를 포착했던 것이다.

3. 3차 대처 정부, 1987~1990: 도덕적 십자군 운동

대처주의는 단순히 정치적 원칙이 아니라 일종의 정치적 운동으로 확대되었다는 점이 중요하다. 대처는 영국의 경제 위기를 국가의 '정신적 위기'로 파악했다. 그는 1975년 보수당 전당대회에서 행한 연설에서 "정신적으로 철학적으로 무언가 잘못되었기 때문에 경제가 잘못된 것"이라고 진단했다.[16] 따라서 궁극적 목표는 영국인들의 정신상태를 바꾸는 것이었다. 1차, 2차 임기 중에 영국병의 치유에 상당한 진전을 본 후 대처는 드디어 3차 임기 중에 '도덕적 십자군 운동'을 전개했다.

대처는 전후 영국 사회에 만연했던 사회민주적 '합의'를 '잘못 태어난 개념'이라고 질타하고 그것을 뿌리 뽑겠다는 의지를 비밀로 하지 않았다. 그 이유는 그것이 도덕적 해이를 낳고 사람들로 하여금 자신의 두 발로 서기보다 남에게 의지하려는 의존 문화를 낳기 때문이었다. 1945년 이후 개인의 독립과 창발성, 자기 신뢰가 무너지고 권리만 끊임없이 주장하고 의무는 무시되는 영국 사회의 경향에 대하여 깊은 거부감을 가지고 있었다. 복지국가는 기대한 대로 빈곤, 실업, 교육의 불평등을 소멸시키지 못했고, 정부 간섭이 사회적 조화와 결속력을 증진시킬 것이라는 환상도 1970년대에 이르러 처절하게 깨져 버렸다는 것이 대처의 판단이었다.[17] 따라서 복지정

16 Margaret Thatcher, *The Path to Power*(HarperCollins, 1995), pp. 305-306.

17 Thatcher, *The Downing Street Years*, p. 8.

뒤엉킨 영국을 푸는 철의 여인

책의 개혁은 필수였다. 대처 정부는 공공 서비스 가운데 가장 중요한 국민의료서비스에 시장의 원리를 도입하는 개혁을 추진했다. 즉 일반의에게 1차 진료를 받은 환자들이 2차 진료를 받을 병원을 선택할 수 있게 하여 2차 진료 병원들이 경쟁적으로 더욱 질 높은 의료 서비스를 제공하도록 만들었던 것이다. 대처는 연금과 물가지수의 연동을 끊었고, 저소득층에 지급하는 주택수당을 삭감했으며, 실업수당에 대한 자격 규정을 강화시켰다. 이제 일을 하지 않고 사회보장으로만 살아가던 실업자들은 생계를 유지하기 위해 저임금 일자리에라도 뛰어들 수밖에 없었다. 대처는 의도적으로, 노력에는 마땅한 보상을 하고 일하지 않는 자에게는 징벌을 가하는 제도를 정착시키고자 했던 것이다.

더욱 근본적으로, 대처는 삶의 불가피한 현실에 직면하기를 두려워한 것이 영국의 쇠퇴에 책임이 있다고 생각했다. 대처는 복지국가가 야기한 '의존 문화'를 근절하여 국민에게 스스로의 운명을 다스리게 하고 또 그렇게 할 수 있다고 믿게 만들려고 했다. 대처는 그것을 '영혼의 십자군 운동'이라고 불렀다. 민영화 정책과 대중자본주의의 목표도 일차적으로는 재정적이고 정치적이었지만 궁극적으로는 문화적이며 정신적인 것이었다. 자신의 삶에 책임지는 개인으로 구성된 사회를 만드는 것이 대처의 목표였던 것이다. 대처는 항상 국가가 너무나 오랫동안 산업 계획, 부실기업을 구제하기 위한 간섭, 실업을 줄이기 위한 경기 부양책 등 너무나 많은 분야에서 제대로 할 수 없는 일을 하려 하면서 법, 질서, 방위 등 막상 정부가 잘할 수 있는 분야에서는 충분히 그 역할을 하지 못했다는 것이다. 이러한 대처 식의 보수주의에 대하여 좌파로부터 총체적 공격이 가해진 것은 당연했다. 그에 대한 극도의 폄훼는 '사회 같은 건 없다'라는 유명한 — 악명 높은 — 인터뷰(1987)를 두고 의도적으로 만들어진 곡해에서 절정을 이루었다. 여기서 대처 식의 보수주의는 이기심, '나 먼저' 주의, 탐욕 등으로 인식되었고, 좌파 세력은 한껏 대처를 희롱하면서 한을 풀었다. 그러나 그것은 고의에 의한 악의적인 해석이었다. 대처의 원래 의도는 자신의 잘못을 사회의 잘못이라고 주장하면서 자신의 행동에 대한 책임을 회피해서는 안 된다는 말이었다. 대처가 하고자 했던 말은 사회문제를 해결하는 데 있어 국가가 아니라 가족과 작은 규모의 집단들, 자발적 모임과 같은 보다 작은 집단에 통제권을 넘겨야 한다는 의미였다.

궁극적으로 대처의 목표는 영국 사회에 수정주의 역사를 제공하는 것이었다. 대처는 사회주의가 국가의 책임을 과도하게 만드는 반면 개인의 자조, 모험심, 성취, 우수함 등을 억제하는 것에 맹렬하게 반대했다. 대처는 사회주의가 '영국적인 것'과 양립할 수 없다고 믿었다. 집산주의에 맞서 대처는 개인의 자유와 책임을 강조하고 '영국성(性)(Britishness)'을 그 대안으로 제시했다. '빅토리아 시대의 가치관'을 외친 것도 그 일환이었다고 할 수 있다. 빅토리아 시대의 가치란 근면, 검소, 자립, 개인적 책임의식, 애국심 등을 의미하며, 대처는 그런 가치를 장려하고 부활시킴으로써 영국이 과거의 부와 영광을 되찾을 수 있다고 믿었다. 그것은 다음과 같은 역사의식을 바탕으로 했다.

> 빅토리아 시대의 영국은 세계 그 어느 나라보다도 부유하고 역동적이고 강력하고 안정적이었다. 이는 온전히 영국 국민성의 고유한 특성인, 자유로운 기업가 정신을 해방시킨 결과였다. 반면 빅토리아 시대 후에 영국은 쇠락을 경험했는데, 이는 영국이 사회주의를 신봉하게 됨에 따라 경제성장의 원동력을 차츰 상실했기 때문이다. 제2차 세계대전 후 노동당의 집권 하에서 그 쇠락은 극명해졌다.[18]

문제는 영국의 경제적 쇠퇴가 시작된 19세기 말부터 20세기 초에 영국에서 사회주의는 그리 강력하지 못했기 때문에 쇠락의 설명 요인이 될 수 없다는 점이다.

---

18 Bernard Porter, "'Though Not an Historian Myself…': Margaret Thatcher and the Historians," *Twentieth Century British history*, 5/2(1994).

대처는 국민들에게 영국인이라는 자부심을 가질 것, 영국의 전통과 가치관을 지킬 것을 요구했다. 대처가 '빅토리아 시대의 가치관으로 돌아가자'고 했을 때 지식인들은 야유와 냉소를 퍼부었지만 애넌(Noel Annan)이 지적한 대로, 대처가 설파한 근면, 검약, 독립심, 분별력, 절제, 책임감은 특히 영국인들이 중시하는 가치이며 시대를 불문한 덕목임이 분명하다.[19] 대처는 또한 영국의 영광을 되찾으려 했고, 그를 위해서도 잉글랜드, 스코틀랜드, 웨일스, 북아일랜드를 아우르는 연합 왕국을 유지하고 영국의 국제적 위상을 높여 위대함을 유지하고자 했다. 국가는 강하고 국제적으로 존중받을 때에만, 그리고 세계 정세에 영향력을 행사할 수 있을 때에만 자긍심을 가질 수 있다는 믿음이었다. 그것이 아무도 예상하지 못했던 포클랜드전쟁과 유럽연합(EU)을 둘러싼 대처의 도전을 가능하게 했던 것이다.

4. 기득권과의 전쟁

대처는 사실 보수당에서 아웃사이더였다. 그는 여성이었고 하층 중간계급 출신이었으며 사립학교 졸업생도 아니었다. 그런 배경 덕분에 기득권층이 영국의 쇠퇴에 책임이 있다는 생각을 하게 된 대처는 고위 관료들과 지식인들을 변화에 반대하는 대표적 기득권층으로 판단하고 흔들었다. 실제로 1980년대에 대학과 언론 등에 포

19 Annan, *Our Age*, p. 593.

진한 지식인들은 새로운 생각들에 적대적이었고 구태의연한 집산주의적 관점에 사로잡혀 있었다. 대다수 지식인들은 대처가 임기 초기에 공격적으로 통화주의 정책을 추진할 때 극도로 비판적이고 공격적인 태도를 취했다. 예를 들어 영국의 대표적 경제학자들 364명이 대처의 불간섭주의 실업 정책을 비난하는 선언문에 서명했다. 이러한 적개심의 원인 가운데 하나는 이념보다는 대처의 공격적이고 비타협적이며 확신에 가득 찬 정치 스타일이었다. 대처의 확신과 자신감에 찬 태도는 학계에서 덕목으로 여기는 '비판적 사고'와 정면으로 대치되었던 것이다.[20] 더욱 근본적인 원인은 대처주의가 추진한 정책이 지식인들의 기득권에 위협적이라는 사실이었다. 예전에는 정부와의 긴밀한 관계를 통하여 영향력을 행사하던 지식인들이 이제 발언권을 잃고 정통의 지위에서 축출되었던 것이다. 더욱이 여기에는 물질적 측면도 작용했는데, 대처 정부는 BBC나 대학에 대한 국가 보조를 축소시키고자 했으며, 정부의 지원을 받는 지식인들의 조직과 예산 일체에 대하여 철저한 감사와 재검토를 결정했다. 반대로 정부 지원으로 먹고 사는 사람들은 어떤 재정 삭감에도 반대하게 되어 있고 모든 감사에 반발하게 마련인 것이다.

대처 정부가 학교에서 학부모들의 권한을 확대시킨 것이나 대학에 대한 정부 지원을 삭감한 정책들은 이러한 문제의식 하에서 추진된 것이었다. 대처 정부는 교수만이 아니라 많은 정책 분야에서

20 Brian Harrison, "Mrs. Thatcher and the Intellectuals," *Twentieth Century British History*, 5/2(1994), pp. 224-225.

전문가 집단의 역할에 도전했다. 대처 정부 하에서 변호사들, 의사들, 교사들, 은행가들이 그동안 누리던 전통적 권리를 잃을 수 있는 도전에 직면하게 되었다. 대처는 공무원들조차 일종의 사회주의적 의식구조를 가진 것으로 파악했는데, 근대국가의 관료제에는 무한 확장을 추구하는 내재적 속성이 있기 때문에 반드시 견제해야 한다고 믿었다.[21] 자신들만이 전문적 탁월함을 소유하고 있다고 자부한 지식인들이 볼 때 대처의 정책은 터무니없는 간섭이었다. 그때까지는 그들만이 학문과 의료보험과 좋은 교육의 기준을 결정할 수 있었다. 그러나 대처주의자들의 시각에서 볼 때 전문직들은 너무 오래 자신의 이익과 국가의 이익을 동일시하도록 허용되어 왔다. 대처는 국가 보조금을 받는 모든 개인이나 조직은 그에 맞는 기여로 보답해야 한다는 원칙을 세웠다. 그러나 국립극장과 셰익스피어 극장, 왕립오페라하우스는 더 많은 예산과 더 많은 기부금을 요구하면서 감사는 받지 않겠다는 입장을 고집했다. 이에 대한 대처의 입장은 "왜 국민의 세금이 테이트 갤러리가 사들이는 쓰레기로 혹은 코벤트 가든의 전위무대로 흘러들어 가야 하는가?"였고, 대처는 이들을 상대로 한 힘겨운 싸움을 이끌었다.[22]

그 결과는 문화예술계 전체가 반(反)대처주의자로 돌아선 것이었다. 결국 이 모든 사람의 축적된 불만은 대처의 명예박사학위 수

21 Jeremy Moon, *Innovative Leadership in Democracy*(Aldershot: Dartmouth Publishing Co., 2003), p. 81.

22 Annan, *Our Age*, p. 579.

여 반대 사건에서 폭발했다. 옥스퍼드대학에는 그 대학 출신의 수상에게 명예박사학위를 수여하는 전통이 있었는데, 1985년 1월에 옥스퍼드의 최고결정기구인 평의원회가 대처에게 명예박사학위를 수여하는 안건을 738표 대 319표로 부결시켰던 것이다. 그리하여 대처는 1945년 이후 모교로부터 명예박사학위를 받지 못한 최초의 옥스퍼드 출신 수상이 되었다. 그만큼 지식인들 사이에서 대처에 대한 적대감은 광범위하게 퍼져 있었고 또 몹시 강렬했다. 어찌되었든 대처와 지식인들의 대립은, 대학들도 다른 모든 기관과 마찬가지로 추구하는 이해관계가 있다는 사실을 인식하게 해 주었고, 자신의 이해관계를 초월한 가치중립적인 지식인이란 존재하지 않는다는 사실을 확인해 주었다.

대처의 영향력은 보수당의 구성에서도 볼 수 있다. 디즈레일리와 히스를 포함하여 대처 전에도 주류 출신이 아닌 보수당 지도자들이 있었다. 그러나 대처가 그들과 다른 점은, 그들은 일단 그곳에 입성하면서 기존 틀에 편입되고 안주했지만 대처는 그 틀 안에 안주하지 않고 그 틀을 깨어 버렸다는 사실이다. 대처는 보수당을 더욱 능력 위주로 그리고 덜 순종적이며 덜 특권적인 정당으로 만들려는 목표를 세우고 성공했는데, 그럼으로써 보수당의 얼굴을 완전히 그리고 영구히 바꾸어 놓았다. 우선 대처의 내각은 보수당 역사상 그 어느 때보다 특권층 출신이 아닌 인물들로 채워졌다. 보수당 의원들의 학력에도 변화가 있었다. 1974~1987년까지 보수당 의원들 가운데 사립학교를 졸업한 사람들이 2/3로 감소했고, 옥스퍼드, 케임브리지를 졸업한 의원들도 56%에서 44%로 감소했다. 옥스브리지 출신 가운데서도 이튼이나 해로 같은 명문 사립학교를 나온 의원들의 비율이 감소하고 공립학교 출신은 두 배로 늘었다. 이제 보수당은 훨씬 덜한 상류계급적 성격을 띠게 되었던 것이다. 사립학교 엘리트 교육을 받은 학생들은 사회적 의무와 책임감을 중히 여기게 되고 사회개혁이나 빈곤 구제와 같은 문제에 온정적인 태도를 보이게 마련인데, '하나의 국민'파가 주로 그런 출신이었다.

반면에 사립학교를 나오지 않은 젊은 의원들은 자신들의 노력과 실력으로 그 자리에 왔다고 믿기 때문에 빈곤을 개인의 책임으로 간주했고 가부장적 온정주의에 반대했다. 보수당 의원들의 평균 연령대가 낮아지면서 사회를 보는 당의 시각도 달라졌다. 1930년대의 대공황을 겪은 중진 의원들이 그 기억을 지울 수 없었던 반면 1930년대를 기억하지 못하는 젊은 의원들은 실업이나 빈곤에 대해 그렇게까지 동정심을 가지지 않았다. 즉 젊고 사립학교 교육을 받지 않았으며 자수성가한 의원들이 늘어 감에 따라 보수당은 빈곤층, 사회적 약자에 대한 온정적 노선에서 개인의 노력과 역할을 강조하는 쪽으로 옮겨 갔다.

게다가 대처 시대에 입성한 보수당 의원들의 상당수가 자수성가한 기업가들이었으며, 자수성가를 강조하는 분위기가 당내는 물론 사회 전반에 확산되었다. 실제로 대처 하의 영국에서 낡은 계급적 구분이 어느 정도 무너지고 사회적 신분 상승의 기회는 많아졌다. 대처가 장려한 창의성과 모험심을 갖춘 기업가 정신 덕분에 계급의 경계를 넘어 모든 계급에서 부자들이 새롭게 대두할 수 있었다. 대처 하의 보수당은 20세기의 그 어느 때보다 빠르게 변화했다.

1960~1970년대의 U턴 때문에 보수당은 소심함과 타협이라는 인상을 주었으며, 어떤 때에는 갈등을 회피하려는 충동이 다른 모든 것을 이기기도 했다. 그러나 대처는 "지도자는 당을 이끌어야 하고, 게다가 확고하게 이끌어야 하며, 단호한 확신을 가지고 있어야 하고, 이런 확신이 모든 정책에 반영되어야 한다"고 선언했다. 따라서 일부 학자들은 만약 대처주의가 보수주의로부터의 일탈로 보였다면 그것은 내용이 아니라 형식 때문이라고 지적하기도 한다. 전통적 보수주의는 타협과 합의를 훨씬 더 편하게 느끼지만 대처는 그렇지 않았던 것이다.

5. 대처의 유산

대처에게는 운도 따랐다. 1975년에 본격적으로 생산을 개시한 북해 원유로부터 얻은 수익과 국영기업을 매각한 자금으로 실업자들에게 수당을 제공할 수 있었다. 그러나 1980년대 말에 다시 찾아온 경제 침체는 대처의 발목을 잡았다. 대처가 마지막으로 추진한 인두세는 몹시 인기가 없었다. 세대주가 내던 지방세를 극빈자 외에 모든 사람이 내는 인두세로 바꾼 것은 원래 유권자들이 지방자치 단체의 예산 집행에 관심을 갖고 책임을 느끼게 하려는 의도에서 구상되었다. 그러나 인두세는 가난한 사람들에게 불공정하다는 인상을 주면서 강력한 반발을 야기했다. 게다가 유럽연합(EU)에 대한 대처의 불신과 회의적인 태도가 보수당을 내적 갈등으로 몰아넣었다. 많은 보수당 의원이 유럽연합에서 영국의 적극적 행보를 주장했지만 대처는 반대했다. 이에 덧붙여 대처의 공세적인 통치 스타일도 동료들의 원성과 정적들의 비난을 부른 원인이었다. 결국 대처는 1990년 11월에 당권 도전을 받게 되고 고민 끝에 존 메이저에게 당권을 넘겨주고 물러났다.

대처주의의 기록은 역설로 남아 있다. 대처는 수상이 된 후 광범위한 비판 여론과 치솟는 실업률, 도시에서 터져 나온 폭동에도 흔들리지 않고 자신의 정책을 고집스럽게 추진했다. 기업문화를 창조함으로써 영국이 마비 상태에 빠져드는 것을 구해 내었으며, 일련의 노동조합 관련 입법을 통해 노동조합을 보다 민주적으로 만들었다. 대처 시대에 이루어진 공영 임대주택 판매, 주식 소유의 대중화, 환율 통제의 금지, 제조업의 쇠퇴 등은 다시 뒤집어지지 않는 변화로 남았는데 그중에서도 가장 장기적인 영향을 미친 것은 민영화였다.

대처를 반대한 사람들도 대처주의가 1970년대 말의 조합주의와 관료주의적 난국을 헤쳐 나가는 데 필요했을지 모른다고 인정했다. 그러나 그들은 대처가 택한 정책이 너무 잔인하고 엉성하며, 마치 19세기 맨체스터 학파의 자유주의와 비슷하게 단순하다고 비판했다. 대처의 정책으로 감원과 근로자의 급여가 삭감되어 사회적 비용이 늘었다는 비판도 있었다. 또한 사회정의라는 면에서 이제껏 국가가 적자를 감수하고 제공하던 서비스가 사라져 버렸다는 지적도 있었고, 자유경쟁의 시장에 내던져짐으로써 오히려 개인의 자유에 위기가 초래했다는 주장이 제기되었다.[23] 대처는 83%까지 치솟았던 최고 소득세율을 궁극적으로 40%로 낮추고 기본율도 33%에서

25%로 낮추었는데, 그런 정책은 고소득층만을 선호한다는 오해를 불러일으켰다. 사실 전체 조세의 크기는 줄지 않았지만 부자들이 내는 세금은 극적으로 감소했다. 그것은 기업에 금전적 동기를 부여하고 그럼으로써 경제를 재생시키려는 의도였다. 실제로 빈부의 격차가 커진 것은 사실이었지만 극빈층을 제외한 국민 전체의 소득 수준도 올라갔다. 그러나 경제적 불평등의 심화가 대처에게 부담이 되었다.

대처가 벌인 도덕적 십자군 운동에 대한 영국 국민들의 반응은 어떠했나? 사람들의 의식은 대단히 느리게 변화하게 마련이다. 대처의 업적은 상당한 국민에게 호소력을 가졌지만, 임기 초기에 여전히 국민의 다수는 복지국가와 사회민주적 체제에 믿음을 가지고 있었고 계몽된 이기심보다는 국가와 관료제에 의존하려는 성향을 보였다. 그러나 민영화와 감세정책, 국민의료서비스에 시장메커니즘을 도입하는 것 등은 광범위한 지지를 받았다.[24] 1990년대에 이르면 '국가가 개인보다 더 많이 알고 있다'는 전제를 전복시키고 작은 정부를 실천하려 한 대처의 목표는 어느 정도 실현된 것으로 보인다.

---

23 Robert Skidelsky, "Introduction" in *Thatcherism*, ed. Robert Skidelsky(Oxford: Basil Blackwell, 1990), p. 23.

24 Paul F. Whiteley, Patrick Seyd, Jeremy Richardson & Paul Bissell, "Thatcherism and the Conservative Party," *Political Studies,* 49/2(1994), pp. 196-197; Ivor Crewe, "Has the Elctorate become Thatcherite?" in *Thatcherism*, ed. Robert Skidelsky(Oxford: Basil Blackwell, 1990); Brendan Evans, "Thatcherism and the British People" in *Mass Conservatism: The Conservatives and the Public since the 1880s*, eds. Stuart Ball & Ian Holliday(Frank Cass, 2002).

1980~1990년대에 실시된 사회조사에 의하면 대처가 원한 만큼은 아니지만 그의 정책은 확실히 시장경제의 원리를 가르치는 데 성공했음을 알 수 있다. 특히 탈국유화가 국민의 지지를 가장 많이 받았다. 즉 1974년에는 국민의 24%만이 탈국유화에 찬성했지만 1987년에는 국민의 2/3 이상이 민영화를 지지했고, 더 많은 국유화에 찬성한 사람들은 16%에 불과했다. 영국 대중의 의식 변화는 국가의 다른 역할에 대한 태도에서도 드러난다. 정부가 임금 및 물가를 통제해야 한다는 의견이 급격히 감소했으며, 예전에는 정부 책임으로 간주되던 일자리 제공과 실업자 생활보장에 대하여 이제 정부 책임이 아니라는 대답이 50~60%를 넘어서게 되었다.[25] 대처 집권 이전까지 압도적이던 영국민의 사회민주주의적 신념이 상당히 약해지고 있었던 것이다.

처칠의 이름이 한때 그랬듯이 대처의 이름은 지금도 영국 정치인들을 따라다닌다. 대처는 정치인이 단지 몇 년의 임기 동안 정부를 '경영'하고 물러가는 데 그치는 것이 아니라 나라를 '변화'시킬 수 있다는 사실을 보여 주었다. 대처 이전의 영국과 대처 이후의 영국은 대단히 달랐기 때문에 이러한 변화는 '대처 혁명'이라고 불린다. 모든 비판에도 불구하고 마거릿 대처가 영국 사회의 논쟁 의제를 변화시켰다는 사실에는 모든 사람이 동의한다. 대처주의는 20세기 말과 21세기 초에 영국 문화에 본질적이고 지속적인 충격을 가

25 박지향, 〈복지제도에 대한 영국인들의 태도 변화, 1983-2010: 실업을 중심으로〉, 《영국연구》 27(2012. 6).

했다. 대처가 이룬 업적 가운데 하나는 아이러니하게도 '신노동당(New Labour)'의 탄생이다. 1994년에 노동당의 40대 젊은 기수인 토니 블레어(Tony Blair)는 모든 생산수당의 국유화를 천명한 노동당 강령 4항을 폐지하는 데 성공함으로써 노동당에서 사회주의적 요소를 제거하고 당을 중도좌파 정당으로 변모시켰다. 대처는 노동당의 사고 자체를 변화시킴으로써

토니 블레어

결과적으로 영국 사회 전체를 우측으로 옮겼다는 평을 듣는다. 즉 1980~1990년대에 영국의 정치적 무게의 중심이 우측으로 이동했고 여전히 우측에 치우친 채로 남아 있다는 것이다.[26]

무엇이 대처의 성공을 가능하게 했나? 대처는 미래에 대한 명확한 비전을 가지고 있었고, 그 비전을 추진하기 위한 정력과 의도를 겸비한 지도자였다. 대처의 리더십 스타일, 특히 단호함과 확신이 중요했다. 대처의 별명은 '철의 여인', '싸우는 매기', '암탉 아틸라'였다. 이런 별명에서 드러나는 대처의 이미지는 강인함이다. 더 나아가 대처는 일반적 원칙과 실질적 예를 자유롭게 넘나들 수 있는 능

---

26 Eric J. Evans, *Thatcher and Thatcherism*(Routledge, 2013), 159; 박지향, 〈복지제도에 대한 영국인들의 태도 변화, 1983-2010〉 참조.

력, 어떤 이슈를 가지고 싸울 것인지를 결정하는 탁월한 능력을 가지고 있었다.[27] 대처의 정치 스타일은 대중 영합적이면서 카리스마적이었다. 그는 아무리 인기가 없어도 그것이 옳은 정책이라고 생각하면 끈질기게 추진했다. 보수당 전당대회에서의 유명한 발언, 즉 "원한다면 돌아가십시오. 이 여자는 돌아가지 않습니다"가 그의 성격을 대변해 준다.

모든 단점에도 불구하고 대처가 보여 준 가장 위대한 지도자적 자질은 국민에게 비전을 제시하고 단기적인 정치적 이익에 좌우되지 않았다는 사실이다. 대처의 가장 큰 업적은 절망에 빠져 있던 국민에게 그들의 조국이 다시 위대해질 수 있다는 자신감을 불러일으킨 것이었다. 대처는 확신에 찬 정치인이면서 동시에 현실적인 정치인이었다. 모든 사람이 동의하는 한 가지는, 대처가 많은 사랑을 받지 못했을지는 몰라도 지도자로서 존경받았으며 자신이 무엇을 하려는지에 대해 잘 알고 있었고 자신이 한 말을 지켰던 사람으로서 존중받았다는 것이다.

1979년 5월부터 세 차례에 걸쳐 집권에 성공한 대처는 세 번째 임기 중인 1990년 11월에 당 지도자 선거에서 낙마하고 수상직에서 물러나게 된다. 보수당 현직 의원들이 대처의 지도력에 반기를 들었던 것이다. 대처와 그의 각료 및 보수당 평의원들의 갈등을 불러일으킨 이슈는 인두세와 유럽통합 문제였다. 대처는 적극적인 유럽통합에 회의적인 데 반해 보수당의 상당수 의원들은 통합에 찬성

27 Willetts, *Modern Conservatism*, pp. 52-53.

했다. 인두세도 의도는 좋았지만 결과적으로 몹시 인기 없는 정책임이 드러났다. 그 후 대처가 후계자로 지목한 존 메이저(John Major)가 수상이 되어 또 한 차례 총선을 승리로 이끌었다(1992). 보수당으로서는 1979년 이래 연속 네 차례의 승리였다. 시골 악단원인 부모에게서 태어나 16세에 학업을 마쳐야 했던 메이저는 대처 못지않게 입지적 인물이었지만 대처 후의 보수당을 이끌 위인이 되지 못했다. 이처럼 1990년대에 접어든 후에도 보수당은 여전히 '챔피언 정당'이었다. 보수당은 모든 계층에 걸쳐 상당히 균등하게 분포된 지지를 누렸으며, 유능하고 건실한 정부 운영 능력을 가지고 있고 특정 계급이 아니라 유권자 전체에게 번영과 자유를 가져다줄 수 있는 정당이라는 이미지를 유지하고 있었다. 노동당의 무능한 모습도 대단히 큰 역할을 했다. 그러나 1990년대 중반에 젊은 기수인 블레어가 나타나 대처의 경제정책을 따라 하면서 '경제 하면 보수당'이라던 유권자들의 인식 속 이미지도 많이 사라져 버렸다. 결국 1997년 총선에서 '신노동당'이라는 이름으로 환골탈태한 노동당에 정권을 넘겨주게 되는 것이다.

신노동당의 탄생은 사실 대처의 업적이었다. 대처 집권 초기에 노동당은 대처에 대한 반발로 오히려 더욱더 좌편향화하는 경향을 보였다. 노동당은 대규모 국유화로 다시 돌아갈 것, 영국이 보유하고 있던 핵무기를 일방적으로 폐기할 것, 유럽경제공동체와 나토에서 탈퇴할 것 등으로 1983년 총선 강령을 짰는데 그 강령은 '자살하기 전에 쓴 역사상 가장 긴 유서'라는 평을 들었다.[28] 1983년과 1987년에 노동당은 더 이상 전국적 당이 아니라 쇠퇴하는 오래된

마거릿 대처와 존 메이저

산업 노동자들의 지지를 받는 낡은 계급 정당에 불과했고, 노동당에 대한 지지는 1983년에 27%로까지 떨어졌다. 그러나 연속 네 차례나 총선에서 패배하면서 노동당은 국민이 원하는 것이 무엇인가를 확실히 깨닫게 되었다. 그때 블레어가 등장했다. 블레어는 노동당이 계급정당으로는 더 이상 살아남을 수 없다는 판단하에 노동당을 대중의 정당으로 만들려는 시도를 시작했다. 노동당을 사회주의 정당으로 규정한 당헌 제4조를 폐지하는 데 성공하고 당을 이데올로기적 스펙트럼에서 중도좌파에 위치시키는 것에도 성공했다. 블레어는 노동당을 대중이 받아들일 수 있는 정당, 나아가 보수당보다 더욱 선호되는 대안으로 만들었던 것이다.

---

28 Pugh, *State and Society*, p. 310.

이처럼 '대처 혁명'의 가장 큰 아이러니는 노동당이 대처의 도전에 직면하여 체질 변화를 하지 않을 수 없었다는 사실이다. 블레어는 기본적으로 대처 수상의 정책 노선을 거의 대부분 수용하여 국가경쟁력 제고, 노동시장의 유연화, 복지지출 감소, 법질서 유지 등을 핵심 과제로 추진했다. 그 때문에 블레어 정부의 '제3의 길'이 대처주의와 차별성이 없다는 지적을 받기도 했고, 일부 사람들은 블레어를 '대처의 아들'이라고 비난했으며 '블레처리즘'이라는 단어까지 통용되었다.[29] 블레어는 대처를 존경했고 '대처의 아들'이라는 비난을 감수하면서 노동당을 좌측에서 중앙으로 옮겨 갔다. 그는 마치 대처의 입에서 나온 것 같은 말로 마르크스주의와 사회주의를 비판했다: "과거 노동당은 근대 시장경제의 본성과 발전을 오해했다. 그들은 국가와 공공 부문이 부와 자본이나 마찬가지로 기득권을 가지게 되고 억압의 주체가 될 수 있다는 사실을 인식하지 못했다."[30]

한편 대처가 물러난 후의 보수당은 대처주의를 유지할 것인지를 놓고 한동안 헤매는 모습을 보이고 계속 분열된 상태였다. 블레어가 대처주의를 낚아채자 보수당은 최대의 위기를 맞게 되었다. 1995년에 이르러서는 탈당이 본격화했는데, '하나의 국민'을 표방

29 Anthony Seldon, "The Net Blair Effect: A Foundation Government" in *The Blair Effect: The Blair Government 1997-2000*, ed. Anthony Seldon(Little, Brown, 2001), p. 593; Robert Taylor, "Employment Relations Policy" in *The Blair Effect: The Blair Government 1997-2000*, ed. Anthony Seldon(Little, Brown, 2001), p. 250.

30 Paul Smith, "Thatcher and After," *Social Text*, 43(Autumn, 1995), p. 26.

한 일부는 노동당과 자유민주당으로 이적했다. 1997년 선거는 보수당의 1832년 이래 역사상 최악의 참패였다.[31] 2005년에 데이비드 캐머런(David Cameron)이 당수가 되면서 보수당은 부활의 기미를 보이기 시작했고, 그의 지도하에 2010년과 2015년 연속 집권에 성공했다. 그러나 2016년 6월에 실시된 국민투표의 결과 영국이 유럽연합을 떠나기로 결정함[브렉시트(Brexit)]에 따라 유럽 잔류에 정치생명을 걸었던 캐머런은 도중하차하고 말았다. 영국과 유럽연합의 새로운 관계를 구축해야 할 새 수상에는 대처 이후 두 번째 여성 수상인 테리사 메이(Theresa May)가 선출되었는데, 그의 지도하에 보수당이 20세기와 마찬가지로 21세기를 '보수당의 세기'로 만들 수 있을지 의문이다. 보수당은 물론 영국 전체가 현재 대단히 어려운 시기에 직면해 있다.

31 보수당의 165석에 대하여 노동당은 419석.

제8장

성공의 비결

생존과 성공은 보수당 역사의 두 가지 핵심 단어다. 영국 보수당은 200년 가까운 긴 세월 동안 하나의 정당으로서 정체성을 유지했다는 점에서 뛰어난 생존력을 지닌 조직이다. 그것도 단순히 생존했을 뿐만 아니라 대부분의 기간 동안 성공적인 모습을 보여 주었다. 그리고 학자들에게는, 어떻게 '멍청한 당'이라고까지 불린 보수당이 살아남았을 뿐만 아니라 현존하는 유럽의 모든 정당 가운데 가장 성공한 당이라는 평을 듣는지를 설명해야 하는 과제가 주어졌다.

보수당의 성공은 우선 심리적 틀로 설명된다. 즉 사람들은 알려지지 않은 것에 대하여 두려움을 느끼고 친숙한 것을 좋아하며 변화를 싫어하기 때문에 보수 정당을 선호한다는 설명이다. 20세기 초 보수주의에 관한 영향력 있는 저서를 발간한 휴 세실(Hugh Cecil)로부터 세기 후반부의 정치학자 마이클 오크쇼트(Michael Oakeshott)에 이르기까지 많은 사람들이 그런 인간의 보편적 심리를 지적해 왔다. 그러나 이 설명은 보수당이 기존의 것을 보존하는 데에만 주력하지 않았고 관세개혁에서 경제적 신자유주의에 이르기까지 급진적인 경제적 · 정치적 정책의 실천자이기도 했다는 사실을 설명하지 못한다. 결국 최초의 유태인 수상과 최초의 여성 수상을 배출한 것은 다른 어느 당도 아니고 보수당이었다. 더욱이 이 설명에 의하면 이 세상 모든 보수주의 정당이 영국 보수당에 상응하는 성공을 거두어야 한다. 그러나 사실은 그렇지 않다. 따라서 영국 보수당만의 성공을 설명해 줄 요인들을 찾아야 한다.

이 장에서는 결속과 충성심, 변화에 대한 적절한 대처, 국가경영 능력과 애국주의 정당의 이미지, 그리고 대중 조직과 선전 등을 통해 보수당의 성공을 설명하고자 한다.

1. 성공을 이끈 요인들

1) 결속과 충성심

보수당은 결집력과 충성심에서 상대 당인 자유당과 노동당을 압도해 왔다. 그것이 보수당 성공의 첫 번째 비결이었다. 이미 1830년대에 한 휘그 정치인은 “토리는 충성심에 좌우되고 휘그는 자유에 대한 사랑에 좌우된다”고 관찰한 바 있다.[1] 선거에서 패배했을 때 여

---

1 A. J. Davies, *We, The Nation: The Conservative Party and the Pursuit of Power* (Little, Brown and Co., 1995), p. 17, p. 449.

타 정당들은 반드시 내홍을 겪고 분파 간의 갈등을 겪게 마련이다. 그러나 보수당은 과거의 실패를 두고 지나치게 오랜 시간을 낭비하지 않고 곧바로 재정비에 나서곤 했다. 물론 보수당 내에도 분파 싸움이 있었지만 그렇다 하더라도 다른 당들보다 훨씬 덜 분열적이었다. 특히 보수당은 1846년의 곡물법 폐지를 두고 있었던 트라우마에서 교훈을 배우고 난 후 결코 분열되지 않았다. 어떤 정당이든 내분을 견디어 낼 수 없다는 사실을 이때 보수당은 확실히 알게 되었고, 특히 디즈레일리가 그 점을 확실히 해 두었다. 솔즈베리가 지적한 대로 "디즈레일리의 유일한 일관적인 정치 원칙은 보수당이 결코 분열되어서는 안 된다는 것"이었다.[2]

혹자는 보수당의 결속이 권력에 대한 의지와 본능 때문이라고 해석한다. 그러나 보수당의 이데올로기 자체가 권위에 대한 순종을 포함하며 보수당의 결속은 경험에 의한 학습이었다는 것이 보다 정확한 진단일 것이다. 물론 상대 당의 역할도 중요했다. 즉 보수당의 상대였던 자유당과 노동당은 보수당보다 내부 분열이 심한 정당이었는 데 반해 보수당은 상대적으로 통합이 잘 되는 당이었고 대중은 그런 보수당을 보다 더 신뢰해 왔던 것이다. 존 참리(John Charmley)와 같은 학자는 보수당이 승리한 선거에서는 항상 상대 당의 내홍이 심각했다는 사실을 보여 주었다.[3] 영국 정치에서 상패는

2 Stuart Ball, "The Principles of British Conservatism from Balfour to Heath, c. 1910-75" in *The Foundations of the British Conservative Party*, eds. Richard Carr & Bradley W. Hart(Bloomsbury Academic, 2013), p. 14; Peter Dorey, *British Conservatism: The Politics and Philosophy of Inequalities*(I. B. Tauris, 2011), p. 34.

분열되지 않은 정당으로 간다는 사실이 확인된 것이다. 이처럼 통합과 충성이라는 대중적 이미지를 유지하고 이를 대중에게 전달하는 데 성공한 것이 보수당의 첫 번째 성공 비결이었다.

2) 변화에 대한 적절한 대처

보수당이 이데올로기나 실천에서 모두 유연성과 현실 적응을 보여 준 것이 성공의 두 번째 비결이다. 보수당은 정치적으로 큰 변화가 있을 때마다 적절히 적응함으로써 기존 지지 세력을 유지하면서 새로운 지지 기반을 확보할 수 있었다. 여기에는 보수당의 이데올로기가 도움을 주었는데 보수주의 자체가 다면적인 이데올로기이기 때문이다. 보수당은 대기업, 농업, 국교회와 때로는 노동계급의 이해관계까지 대변한다고 주장하는데, 그런 교조적이지 않은 성격이 자유무역을 주장하는 자유당이나 사회주의적인 노동당에는 결여되어 있는 탄력적인 호소력을 제공해 주었다. 보수당 지도자 중 한 사람인 헤일셤(Quintin Hogg, 2대 Hailsham 자작)은, 보수당은 "그렇게 하는 게 편리하면 언제든지 반대당의 정책을 훔쳐 오는 것을 결코 마다하지 않는다"고 말했다.[4] 그래서 보수당은 "여기저기서 아이디어를 빌린다"는 말을 들었다. 일관성은 보수당의 원칙 가운데 하단부에 위치한다고 할 수 있다. 곡물법을 상정한 것도 그것을 폐지한

---

3 John Charmley, "The Conservative Defeat: An Historical Perspective," *Political Quarterly*, 69/2(1998).

4 Robert Eccleshall, "English Conservatism as Ideology," *Political Studies*, 25/1(1977), p. 62.

것도 보수당이었다. 보수당은 아일랜드와의 합방을 유지하겠다고 맹세했지만 결국 아일랜드가 분리되는 것을 수용했다. 보수당은 적극적으로 영제국을 만들고 팽창시켰지만 궁극적으로 제국의 해체를 도왔다. '상황'이 지속적으로 변화함에 따라 그 상황에 적응했던 것이다. 그 결과 보수당은 어떤 상황에서는 상대 당인 자유당이나 노동당보다 더욱 급진적이었다.

보수당의 유연성은 100년 사이에 일어난 당 지도자의 변화에도 잘 드러난다. 19세기 말에 보수당 수상을 몇 차례 역임한 솔즈베리 후작과 그 100년 후에 수상을 지낸 존 메이저의 차이를 보면, 솔즈베리는 오랜 전통적 귀족 가문 출신이었지만 메이저의 부모는 시골 악단 단원이었다. 솔즈베리 경은 권위, 전통, 계서적 질서를 강조한 데 반해 메이저 수상은 자신의 정치적 견해를 "어떤 사람이건 자신의 위치를 알아서는 안 된다고 믿는 것"이라고 요약했다.[5] 이 두 사람의 차이가 바로 지난 100년간 보수당의 변화이고 그 성공의 비결이기도 하다. 혹자는 보수당의 현실 적응에 대해서도 그것이 강렬한 권력 추구 본능 덕분이었다고 주장한다. 따라서 보수당은 이념이나 이론화 과정을 결여하고 있으며 오직 실용주의와 단순한 권력욕으로만 뭉친 정당이라는 평가가 있다. 이데올로기가 없다는 사실은 보수당의 성공 원인으로 지목되기도 한다.

그러나 이 책에서 살펴보았듯이 보수당은 이념과 무관한, 이념을 가지고 있지 않은 채 권력만 추구하는 정당이 아니었다. 다만 보

5 Davies, *We, The Nation*, p. 10.

수당의 이데올로기는 다른 정당들과 달리 현실적 인식에 기초한 이데올로기라는 점에서 차이가 있을 뿐이다. 보수주의자들은 이론보다는 경험을 중시한다고 자부하면서 '1그램의 경험이 1톤의 이론만큼의 가치가 있다'고 주장했다. 디즈레일리도 "경험은 사상의 자식이고 사상은 행동의 자식이다. 우리는 책에서 인간을 배울 수 없다"고 말했다.[6] 보수당의 원칙은 항상 현실과 경험에 기반을 두었던 것이다. 그 결과 보수당은 민주적 선거제도의 도입이나 노동당의 대두와 같은 변화에 유연하게 적응했고 살아남았다. 궁극적으로 영국 보수당의 이러한 유연한 사고체계야말로 지난 200년 동안 지지자들의 요구에 부응하면서 끈질긴 생명력을 누릴 수 있었던 이유라고 할 수 있다.

3) 국가경영 능력과 '통치에 적합한 정당' 이미지

다음으로 보수당의 성공은 국가경영 능력에서 상대 당보다 앞섰고 그런 이미지를 유권자들에게 전달하는 데 성공했기 때문이다. 보수당이 이상적인 정당이라는 말은 결코 아니다. 종종 특혜를 둘러싼 보수당 정부의 스캔들이 터지는 사실에서 알 수 있듯이 보수당은 노동당보다 부패와 더욱 많이 연결되는 것이 사실이다. 보수당은 특히 경제와 국가 안보에서 상대 당보다 뛰어나다는 평가를 받아왔다. 1960년대 이후 여론조사에서 보수당은 언제나 경제 문제를 가장

---

6 Dorey, *British Conservatism*, p. 39; Antony Jay, ed., *Oxford Dictionary of Political Quotations*(Oxford: Oxford UP, 2007), p. 123.

잘 다룰 수 있을 정당으로 인식되었다. 특히 1980년대 대처 시대에 영국 국민의 생활수준이 전반적으로 향상된 시기에 그런 이미지를 확고히 심는 데 성공했다. 1980년대 여론조사를 보면 보수당이 영국 경제를 위해 더 나은 정당이라는 의견이 노동당이라고 답한 사람들의 두 배 이상이었다.[7] 보수당이 선점한 국가경영 능력의 또 다른 측면은 보수당 정부는 무엇을 하고 있고 어디로 가고 있는지 알고 있다는 대중적 인식을 심는 데 성공했다는 것이다. 특히 마거릿 대처(Margaret Thatcher)가 그런 이미지에 적합한 지도자였다. 대처는 자신의 역할과 해야 할 일에 대해 잘 알고 있으면서 동시에 시행 불가능한 정책은 버릴 줄 안다는 이미지를 국민들에게 심어 주었다. 그러나 대처가 물러난 후 보수당은 그런 이미지를 유지하는 데 실패함으로써 선거에서도 패배하는 결과를 야기했다.

보수당의 성공은 상대 당의 실수와 실책 때문이기도 했다. 노동당 지도자들은 이미지 전(戰)에서 완전 패배했다. 다시 말해 성공적 정당으로서의 이미지 부각에 보수당은 성공하고 노동당은 실패했다는 것이다. 노동당은 1920년대에 두어 차례 정부를 구성하는 데 성공했지만 '통치에 적합하지 않다'는 이미지만 가중시키는 결과를 낳았다. 1945~1950년의 짧은 기간을 제외하고 노동당은 무능하고 극단적으로 보였는데 그런 이미지는 대처가 집권한 시기에 특히 강

7 David Denver, "Electoral Support" in *The Conservative Party*, ed. Philip Norton(Hertfordshire: Prentice Hall/Harvester Wheatsheaf, 1996), p. 176; Philip Norton, "Introduction: The Party in Perspective" in *The Conservative Party*, ed. Philip Norton, pp. 10-11.

하게 부각되었다.

통치에 적합한 정당이라는 이미지를 쌓는 데에는 보수당 지도자들에 대한 긍정적인 평가도 기여했다. 디즈레일리가 그의 당에 남긴 중요한 유산 가운데 하나는 리더십의 역할에 대한 개념이었다. 이 책의 제5장에서 살펴보았듯이 그는, 보수당은 국민 전체를 아우르는 국가적 이데올로기를 가져야 하며 그것은 영국의 '특성'과 '전통'에 근거를 두고 있어야 한다고 역설했다. 디즈레일리는 거기서 그치지 않고 그 이데올로기와 국익을 추구할 확실한 지도력을 갖추는 것이 중요하다는 사실도 지적했다. 그런 당의 전통 속에서 보수당은 디즈레일리를 시작으로 볼드윈, 처칠을 거쳐 대처에 이르기까지 상대 당보다 더욱 국민들에게 호소력을 지닌 지도자들을 배출할 수 있었다. 그러나 블레어 정부 이후에는 예전과 달리 정당 지도자의 인기에 있어 보수당만의 독보적인 우위가 존재하지 않는다. 보수당에 존 메이저라는 인기 없는 지도자가 등장하고, 노동당에 토니 블레어라는 인기 있는 지도자가 등장했을 때의 총선 결과는 이러한 설명을 뒷받침해 준다. 다행히 보수당은 캐머런이라는 노동당 지도자들보다 인기 있는 지도자에 이어 테리사 메이(Theresa May)라는 지도자를 가지는 행운을 다시 누리고 있다.

4) '국민의 당', 애국 정당

보수당이 상대 당들에 대해 가지는 이점은 '국민의 당'이라는 주장이다. 자유당 및 노동당과 보수당의 차이는 보수당이 모든 계급과 이해관계를 아우른다고 주장하는 데 있다. 보수당은 단순히 '계급' 정당이 아니라 '국민' 정당의 지위를 유지하면서 영국민 전체의 결속을 앞세우는 정당으로서의 이미지를 독점해 왔다. 그것이 결정적으로 보수당의 성공에 기여했다. 보수당에는 디즈레일리가 심어 준 '국민의 당' 이미지가 지속적으로 따라다니는데 그런 의미에서 보수당은 영원히 디즈레일리에게 빚지고 있다. 그리고 '국민의 당' 이라는 입장을 견지하기 위해 보수당은 사회개혁과 의회개혁 등에서 상대 당에 못지않은 적극적 태도를 보였으며, 그 결과 보수당은 사회적 지지 기반을 넓힐 수 있었다.

보수당은 또한 영국의 역사를 전유하고 그 흐름에 대한 독특한 시각을 제시함으로써 국민 정체성에 호소하고 애국 정당이라는 이미지를 구축했다. 그들은 영국의 전통과 역사를 '모험적이고 자립심 강한 개인들'로 이루어진 작은 섬의 역사로 해석하고 이 개인들이 훗날 전 세계에 전범이 되는 영국적인 가치와 제도를 발전시켰다는 논리로 발전시켰다. 그것은 영국의 영광과 위대함에 대한 영국 국민의 자부심을 보수당이 선점하는 결과를 낳았다.[8]

한편 보수당이 상대 당, 특히 노동당보다 대중의 심리를 잘 파악하고 있다는 사실은 두 정당의 강령에서도 드러난다. 보수당의 강령은 구체적이지 않다. 그것은 보수주의 자체가 인간의 삶은 어차피 이론과 일치하지 않는다는 인식에서 비롯하기 때문이다. 반대로 노

---

8 Robert Eccleshall, "The Doing of Conservatism" in *Reassessing Political Ideologies: The Durability of Dissent*, ed. Michael Freeden(Routledge, 2001), p. 72.

동당은 대단히 세밀한 공약과 약속을 강령에 늘어놓는다. 어떤 보수당 의원은 이에 대하여 “노동당은 모든 것에 대한 정책을 수립하려는 유혹을 물리칠 수 없다”고 지적하면서, 그것은 “많은 사람을 불안하게 만드는 가장 확실한 방법”이라고 조롱했다.[9] 한때 보수당도 그런 모습을 보인 적이 있었다. 1966년 총선에서 보수당은 131개의 약속을 했는데, 그것은 유권자들이 기억하기에 너무 많은 수이고 결과적으로 사람들은 보수당이 어떤 정책도 갖고 있지 않다고 느끼게 되었던 것이다. 디즈레일리도 사람들의 정치적 관심은 정당의 강령을 읽는 데까지 미치지 못한다고 말함으로써 세세한 강령이 불필요함을 지적한 적이 있다. 따라서 보수당은 간략하면서도 전달하기 쉬운 강령을 개발한다는 원칙을 세웠고 더욱 쉽게 유권자들에게 접근할 수 있었다.

5) 조직과 선전

지지자들을 조직하는 보수당의 노력도 다른 정당들보다 뛰어났다. 보수당의 대중조직은 1867년부터 추구되었는데, 디즈레일리가 시작한 보수당 노동자 클럽이 그 효시였다. 디즈레일리 사후 조직된 프림로즈 연맹은 정치적 대중 조직으로서는 가장 성공적인 케이스였다. 프림로즈 연맹은 선거권을 보유한 사람들은 물론이고 보유하지 못한 사람들도 끌어들여 각종 사회활동의 영역을 제공해 주었고, 보수당에 인기를 몰아주었다. 프림로즈 연맹은 저속하다는 비판

9 Davies, *We, The Nation*, p. 198.

을 받았는데 그에 대해 솔즈베리 후작 부인은 "저속하다고요? 물론 저속하죠. 그러나 그것이 바로 우리가 이렇게 잘하고 있는 이유입니다"라고 대꾸했다.[10]

대중 조직과 선전이라는 맥락에서 볼 때 노동당이 부상하고 대중민주주의가 본격적으로 시작된 1920년대가 특히 중요했다. 이때 보수당은 예산과 인력을 대폭 증원하고, 광범위하고 지속적인 선전과 교육을 위한 체계를 구축했다. 신문, 전단지, 세대 방문, 영화 차량, 옥외 대중 연설 등 모든 수단을 이용한 선전 프로그램을 구상하고 실행에 옮겼던 것이다. 보수당은 선전에서 항상 상대 당을 이겼다. 유일한 예외는 1960년대 헤럴드 윌슨(Harold Wilson) 시대의 노동당이 근대화와 혁신이라는 비전으로 국민을 사로잡았을 때뿐이었다. 보수당은 각종 매체를 잘 이용했다. 19세기에 사용된 선전 매체에서는 대중 집회가 매우 중요했는데 디즈레일리는 수정궁에서 3시간 30분 동안 연설하면서 청중을 휘어잡았다. 1920~1930년대에 영화와 라디오 등 근대적 매체가 등장하자 보수당은 이를 상대 당들보다 먼저 그리고 효율적으로 사용하기 시작했다. 예를 들어 1920년대 라디오가 등장했을 때 볼드윈은 라디오의 기술적 문제와 효과를 알아차리고 방송실에서 따로 녹음을 했다. 반면 노동당의 지도자인 제임스 램지 맥도널드(James Ramsay MacDonald)는 실황 중계를 고집했는데 그 결과 그의 연설은 끊기고 안 들리는 등 엉망이었

10 Ibid., pp. 138-139.

다.[11] 라디오와 영화의 등장으로 정당 활동은 지역을 벗어나 전국적 규모로 확대되었고, 그 점에서도 보수당은 상대 당보다 앞서 나아가며 '국민의 당'이라는 이미지를 굳건히 할 수 있었다.

2. 21세기의 보수당

학자들은 국가경영의 몇 가지 요소로 첫째는 성공적인 당 운영, 둘째는 승리할 수 있는 선거 전략, 셋째는 정치적 논쟁에서 헤게모니를 장악하는 것, 넷째는 정권을 잡은 후 자신들의 정책을 실현시킴으로써 능력을 입증하는 것 등을 제시한다.[12] 보수당은 이 모든 요소에서 노동당보다 우월한 모습을 보여 왔다. 즉 '온건하고 단결되어 있으며 유능하고 통치력을 갖춘' 정당의 이미지를 지속적으로 제시하는 데 성공했을 뿐만 아니라 '의제와 정책, 지도자, 그리고 조직과 선전'에서도 승리했던 것이다.

보수당이 놀랄 만큼 성공적으로 이어져 왔다는 사실이 낳은 중요한 결과의 하나는, 그 결과 영국 사회와 경제가 상당히 보수주의적 이미지 속에서 형성되었다는 사실이다. 보수당이 노동당보다 경제를 더 잘 운영하는 정당이라는 대중의 믿음은 곧 그들이 노동당

---

11 Neal R. McCrillis, *The British Conservative Party in the Age of Universal Suffrage*(Columbus: Ohio State UP, 1998), chapter 5.

12 Kevin Hickson, "Inequality," in *The Political Thought of the Conservative Party since 1945*, ed. Kevin Hickson(Palgrave Macmillan, 2005), p. 181.

의 경제원칙보다 보수당의 경제정책을 더욱 신뢰하는 결과로 이어진다. 정부가 경제에 간섭해서는 안 되고, 재능과 기업가 정신을 가진 사람들에게 징벌과 같은 과도한 세금을 부과해서도 안 되며, 사람들은 자신의 노동의 결과를 향유할 수 있는 자유를 누려야 한다는 메시지를 국민들이 받아들였다는 말이다. 보수당은 항상 부의 창출 없이 복지를 실행하는 것은 황금알을 낳는 거위를 죽이는 것과 마찬가지이며 부를 분배하려면 먼저 부를 창조해야 한다는 사실을 강조해 왔는데, 이러한 보수당의 입장에 다수 유권자들이 동의한다고 볼 수 있다.[13]

그렇다고 보수당의 미래가 낙관적이기만 한 것은 절대 아니다. 현재 세계 경제가 진행되고 있는 추세는 보수당의 경제정책을 지지해 주지만, 단기 성과주의라든지 이 책의 제3장에서 살펴본 불평등과 사회적 배제의 문제점은 언제든 보수당을 수세로 몰 가능성을 품고 있다. '국민의 당'으로서의 보수당 이미지도 약화되고 있다. 사회가 점점 더 복잡해지면서 개인들은 훨씬 복잡한 정체성을 가지게 되고 세계화로 인한 사회적 유동성도 국민 정체성을 약화시키기 때문이다. 국민 정당으로 스스로를 강하게 표방하는 것이 앞으로도 보수당의 지속적인 성공을 보장해 줄지는 미지수다. 보수당은 현재 실제로 '국민의 당'이라는 명성을 내려놓을 수밖에 없는 상황에 처해

13 John Barnes, "Ideology and Factions" in *Conservative Century: The Conservative Party since 1900*, eds. Anthony Seldon & Stuart Ball(Oxford: Oxford UP, 1994), p. 333.

있다. 1900년에 보수당은 스코틀랜드와 웨일스를 포함한 전국에서 지지를 받는 명실공히 전국적 정당이었지만 2000년에는 '남부 잉글랜드의 당'으로 마감했기 때문이다.

보수당은 또한 세대에 따른 지지층을 확충할 필요가 있다. 영국 보수당은 절대로 노년층만 지지하는 정당이 아니었다. 1979년 총선에서 보수당은 35세 이상보다 이하인 유권자들의 더 많은 지지를 받았으며 1983년과 1987에도 젊은 사람들이 더 많이 보수당에 투표했다.[14] 이것은 물론 마거릿 대처가 일으킨 대처 혁명의 소용돌이가 젊은 층에 호소력을 가진 덕분이기도 했다. 보수당이 젊은이들에게 외면당한다는 통념은 사실이 아니다. 가장 대표적인 예가 '젊은 보수주의(Young Conservatism)'라는 단체다. 이 조직은 기존의 보수당 청년국이 1944년에 재조직된 것으로 19세기 이래 보수당의 사회활동을 위주로 하는 조직 문화를 이어받아, 매우 활동적이었다. 1949년 회원 수가 최고에 이르렀을 때에는 21세 이상의 회원이 16만 명이었고, 21세 미만까지 포함하면 비공식적으로 60만 명이었다. 세력이 한참 줄어든 1965년에는 한창 때의 1/3로 줄었지만 여전히 '노동당 젊은 사회주의자(Labour Party Young Socialists)'보다 두 배 이상의 회원 수를 자랑했다.[15] 이 사실은 보수당과 청년층의 관계를 다

---

14 Francis Maude, "Centre" in *The Political Thought of the Conservative Party since 1945*, ed. Kevin Hickson(Palgrave Macmillan, 2005), p. 49.

15 Lawrence Black, "The Lost World of Young Conservatism," *The Historical Journal*, 51/4(December 2008), p. 992. '젊은 보수주의'는 1970년대 이후 점차 전통적인 정치조직으로 바뀌면서 감소하게 되었다.

시 주목하게 만들며, 앞으로 보수당은 이 놀라운 기록을 다시 한 번 가능하게 만들어야 하는 중차대한 과제를 안고 있다.

모든 평자가 지적하듯이 궁극적으로 정당의 성패는 선거에서 승리하고 정부를 유지하는 것이다. 사실 이데올로기는 정당에 최우선적 관심은 아니다. 게다가 공산주의의 몰락과 사회주의의 약화로 인하여 오늘날 이데올로기는 세력이 많이 약화된 상태일 뿐만 아니라 이데올로기들의 수렴 현상도 보인다. 즉 이데올로기들이 헤쳐 모여를 한 셈이다. 그렇다면 현실 정치에서 어떻게 하면 지속적으로 권력을 유지할 것인지에 대한 구체적 능력을 키우는 것이 정당의 미래를 좌우할 것이다. 이 장에서 언급된 장점들을 계속 유지하는 것만이 보수당의 미래를 보장해 줄 것이다. 그러나 그것은 점점 더 어려운 과제가 될 것이다. 마지막으로 언급할 점은, 한 보수당 의원의 지적대로 정치인들은 항상 어떻게 하면 선거에서 승리할 것인지를 묻지만, 진정한 질문은 '승리하면 무엇을 하기를 원하는가'이어야 하는 것이다.[16] 그 질문이 궁극적으로 보수당의 운명을 결정할 것이고 보수당이 역사에서 어떤 평가를 받을지를 결정할 것이다.

16 Ibid., p. 210.

맺음말

보수당은 13년의 야당 생활 끝에 2010년 총선에서 최대 의석을 확보했지만 과반수에 약간 미달한 의석이었기 때문에 자유민주당과 연립내각을 결성했다. 그러나 2015년 총선에서는 무난히 단독정부를 수립할 의석을 확보했다. 데이비드 캐머런(David Cameron) 수상이 보수당이 재집권할 경우 영국이 유럽연합(EU)에 잔류할 것인지 떠날 것인지를 결정하는 국민투표를 실시하겠다고 약속한 것이 도움이 되었다. 그 약속에 따라 2016년 6월에 실시된 국민투표에서 영국인들은 예상을 뒤집고 52 대 48로 탈퇴(Brexit)를 결정했다. 국민투표에 참여한 1,700만 명이 탈퇴를 지지했고 1,600만 명이 잔류를 희망했다.

투표 결과가 발표되자 파운드화와 유로화가 급락하고 전 세계 금융시장과 외환시장이 요동을 쳤으며, 영국 경제는 물론이고 세계 경제가 침체에 빠져들 것이라는 전망이 지배적이다. 영국 재무부와

IMF가 국민투표 전에 내놓은 전망도 만약 탈퇴할 경우에 영국 경제는 대단한 타격을 입을 것으로 예측했다. 그럼에도 불구하고 영국 국민들은 다수결로 탈퇴를 결정했다. 그들이 탈퇴가 가져올 경제적 불안정을 모르고 그랬을 리는 없다. 탈퇴를 지지하는 측이나 잔류를 지지하는 측 모두가 모든 가능성에 대해 오랫동안 논의해 왔고, 경제적 전망이 낙관적이지 않다는 사실은 거의 모든 사람들이 알고 있는 사실이었다.

그렇다면 왜 영국인들은 그 모든 것을 감수하고라도 유럽연합으로부터 나가기를 원한 것일까? 피상적으로는 이민과 난민에 대한 불만이 가장 큰 요인으로 거론되었지만 그 배경에는 더 장기적인 요인이 자리 잡고 있었다. 즉 장기적인 역사적 요인과 단기적 요인이 함께 작동한 결과다.

영국은 1973년에 유럽경제공동체(European Economic Community)에 가입함으로써 유럽과 공동 운명체가 되었지만 항상 대륙과 거리를 두어 왔다. '영국은 유럽에 위치하고 있지만 유럽이 아니다'라는 말이 있다. 그만큼 유럽 대륙과 다른 정체성을 견지해 왔다. 영국은 의회민주주의와 자본주의, 근대과학 등 오늘날 전 세계가 채택하고 있는 근대적 제도를 제일 먼저 발전시킨 나라다. 17세기부터 영국 국민이 국왕을 반역죄로 처형하면서 그 권력을 제한하고 의회민주주의를 키우는 동안 대륙의 유럽인들은 전제정 밑에서 신음하고 있었다. 영국은 또한 인류 역사상 최초의 산업혁명을 주도하면서 전 세계 경제를 이끌었으며, '해가 지지 않는 제국'이라 불린 최대 규모의 제국을 건립했다. 모든 면에서 영국은 서양의 근대화를 주도했고 그 때문에 자국 역사에 대하여 대단한 자부심을 가지고 있다. 따라서 영국인들은 자신들이 선구적으로 개척하고 발전시킨 제도를 다른 유럽 국가들은 뒤늦게 베끼고 따라 했을 뿐이라고 생각하며 그들을 멸시하는 경향을 보였다. '영국과 프랑스 사이에 존재하는 제일 좋은 것은 바다'라는 말이 있을 정도다. 이런 역사적 배경이 영국의 뿌리 깊은 반(反)유럽연합 정서의 근간에 자리하고 있다.

현재적 문제점으로 가장 중요한 것은 주권의 문제, 즉 유럽연합 집행부에 대한 불신이다. 물론 일반 대중에게는 이민 문제가 가장 피부에 와 닿는 불만이지만 보수당의 일부 의원들조차 탈퇴를 지지한 것은 영국이 유럽연합이라는 거대한 초국가적 조직에 휘둘리고 있다는 불만 때문이다. 영국은 대의민주주의가 가장 먼저 태동한 나라이기 때문에 영국 국민은 자신을 통치하고 명령을 내릴 사람은 자신이 투표로 선출하여 권리를 위임하고 권위를 인정한 사람이어야 한다는 생각을 가지고 있다. 그러나 유럽연합의 정책을 결정하는 집행위원회(Commission)는 선거에 의해 선출된 사람들이 아니라 각국 정부가 임명한 사람들로, 주로 고위관리 출신이다. 유럽의회라는 조직이 있지만 유명무실하다. 선거를 거치지도 않은 '비민주적' 집행위원회는 막강한 권력을 휘두르며 유럽연합에 속한 28개국 국민들의 삶을 좌지우지하고 있다는 비난을 받았다. 이 책에서 살펴보았듯이 영국인들은 기질상, 특히 자유와 자율을 무엇보다 중요한 가치로 간주하는 사람들이다. 그런 사람들이기에 자신이 선출하지도 않은 유럽연합 관료들이 자신의 삶을 통제한다는 것에 대해 더욱더 불만을 느끼는 것이다. 유럽연합 집행위원회가 위치한 '브뤼셀'이라는 단어는 영국인들이 가장 혐오하는 단어가 되어 버렸다.

국민투표 후 영국 사회와 정치권은 대혼란에 빠져들었다. 캐머런 수상은 두 번째 임기를 시작한 지 1년여밖에 되지 않은 젊고 활기찬 정치 지도자였지만 스스로 둔 자충수로 인해 무대에서 사라졌다. 그나마 보수당은 탈퇴와 잔류 지지자로 당론이 분열되었고 따라서 반쪽이나마 목표를 달성해 냈지만, 잔류를 당론으로 정했던 노동당은 철저히 패배한 셈이 되었다. 대처 수상 때부터 유럽 문제는 영국 국론을 분열시킨 가장 심각한 것이었다. 대처는 유럽이 단일 시장을 넘어 더 큰 조직으로 나아가는 것에 반대했고 보수당 내 친유럽 성향의 의원들과 갈등을 벌였으며, 그 결과 수상직 사임으로 몰렸다. 영국인들은 이제 이념적, 정치적인 우파, 좌파라는 구분 대신 유럽에 대한 태도에 따라 구분된다는 말이 있을 정도다. 특히 유럽연합 이전의 세상을 기억하고 있는 노년층과 유럽연합 밖에서의 영국을 상상하지 못하는 젊은이들 간의 세대 갈등이 심각해졌다.

영국 경제는 현재 세계 5위의 규모다. 탈퇴파는 영국의 경제력은 유럽연합 밖에서도 얼마든지 살아남고 성공할 수 있다고 장담하고 있다. 단기적으로는 영국 경제가 어렵겠지만 장기적으로는 유럽연합의 규제로부터 벗어나 오히려 더욱 활기차게 성장할 수 있을 것이라는 예견도 있다. 그러나 대부분 경제 전문가들은 앞으로 2~3년간 경제적 불안이 심화될 것으로 예측한다. 현재 영국은 물론 유럽 전체가 제2차 세계대전 종결 후 최대의 불확실성에 직면해 있다. 보수당이 이 난관을 어떻게 헤쳐 나갈지 주목하며 기다릴 수밖에 없다. '국민의 당'이라는 보수당의 주장이 분열된 영국을 추스르는 데 어떻게 작동할 것인지, '통치에 적합한 당'이라는 보수당의 자부심은 어떻게 유지될 것인지도 시험대에 올랐다. 유럽연합 탈퇴 과정의 성패에 보수당의 미래가 달려 있다고 해도 과언이 아니다. 보수당이 국론을 결집하여 침착하고 현명하게 사태를 해결함으로써 일부 평자들의 예견대로 영국이 유럽연합 밖에서도 그 지위를 유지할 것을 기대해 본다.

참고문헌

*해외 저작물의 경우 달리 표기하지 않는 한 출판 장소는 런던과 뉴욕임.

강원택, 《보수정치는 어떻게 살아남았나?》 (EAI, 2008).

강원택, 《정당은 어떻게 몰락하나? 영국 자유당의 역사》 (오름, 2013).

김행범, 〈자유만 달라, 천국은 개인이 만들겠다〉, 복거일 · 남정욱 편, 《내 마음 속 자유주의 한 구절》 (살림, 2015).

박동운, 《대처리즘: 자유시장경제의 위대한 승리》 (FKI미디어, 2005).

박지향, 〈영국 노동조합운동: 노동주의의 전개과정〉, 《역사학보》 130 (1991. 6).

박지향, 《영국적인, 너무나 영국적인》 (기파랑, 2006).

박지향, 《슬픈 아일랜드》 (기파랑, 2008).

박지향, 〈대처정부의 '대중 자본주의'와 반(反)기업 정서의 극복〉, 《영국연구》 21 (2009. 6).

박지향, 〈복지제도에 대한 영국인들의 태도 변화, 1983-2010: 실업을 중심으로〉, 《영국연구》 27 (2012. 6).

박지향, 《대처 스타일》 (김영사, 2012).

박지향, 《클래식 영국사》 (김영사, 2012).

버크, 에드먼드, 이태숙 역, 《프랑스혁명에 관한 성찰》 (한길사, 2008).

복거일 · 남정욱 편, 《내 마음 속 자유주의 한 구절》 (살림, 2015).

부동, 레이몽, 임왕준 역, 《지식인은 왜 자유주의를 싫어하는가》 (기파랑, 2007).

유홍림, 《현대 정치사상 연구》 (인간사랑, 2003).

이근식, 《자유와 상생》 (기파랑, 2005).

트레슬, 로버트, 안정효 역 ,《누더지 박애주의자들》(실천문학, 1988).
파이프스, 리처드, 서은경 역,《소유와 자유》(나남, 2008).
하이에크, 프리드리히, 김균 역,《자유헌정론》I · II (자유기업센터, 1997).
헤이우드, 앤드류, 양길현 · 변종헌 역,《사회사상과 정치 이데올로기》(오름, 2014).
헬드, 데이비드, 박찬표 역,《민주주의의 모델들》(후마니타스, 2014).
홍석민, 〈D. 캐머런의 '큰 사회론(Big Society)'과 영국 보수주의 전통〉,《영국연구》 31(2014).
후쿠야마, 프랜시스,《정치 질서의 기원》(웅진, 2011).
Alexander, James, "The Major Ideologies of Liberalism, Socialism and Conservatism," *Political Studies*, 63/5 (June 2014).
Annan, Noel, *Our Age: The Generation that Made Post-war Britain* (Fontana, 1990).
Aughey, Arthur, "Philosophy and Faction" in *The Conservative Party*, ed. Philip Norton (Hertfordshire: Prentice Hall/Harvester Wheatsheaf, 1996).
Ball, Stuart, "The Principles of British Conservatism from Balfour to Heath, c. 1910-75" in *The Foundations of the British Conservative Party*, eds. Richard Carr & Bradley W. Hart (Bloomsbury Academic, 2013).
Ball, Stuart & Ian Holliday eds., *Mass Conservatism: The Conservatives and the Public since the 1880s* (Frank Cass, 2002).
Ball, Stuart & Ian Holliday eds., "Mass Conservatism: An Introduction" in *Mass Conservatism: The Conservatives and the Public since the 1880s*, eds. Stuart Ball & Ian Holliday (Frank Cass, 2002).
Barnes, John, "Ideology and Factions" in *Conservative Century: The Conservative Party since 1900*, eds. Anthony Seldon & Stuart Ball (Oxford: Oxford University Press, 1994).
Barry, Norman, "New Right" in *The Political Thought of the Conservative Party since 1945*, ed. Kevin Hickson (Palgrave Macmillan, 2005).
Berrington, Hugh, "New Parties in Britain: Why Some Live and Most Die," *International Political Science Review*, 6/4 (1985).
Black, Jeremy, "Eighteenth-century English Politics," *Albion: A Quarterly Journal Concerned with British Studies*, 28/4 (Winter 1996).

Black, Lawrence, "The Lost World of Young Conservatism," *The Historical Journal*, 51/4 (December 2008).

Blake, Robert, *The Conservative Party from Peel to Major* (Heinemann, 1997).

Bryson, Caroline, "Benefit Claimants: Villains or Victims?" *British Social Attitudes The 14th Report* (1997/1998).

Bush, Barbara, *Imperialism and Postcolonialism* (Pearson Longman, 2006).

Cameron, David, "The Big Society," Vital Speeches International, 2/1 (2010). (Speech delivered in Hugo Young Lecture. November 10, 2009)

Campbell, John, *Margaret Thatcher II, The Iron Lady* (Pimlico, 2003).

Cannadine, David, *The Rise and Fall of Class in Britain* (Columbia University Press, 1993).

Carr, Richard & Bradley W. Hart ed., *The Foundations of the British Conservative Party* (Bloomsbury Academic, 2013).

Carr, Richard, "How to Put 'the People First': Conservative Conception of Reform Before and After the Second World War" in *The Foundations of the British Conservative Party*, eds. Richard Carr & Bradley W. Hart (Bloomsbury Academic, 2013).

Charmley, John, "The Conservative Defeat: An Historical Perspective," *The Political Quarterly*, 69/2 (1998).

Charmley, John, *A History of Conservative Politics since 1830* (Palgrave Macmillan, 2008).

Clarke, Peter, *A Question of Leadership* (Penguin, 1992).

Clery, Elizabeth, Lucy Lee & Sarah Kunz, *Public Attitudes to Poverty and Welfare, 1983-2011: Analysis using British Social Attitudes Data* (National Centre for Social Research, 2013).

Collini, Stefan, *Public Moralists: Political Thought and Intellectual Life in Britain 1850-1930* (Clarendon, 1993).

Collini, Stefan et al., *Economy, Polity and Society: British Intellectual History 1750-1950* (Cambridge: Cambridge University Press, 2000).

Coote, Captain Colin, "Conservatism and Liberalism," *Political Quarterly*, 24/2

(April 1953).

Crewe, Ivor, "Has the Elctorate become Thatcherite?" in *Thatcherism*, ed. Robert Skidelsky (Oxford: Basil Blackwell, 1990).

Crewe, Ivor & Donald Searing, "Ideological Change in the British Conservative Party," *American Political Science Review*, 82/2 (June 1988).

Curtice, John & Stephen Fisher, "The Power to Persuade? A Tale of Two Prime Ministers," *British Social Attitudes The 20th Report* (2003).

Dale, Iain ed., *Margaret Thatcher, A Tribute in Words and Pictures* (Daily Telegraph, 2005).

Daunton, Martin & B. Rieger eds., *Meanings of Modernity* (Berg, 2001).

Davies, A. J., *We, The Nation: The Conservative Party and the Pursuit of Power* (Little, Brown and Co., 1995).

Denver, David, "Electoral Support" in *The Conservative Party*, ed. Philip Norton (Hertfordshire: Prentice Hall/Harvester Wheatsheaf, 1996).

Dorey, Peter, "Industrial Relations as 'Human Relations': Conservatism and Trade Unionism, 1945-64" in *Mass Conservatism: The Conservatives and the Public since the 1880s*, eds. Stuart Ball & Ian Holliday (Frank Cass, 2002).

Dorey, Peter, "A Poverty of Imagination: Blaming the Poor for Inequality," *Political Quarterly*, 81/3 (July-September 2010).

Dorey, Peter, *British Conservatism: The Politics and Philosophy of Inequalities* (I. B. Tauris, 2011).

Dunn, John, *Western Political Theory in the Face of the Future* (Cambridge: Cambridge University Press, 1993).

Eccleshall, Robert, "English Conservatism as Ideology," *Political Studies*, 25/1 (1977).

Eccleshall, Robert, "The Doing of Conservatism" in *Reassessing Political Ideologies: The Durability of Dissent*, ed. Michael Freeden (Routledge, 2001).

Evans, Brendan, "Thatcherism and the British People" in *Mass Conservatism: The Conservatives and the Public since the 1880s*, eds. Stuart Ball & Ian Holliday (Frank Cass, 2002).

Evans, Eric J., *Thatcher and Thatcherism* (Routledge, 2013).

Flinders, Matthew, Andrew Gamble, Colin Hay & Michael Kenny eds., *The Oxford Handbook of British Politics* (Oxford: Oxford University Press, 2009).

Francis, Martin, "'Set the People Free'? Conservatives and the State, 1920-1960" in *The Conservatives and British Society, 1880-1990*, eds. Martin Francis & Ina Zweiniger-Bargielowska (Cardiff: University of Wales Press, 1996).

Francis, Martin & Ina Zweiniger-Bargielowska eds., *The Conservatives and British Society, 1880-1990* (Cardiff: University of Wales Press, 1996).

Francis, Matthew, "A Crusade to Enfranchise the Many: Thatcherism and the Proeporty-Owning Democracy," *Twentieth Century British History*, 23/2 (2012).

Freeden, Michael ed., *Reassessing Political Ideologies: The Durability of Dissent* (Routledge, 2001).

Freeden, Michael, "Political Ideologies in Substance and Method" in *Reassessing Political Ideologies: The Durability of Dissent*, ed. Michael Freeden (Routledge, 2001).

Gamble, Andrew, *The Free Economy and the Strong State: The Politics of Thatcherism* (Macmillan, 1994).

Garnett, Mark & Kevin Hickson, *Conservative Thinkers: The Key Contributors to the Political Thought of the Modern Conservative Party* (Manchester: Manchester University Press, 2009).

Gaus, Gerald F., "Ideological Dominance through Philosophical Confusion: Liberalism in the Twentieth Century" in *Reassessing Political Ideologies: The Durability of Dissent*, ed. Michael Freeden (Routledge, 2001).

Gerteis, Joseph & Mike Savage, "The Salience of Class in Britain and America: A Comparative Analysis," *British Journal of Sociology*, 49/2 (June 1998).

Grant, Alexander and K. Stringer, *Uniting the Kingdom?: The Making of British History* (Routledge, 1995).

Green, Damian, "One Nation" in *The Political Thought of the Conservative Party since 1945*, ed. Kevin Hickson (Palgrave Macmillan, 2005).

Green, E. H. H., *Ideologies of Conservatism: Conservative Political Ideas in the Twentieth Century* (Oxford: Oxford University Press, 2008).

Greenfeld, Leah, *Nationalism: Five Roads to Modernity* (Cambridge: Harvard University Press, 1993).

Hampsher-Monk, Iain, *A History of Modern Political Thought: Major Political Thinkers from Hobbes to Marx* (Oxford: Blackwell, 1992).

Harrison, Brian, "Mrs. Thatcher and the Intellectuals," *Twentieth Century British History*, 5/2 (1994).

Harrison, Brian, *The Transformation of British Politics, 1860-1995* (Oxford: Oxford University Press, 1996).

Held, David ed., *Political Theory Today* (Polity, 1991).

Hennessy, Peter, "The Last Retreat of Fame: Mrs. Thatcher as History," *Modern Law Review*, 54/4 (July 1991).

Hickson, Kevin, "Inequality" in *The Political Thought of the Conservative Party since 1945*, ed. Kevin Hickson (Palgrave Macmillan, 2005).

Hickson, Kevin, "Conservatism and the Poor: Conservative Party Attitudes to Poverty and Inequality since the 1970s," *British Politics*, 4/3 (2009).

Hickson, Kevin, "Thatcherism, Poverty and Social Justice," *Journal of Poverty and Social Justice*, 18/2 (2010).

Hilton, Boyd, "Peel: A Reappraisal," *Historical Journal*, 22/3 (September 1979).

Hinton, James, "Militant Housewives' League and the Attlee Government," *History Workshop*, 38 (1994).

Hinton, James "Conservative Women and Voluntary Social Service, 1938-51" in *Mass Conservatism: The Conservatives and the Public since the 1880s*, eds. Stuart Ball & Ian Holliday (Frank Cass, 2002).

Hobsbawm, Eric, *Labouring Men* (Weidenfeld & Nicolson, 1964).

Hobsbawm, Eric, "The Labour Aristocracy in Nineteenth-century Britain" in *Labouring Men* (Weidenfeld & Nicolson, 1964).

Jarvis, David, "Mrs. Maggs and Betty: The Conservative Appeal to Women Voters in the 1920s," *Twentieth Century British History*, 5/2 (1994).

Jarvis, David, "The Conservative Party and the Politics of Gender, 1900-1939" in *The Conservatives and British Society, 1880-1990*, eds. Martin Francis & Ina

Zweiniger-Bargielowska (Cardiff: University of Wales Press, 1996).

Jay, Antony ed., *Oxford Dictionary of Political Quotations* (Oxford: Oxford University Press, 2007).

Johns, Robert & Stephen Padgett, "The Role of Government: Public Values and Party Politics," *British Social Attitudes The 24th Report* (2007/2008).

King, Anthony, "The Outsider as Political Leader: The Case of Margaret Thatcher," *British Journal of Political Science*, 32/3 (July 2002).

King, Roger, "Petit-Bourgeois Conservatism," *Parliamentary Affairs*, 34 (1981).

Lakoff, Sanford, "Tocqueville, Burke, and the Origins of Liberal Conservatism," *Review of Politics*, 60/3 (Summer, 1998).

Lanoue, David and Barbara Headrick, "Prime Ministers, Parties, and the Public," *Public Opinion Quarterly*, 58/2 (Summer 1994).

La Porta, Rafael, Florencio Lopez-de-Silanes & Andrei Shleifer, "Corporate Ownership around the World," *Journal of Finance*, 54/2 (April 1999).

Lawrence, Jon, "Class and Gender in the Making of Urban Toryism, 1880-1914," *English Historical Review*, 108 no. 428 (July 1993).

Lawrence, Jon, *Speaking for the People* (Cambridge: Cambridge University Press, 1998).

Lovenduski, Joni, Pippa Norris & Catriona Burness, "The Party and Women" in *Conservative Century: The Conservative Party since 1900*, eds. Anthony Seldon & Stuart Ball (Oxford: Oxford University Press, 1994).

Macfarlane, Alan, *The Culture of Capitalism* (Oxford: Blackwell, 1987).

Major, John, "The Limits of Power: Conservative Experience and Opportunity" in *The Foundations of the British Conservative Party*, eds. Richard Carr & Bradley W. Hart (Bloomsbury Academic, 2013).

Martin, Paul, "Echoes in the Wilderness: British Popular Conservatism, 1945-51" in *Mass Conservatism: The Conservatives and the Public since the 1880s*, eds. Stuart Ball & Ian Holliday (Frank Cass, 2002).

Maude, Francis, "Centre" in *The Political Thought of the Conservative Party since 1945*, ed. Kevin Hickson (Palgrave Macmillan, 2005).

McCrillis, Neal R., *The British Conservative Party in the Age of Universal Suffrage* (Columbus: Ohio State University Press, 1998).

Mckibbin, Ross, "Class and Conventional Wisdom: The Conservative Party and the 'Public' in Inter-war Britain" in *The Ideologies of Class: Social Relations in Britain, 1880-1950* (Clarendon, 1990).

Mill, John Stuart, *On Liberty and the Subjection of Women* (Penguin, 2007).

Moon, Jeremy, *Innovative Leadership in Democracy* (Aldershot: Dartmouth Publishing Co., 2003).

Moore, Charles, *Margaret Thatcher: The Authorized Biography* (Allen Lane, 2013).

Norton, Philip ed., *The Conservative Party* (Hertfordshire: Prentice Hall/ Harvester Wheatsheaf, 1996).

Norton, Philip, "History of the Party I" in *The Conservative Party*, ed. Philip Norton (Hertfordshire: Prentice Hall/Harvester Wheatsheaf, 1996).

Norton, Philip, "Introduction: The Party in Perspective" in *The Conservative Party*, ed. Philip Norton (Hertfordshire: Prentice Hall/Harvester Wheatsheaf, 1996).

Norton, Philip, "Philosophy: The Principles of Conservatism" in *The Conservative Party*, ed. Philip Norton (Hertfordshire: Prentice Hall/Harvester Wheatsheaf, 1996).

O'Gorman, Frank, *British Conservatism* (Longman, 1986).

O'Hara, Kieron, "The Conservative Dialectic of Margaret Thatcher's First Term" in *The Foundations of the British Conservative Party*, eds. Richard Carr & Bradley W. Hart (Bloomsbury Academic, 2013).

Pahl, Ray, David Rose & Liz Spencer, "Inequality and Quiescence: A Continuing Conundrum" *ISER Working Paper 2007-22*, Institute for Social and Economic Research, University of Essex (September 2007).
https://www.iser.essex.ac.uk/files/iser_working_papers/2007-22.pdf

Park, Alison, John Curtis, Elizabeth Clery & Caroline Bryson, "Exploring Labour's Legacy," *British Social Attitudes The 27th Report* (2011).

Parkin, Frank, "Working-class Conservatives: A Theory of Political Deviance,"

British Journal of Sociology, 18 (1967).

Parry, J. P., "Disraeli and England," *The Historical Journal*, 43/3 (2000).

Pattie, Charles & Ron Johnston, "Voting and Identity" in *The Oxford Handbook of British Politics*, eds. Matthew Flinders et al. (Oxford: Oxford University Press, 2009).

Porter, Bernard, "'Though Not an Historian Myself…': Margaret Thatcher and the Historians," *Twentieth Century British history*, 5/2 (1994).

Prowse, Martin, "The Poverty and Inequality Debated in the UK," *Overseas Development Institute, Background Note* (March 2007).

Pugh, Martin, "Popular Conservatism in Britain: Continuity and Change, 1880-1987," *Journal of British Studies*, 27/3 (July 1988).

Pugh, Martin, *State and Society: British Political and Social History 1870-1992* (Edward Arnold, 1994).

Ramsden, John, *An Appetite for Power: A History of the Conservative Party since 1830* (HarperCollins, 1998).

Redwood, John, "New Right" in *The Political Thought of the Conservative Party since 1945*, ed. Kevin Hickson (Palgrave Macmillan, 2005).

Roberts, Matthew, "Popular Conservatism in Britain, 1832-1914," *Parliamentary History*, 26/3 (2007).

Saunders, Peter & Colin Harris, *Privatization and Popular Capitalism* (Buckingham: Open University Press, 1994).

Seawright, David, *The British Conservative Party and One Nation Politics* (The Continuum International Publishing Group, 2010).

Seldon, Anthony ed., *The Blair Effect: The Blair Government 1997-2000* (Little, Brown, 2001).

Seldon, Anthony, "The Net Blair Effect: A Foundation Government" in *The Blair Effect: The Blair Government 1997-2000*, ed. Anthony Seldon (Little, Brown, 2001).

Seldon, Anthony & Stuart Ball eds., *Conservative Century: The Conservative Party since 1900* (Oxford: Oxford University Press, 1994).

Skidelsky, Robert ed., *Thatcherism* (Oxford: Basil Blackwell, 1990).

Smith, Paul, "Disraeli's Politics," *Transactions of the Royal Historical Society*, 37 (1987).

Smith, Paul, "Thatcher and After," *Social Text, 43* (Autumn 1995).

Stafford, William, *John Stuart Mill* (Macmillan, 1998).

Stelzer, Irwin, "Neo-Orthodoxy: Conservative Economic Policy in the Twenty-First Century" in *The Foundations of the British Conservative Party*, eds. Richard Carr & Bradley W. Hart (Bloomsbury Academic, 2013).

Taylor, Andrew, "The Party and the Trade Unions" in *Conservative Century: The Conservative Party since 1900*, eds. Anthony Seldon & Stuart Ball (Oxford: Oxford University Press, 1994).

Taylor, Andrew, "Speaking to Democracy: The Conservative Party and Mass Opinion from the 1920s to the 1950s" in *Mass Conservatism: The Conservatives and the Public since the 1880s*, eds. Stuart Ball & Ian Holliday (Frank Cass, 2002).

Taylor-Goody, Peter & Rose Martin, "Trends in Sympathy for the Poor," *British Social Attitudes The 24th Report* (2007/2008).

Taylor, Robert, "Employment Relations Policy" in *The Blair Effect: The Blair Government 1997-2000*, ed. Anthony Seldon (Little, Brown, 2001).

Thackeray, David, "Home and Politics: Women and Conservative Activism in Early Twentieth-Century Britain," *Journal of British Studies*, 49/4 (October 2010).

Thatcher, Margaret, *The Downing Street Years* (HarperCollins, 1993).

Thatcher, Margaret, *The Path to Power* (HarperCollins, 1995).

Waller, Robert, "Conservative Electoral Support and Social Class" in *Conservative Century: The Conservative Party since 1900*, eds. Anthony Seldon & Stuart Ball (Oxford: Oxford University Press, 1994).

Weight, Richard, *Patriots: National Identity in Britain 1940-2000* (Pan Books, 2003).

Whiteley, Paul F., Patrick Seyd, Jeremy Richardson & Paul Bissell, "Thatcherism and the Conservative Party," *Political Studies*, 49/2 (1994).

Wickham-Jones, Mark, "Right Turn: A Revisionist Account of the 1975 Conservative Party Leadership Election," *Twentieth Century British History*, 8/1 (1997).

Willetts, David, *Modern Conservatism* (Penguin, 1992).

Willetts, David, "Modern Conservatism," *Political Quarterly*, 63/4 (1992).

Wilson, A. N., *Our Times: The Age of Elizabeth II* (Farrar, Straus and Giroux, 2008).

Zweiniger-Bargielowska, Ina, "Explaining the Gender Gap: The SP and the Women's Vote, 1945-1964" in *The Conservatives and British Society, 1880-1990*, eds. Martin Francis & Ina Zweiniger-Bargielowska (Cardiff: University of Wales Press, 1996).

찾아보기

ㄷ

ㄹ

ㅁ

ㅂ

ㅅ

ㅇ

ㅈ

ㅊ

ㅋ

저자 약력

박지향(朴枝香)

서울대학교 문리과대학 서양사학과에서 학사와 석사를 마치고 뉴욕주립대학(스토니브룩 소재)에서 철학박사학위를 받았다. 뉴욕 프랫대학과 인하대학을 거쳐 서울대학교 인문대학 서양사학과 교수를 지냈고, 동경대학과 케임브리지대학 방문교수를 거쳤다. 서울대학교 중앙도서관장, 한국영국사학회 회장, 국사편찬위원회 위원, 대통령 소속 인문정신문화특별위원회 위원 등을 역임했다. 현재는 서울대학교 서양사학과 명예교수다. 영국사 전공으로, 민족주의와 제국주의를 집중 연구했으며 영국, 아일랜드, 일본, 한국을 아우르는 비교사적 시각에서 역사를 바라보는 노력을 진행해 왔다.

저서로《평등을 넘어 공정으로: 역사를 통해 배우는 성공한 국가의 조건》(2021),《제국의 품격: 작은 섬나라 영국은 어떻게 세계를 지배했는가》(2018),《클래식 영국사》(2012),《대처 스타일》(2012),《윤치호의 협력일기》(2010),《슬픈 아일랜드》(2008),《영국적인, 너무나 영국적인》(2006),《해방 전후사의 재인식》 1, 2권(2006)[편저],《일그러진 근대: 100년 전 영국이 평가한 한국과 일본의 근대성》(2003),《제국주의: 신화와 현실》(2000) 등이 있고, 그 외 *Past and Present*, *Journal of Social History*, *Journal of Contemporary History*,《서양사론》,《역사학보》 등 국내외 저널에 60여 편의 논문을 기고했다.